"十三五"职业教育规划教材

高职高专财经商贸类专业"互联网+"创新规划教材

BAOGUAN SHIWU

报关实务

（第2版）

橐云婷　董章清◎主编

内 容 简 介

本书系统地阐述了作为一个职业报关员所应具有的相关理论知识及实际的操作技能，并按照报关工作的流程，将内容模块化，将模块项目化，将项目任务化，凸显任务驱动特色。本书主要介绍报关员、报关单位的管理及我国实行的对外贸易管制制度，各种货物（一般进出口货物、保税货物、暂准进出境货物等）的进出境流程及报关单的填制，进出口商品归类及税费征收，报关单中常见英语词汇（主要以各种报关单证显示）。

本书可作为高职高专国际贸易、物流管理、商务英语和电子商务等专业的教材，也可作为报关职业考试的参考用书。

图书在版编目(CIP)数据

报关实务/橐云婷，董章清主编. —2版. —北京：北京大学出版社，2017.10
（高职高专财经商贸类专业"互联网+"创新规划教材）
ISBN 978-7-301-28785-9

Ⅰ. ①报⋯ Ⅱ. ①橐⋯②董⋯ Ⅲ. ①进出口贸易—海关手续—中国—高等职业教育—教材 Ⅳ. ①F752.5

中国版本图书馆CIP数据核字（2017）第228745号

书　　　名	报关实务（第2版）
著作责任者	橐云婷　董章清　主编
策划编辑	蔡华兵
责任编辑	蔡华兵
数字编辑	陈颖颖
标准书号	ISBN 978-7-301-28785-9
出版发行	北京大学出版社
地　　　址	北京市海淀区成府路205号　100871
网　　　址	http://www.pup.cn　新浪微博：@北京大学出版社
电子信箱	pup_6@163.com
电　　　话	邮购部 62752015　发行部 62750672　编辑部 62750667
印刷者	北京鑫海金澳胶印有限公司
经销者	新华书店
	787毫米×1092毫米　16开本　15.25印张　351千字
	2013年1月第1版
	2017年10月第2版　2017年10月第1次印刷（总第3次印刷）
定　　　价	35.00元

未经许可，不得以任何方式复制或抄袭本书之部分或全部内容。
版权所有，侵权必究
举报电话：010-62752024　电子信箱：fd@pup.pku.edu.cn
图书如有印装质量问题，请与出版部联系，电话：010-62756370

前　　言

　　近年来，职业教育改革已经成为教育部门和高职院校的共识，在此基础上，大多数院校选择了工学结合、项目教学、校企合作等方式。报关实务是一门技能型很强、更需要强调实践的专业核心课程，主要培养学生报关业务的实际操作水平和处理问题的能力。在此背景下，编者编写了这本以任务驱动为基础，以项目为单元的教材。

　　本书在第1版的基础上修订而成，根据最新的法规条款对全书内容进行梳理，以报关业务整个流程为主线，以实际操作任务为起点，以培养学生的报关职业技能为核心，重点讲述相关单证的填制和管理、报关作业现场管理、商品归类、税费核算等操作性问题。本书的编写目的主要是培养职业性报关人才，因此，特别强调海关对报关的规范性管理。

　　此外，由于报关职业考试的难度较大，所以本书除了强调技能性之外，还强调与海关总署编写的报关职业全国统一教材相结合，为学生通过报关职业考试打下良好的基础。

　　本书的主要特色体现为以下几点：

　　（1）以报关业务实际操作流程为主线，从报关的准备工作开始，到报关单证的填写和准备，商品编码查询，税费核算，最后是报关专业英语的应用。

　　（2）以实际技能操作为核心，包括报关员的备案登记、报关单位的注册登记、报关单证的填制和管理、商品编码查询、税费核算，将报关中具有操作性技能的板块项目化，并且形成具体的任务，以任务为导向，发挥学生的主观能动性。

　　（3）本书的任务均以实际报关过程中可能会出现的问题为主，操作性较强，让学生能够在操作过程中对具体知识掌握得更加深刻。

　　在教学安排上，编者建议：首先，在课堂上，教师可以在任务中让学生先做一遍。不懂的可以看后面的基础知识，再开始讲述后面的主要知识。这样学生会在自己不懂的地方做好记号，听起来会更有重点。其次，由于进出口商品归类这个项目的编写主要是商品编码规则、预归类的内容，所以在教学过程中应该让学生配备一本 HS 商品编码工具书，学习时能够进行技能操作。最后，在课程中除了讲授操作实践外，应该对相应的方法、原理进行总结，让学生除了学会操作外，还要学会思考。

　　本书共分为4个模块，12个项目，每个项目后都有相应的任务。本书由橐云婷和董章清担任主编，钟大成、尹良、张旺军参编。具体编写分工如下：董章清编写模块1项目1、模块2项目6；橐云婷编写模块2项目4、模块4；钟大成编写模块2项目3、项目5；尹良编写模块1项目2、模块3项目7；张旺军编写模块3项目8、项目9。

　　编者在编写本书的过程中参考了许多相关的文献资料，在此对相关作者表示衷心的感谢！

　　由于编者水平有限，编写时间仓促，书中不足之处在所难免，恳请广大读者批评指正。

编　者

2017年2月

目 录

模块 1　报关活动准备工作

项目 1　报关与报关管理 ………3

任务 1　报关员备案登记 ………4
　知识 1　报关 ………4
　知识 2　海关 ………9
　知识 3　报关员 ………15
任务 2　报关单位注册登记 ………16
　知识 4　报关单位 ………16
　知识 5　报关单位的注册登记 ………19
任务 3　报关业务 ………22
　知识 6　报关活动相关人 ………22
模拟试题 ………23

项目 2　对外贸易管制 ………26

任务 4　调研我国主要贸易管制措施 ………27
　知识 7　对外贸易管制 ………28
任务 5　纺织品临时出口许可证 ………30
　知识 8　对外贸易管制制度 ………32
模拟试题 ………50

模块 2　报关作业实施与管理

项目 3　一般进出口货物报关 ………55

任务 1　一般进口货物报关 ………56
　知识 1　进口申报 ………56
　知识 2　配合查验 ………59
　知识 3　缴纳税费 ………61
　知识 4　提取货物 ………61
任务 2　一般出口货物报关 ………63
　知识 5　出口申报 ………63
　知识 6　配合查验 ………64
　知识 7　缴纳税费 ………64
　知识 8　装运货物 ………64
模拟试题 ………66

项目 4　保税货物报关 ………69

任务 3　保税加工货物报关 ………70
　知识 9　保税加工货物备案 ………70
　知识 10　保税加工货物进出境阶段 ………78
　知识 11　保税加工货物核销 ………82
任务 4　保税物流货物报关 ………84
　知识 12　保税物流货物备案 ………85
　知识 13　保税物流货物报关程序 ………85
模拟试题 ………94

项目 5　其他货物报关 ………97

任务 5　特定减免税货物的报关 ………98
　知识 14　《进出口货物征免税证明》的申领 ………98
　知识 15　《进出口货物征免税证明》的使用 ………99
　知识 16　解除监管 ………100
任务 6　暂准进出境货物的报关 ………101
　知识 17　使用 ATA 单证册的暂准进出境货物 ………101
　知识 18　不使用 ATA 单证册报关的展览品 ………103
　知识 19　暂时进出境货物 ………104
任务 7　转运货物与过境货物的报关 ………106
　知识 20　转运货物 ………106
　知识 21　过境货物 ………106
模拟试题 ………110

项目 6 报关单填制 ·············· 112

    任务 8   进口报关单的填制 ·············· 113
    任务 9   出口报关单的填制 ·············· 114
        知识 22   报关单 ·············· 115
        知识 23   进出口报关单填制规范 ····· 116
    模拟试题 ·············· 126

模块 3   进出口商品归类与报关核算

项目 7   进出口商品归类 ·············· 133

    任务 1   商品归类操作 ·············· 134
        知识 1   《商品名称及编码协调制度》
              介绍 ·············· 134
        知识 2   《商品名称及编码协调制度》
              归类总规则 ·············· 137
        知识 3   进出口商品编码归类技巧 ··· 141
    模拟试题 ·············· 147

项目 8   进出口税费计算 ·············· 149

    任务 2   进口税费的计算 ·············· 150
    任务 3   出口税费的计算 ·············· 150
        知识 4   关税的含义及种类 ·············· 151
        知识 5   进口环节税的含义及种类 ··· 152
        知识 6   进出口货物完税价格的
              审定 ·············· 155
        知识 7   进出口税费缴纳和退补 ····· 161
        知识 8   进出口货物原产地的确定与
              税率适用 ·············· 164
    模拟试题 ·············· 168

项目 9   其他核算 ·············· 171

    任务 4   滞纳金计算 ·············· 172
        知识 9   税款滞纳金 ·············· 172
        知识 10   进出口税费的减免 ·········· 173
    模拟试题 ·············· 177

模块 4   报关英语

Project 10   Necessary Documents for Customs Declaration
实用报关单证 ·············· 181

    Task 1   Packing List ·············· 182
        Primary Knowledge 1 ·············· 182
    Task 2   Bill of Lading ·············· 184
        Primary Knowledge 2 ·············· 184
    Task 3   Commercial Invoice ·············· 189
        Primary Knowledge 3 ·············· 190
    Task 4   Certificate of Origin ·············· 192
        Primary Knowledge 4 ·············· 193
    Task 5   Customs Declaration Form ·············· 196
        Primary Knowledge 5 ·············· 198
    Exercises ·············· 201

Project 11   How to Communicate with Customs Officers
如何与海关官员沟通 ·············· 203

    Task 6   Register of Customs Broker ·············· 204
    Task 7   Approve and Register of Customs
           Declarant ·············· 205
    Task 8   Customs Clearance for Inward and
           Outward Passengers ·············· 206
        Primary Knowledge 6 ·············· 208
    Exercises ·············· 216

Project 12   Classification of Goods under Customs Supervision
海关监管货物 ·············· 218

    Task 9   Customs Clearance for Exhibits and
           Other Necessary Items ·············· 219
        Primary Knowledge 7 ·············· 219
    Exercises ·············· 228

综合实训题 ·············· 230

参考答案 ·············· 237

【资源索引】

模块1 报关活动准备工作

项目 1

报关与报关管理

【学习目标】
(1) 了解报关的概念、报关与通关的区别。
(2) 了解报关种类与报关的范围。
(3) 了解报关单位的概念和种类。
(4) 能够进行报关员备案登记和报关单位注册登记。

任务1　报关员备案登记

小红是某高校报关专业的学生,她拿到毕业证后,是否可以直接从事报关业务?报关员备案登记又应该如何进行?

知识1　报关

1. 报关的概念

国际贸易、国际交流与交往活动往往都是通过运输工具、货物、物品和人员的进出境来实现的。《中华人民共和国海关法》(简称《海关法》)第八条规定:"进出境运输工具、货物、物品,必须通过设立海关的地点进境或者出境。"因此,由设立海关的地点进出境并办理规定的海关手续是运输工具、货物、物品进出境的基本规则,也是进出境运输工具负责人、进出口货物收发货人、进出境物品的所有人应履行的一项基本义务。报关是与运输工具、货物、物品的进出境密切相关的一个概念。《海关法》中对管理相对人办理进出境等海关事务表述为"办理报关纳税手续""办理报关手续""从事报关业务""进行报关活动",或者直接称为"报关"。

【相关法规】

一般来说,报关是指进出口货物收发货人、进出境运输工具负责人、进出境物品的所有人或者他们的代理人向海关办理货物、物品或运输工具进出境手续及相关海关事务的过程。

需要说明的是,在进出境活动中还经常使用"通关"这一概念。通关与报关既有联系又有区别。两者都是针对运输工具、货物、物品的进出境而言的,但报关是从海关行政管理相对人的角度,仅指向海关办理进出境手续及相关手续,而通关不仅包括海关行政管理相对人向海关办理有关手续,而且包括海关对进出境运输工具、货物、物品依法进行监督管理,核准其进出境的管理过程。

另外,在货物进出境过程中,有时还需要办理"报检、报验"手续。报检也称报验,一般是指对外贸易关系人按照法律、行政法规、合同的规定或根据需要向进出口商品检验检疫机构申请办理检验、检疫、鉴定工作的手续,是进出口商品检验检疫工作的一个环节。一般来说,报检手续的办理要先于报关手续。

2. 报关的范围

按照《海关法》规定,所有进出境运输工具、货物、物品都需要办理报关手续,如图1.1所示。报关的具体范围如下:

(1)进出境运输工具。主要包括用以载运人员、货物、物品进出境,并在国际运营的各种境内境外船舶、车辆、航空器和驮畜等。

(2)进出境货物。主要包括一般进出口货物,保税货物,暂准进出境货物,特定减免税货物,过境、转运和通运货物及其他进出境货物。另外,一些特殊形态的货物,如以货品为载体的软件等也属报关的范围。

(3)进出境物品。主要包括进出境的行李物品、邮递物品和其他物品。以进出境人员携带、托运等方式进出境的物品为行李物品；以邮递方式进出境的物品为邮递物品；其他物品主要包括享有外交特权和豁免的外国机构或者人员的公务用品或自用物品等。

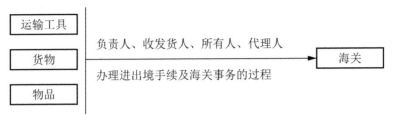

图 1.1　办理报关手续示意图

3．报关的分类

1）按照报关的对象，可分为运输工具报关、货物报关和物品报关

由于海关对进出境运输工具、货物、物品的监管要求各不相同，履行运输工具报关、货物报关和物品报关的具体手续也各不相同。其中，进出境运输工具作为货物、人员及其携带物品的进出境载体，其报关主要是向海关直接交验随附的、符合国际商业运输惯例、能反映运输工具进出境合法性及其所承运货物、物品情况的合法证件、清单和其他运输单证，其报关手续较为简单。进出境物品由于其非贸易性质，且一般限于自用、合理数量，其报关手续也很简单。进出境货物的报关就较为复杂，为此，海关根据对进出境货物的监管要求，制定了一系列报关管理规范，并要求必须由具备一定的专业知识和技能且经海关核准的专业人员代表报关单位专门办理。

2）按照报关的目的，可分为进境报关和出境报关

由于海关对运输工具、货物、物品的进境和出境有不同的管理要求，运输工具、货物、物品根据进境或出境的目的分别形成了一套进境报关和出境报关手续。另外，由于运输和其他方面的需要，有些海关监管货物需要办理从一个设关地点运至另一个设关地点的海关手续，在实践中产生了"转关"的需要，转关货物也需要办理相关的报关手续。

3）按照报关行为性质的不同，可分为自理报关和代理报关

进出境运输工具、货物、物品的报关是一项专业性较强的工作，尤其是进出境货物的报关比较复杂，一些运输工具负责人、进出口货物收发货人或者物品的所有人由于经济、时间、地点等方面的原因不能或者不愿意自行办理报关手续，而委托代理人代为报关，从而形成了自理报关和代理报关两种报关类型。我国《海关法》对接受进出境物品所有人的委托代为办理进出境物品报关手续的代理人没有特殊要求，但对于接受进出口货物收发货人的委托代为办理进出境货物报关手续的代理人则有明确的规定。因此，通常所称的自理报关和代理报关主要是针对进出境货物的报关而言的。自理报关和代理报关的流程如图1.2所示。

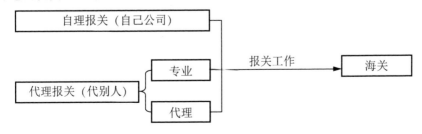

图 1.2　自理报关和代理报关流程

（1）自理报关。进出口货物收发货人自行办理报关业务称为自理报关。根据我国海关目前的规定，进出口货物收发货人必须依法向海关注册登记后方能办理报关业务。

（2）代理报关。代理报关是指接受进出口货物收发货人的委托，代理其办理报关业务的行为。我国海关法律把有权接受他人委托办理报关业务的企业称为报关企业。报关企业必须依法取得报关企业注册登记许可并向海关注册登记后方能从事代理报关业务。

根据代理报关法律行为的责任承担不同，代理报关又分为直接代理报关和间接代理报关。直接代理报关是指报关企业接受委托人（即进出口货物收发货人）的委托，以委托人的名义办理报关业务的行为。间接代理报关是指报关企业接受委托人的委托以报关企业自身的名义向海关办理报关业务的行为。在直接代理中，代理人代理行为的法律后果直接作用于被代理人；而在间接代理中，报关企业应当承担与进出口货物收发货人相同的法律责任，如图 1.3 所示。目前，我国报关企业大多采取直接代理形式报关，经营快件业务的运营人等国际货物运输代理企业适用间接代理报关。

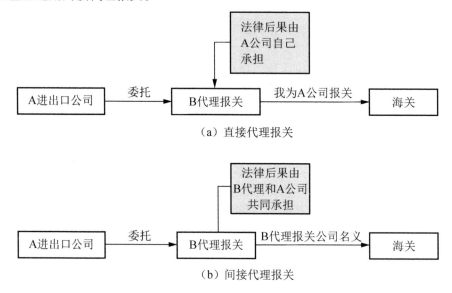

图 1.3 直接代理报关和间接代理报关示意图

4．报关的基本内容

1）进出境运输工具报关的基本内容

国际贸易的交货、国际人员往来及其携带物品的进出境，除经其他特殊运输方式外，都要通过各种运输工具的国际运输来实现。根据我国《海关法》的规定，所有进出我国关境的运输工具必须经由设有海关的港口、车站、机场、国界孔道、国际邮件互换局（交换站）及其他可办理海关业务的场所申报进出境。进出境申报是运输工具报关的主要内容。根据海关监管的要求，进出境运输工具负责人或其代理人在运输工具进入或驶离我国关境时均应如实向海关申报运输工具所载旅客人数、进出

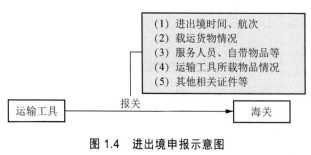

图 1.4 进出境申报示意图

口货物数量、装卸时间等基本情况，如图1.4所示。

根据海关监管的不同要求，不同种类的运输工具报关时所需递交的单证及所要申明的具体内容也不尽相同。总的来说，运输工具进出境报关时须向海关申明的主要内容有：运输工具进出境的时间、航次（车次）、停靠地点等；运输工具进出境时载运货物情况，包括过境货物、转运货物、通运、溢短卸（装）货物的基本情况；运输工具服务人员名单及其自用物品、货币、金银情况；运输工具所载旅客情况；运输工具所载邮递物品、行李物品的情况；其他需要向海关申报清楚的情况，如由于不可抗力原因，运输工具被迫在未设关地点停泊、降落或者抛掷、起卸货物、物品等情况。除此之外，运输工具报关时还需提交运输工具从事国际合法性运输必备的相关证明文件，如船舶国籍证书、吨税证书、海关监管簿、签证簿等，必要时还需出具保证书或保证金。

进出境运输工具负责人或其代理人就以上情况向海关申报后，有时还须应海关的要求配合海关检查，经海关审核确认符合海关监管要求的，可以上下旅客、装卸货物。

进出境运输工具负责人，是指进出境运输工具的所有企业、经营企业，船长、机长、汽车驾驶员、列车长，以及上述企业或者人员授权的代理人。

2）进出境货物报关的基本内容

进出境货物的报关比较复杂。根据规定，进出境货物的报关业务应由依法取得报关从业资格并在海关注册的报关人员办理。进出境货物的报关业务包括：按照规定填制报关单，如实申报进出境货物的商品编码、实际成交价格、原产地及相应的优惠贸易协定代码，并办理提交报关单证等与申报有关的事宜；申请办理缴纳税费和退税、补税事宜；申请办理加工贸易合同备案、变更和核销及保税监管等事宜；申请办理进出口货物减税、免税等事宜；办理进出口货物的查验、结关等事宜；办理应当由报关单位办理的其他事宜。

海关对不同性质的进出境货物规定了不同的报关程序和要求，如图1.5所示。

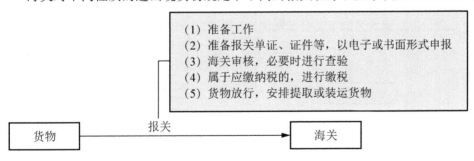

图1.5 报关程序示意图

一般来说，进出境货物报关时，报关单位及报关人员要做好以下几个方面的工作：

（1）进出口货物收发货人接到运输公司或邮递公司寄交的《提货通知单》或根据合同规定备齐出口货物后，应当做好向海关办理货物报关的准备工作，或者签署委托代理协议，委托报关企业向海关报关。

（2）准备好报关单证，在海关规定的报关地点和报关时限内以书面和电子数

【相关单证】

据方式向海关申报。进出口货物报关单或海关规定的其他报关单（证）是报关单位向海关申报货物情况的法律文书，报关人员必须认真、规范、如实填写，并对其所填制内容的真实性和合法性负责，承担相应的法律责任。除此之外，还应准备与进出口货物直接相关的商业和货运单证，如发票、装箱单、提单等；属于国家限制性的进出口货物，应准备国家有关法律、法规规定的许可证件，如进出口货物许可证等；还要准备好其他海关可能需要查阅或收取的资料、证件，如贸易合同、原产地证明等。报关单证准备完备后，报关人员要把报关单上的数据以电子方式传送给海关，并在海关规定时间、地点向海关递交书面报关单证。

（3）经海关对报关电子数据和书面报关单证进行审核后，在海关认为必须时，报关人员要配合海关进行货物的查验。

（4）属于应纳税、应缴费范围的进出口货物，报关单位应在海关规定的期限内缴纳进出口税费。

（5）上述手续完成，进出口货物经海关放行后，报关单位可以安排提取或装运货物。

除了以上工作外，对于保税加工货物、减免税进口货物、暂准进出境货物等，在进出境前还需办理备案申请等手续；进出境后还需在规定时间、以规定的方式向海关办理核销、结案等手续。

3）进出境物品报关的基本内容

海关监管进出境物品包括行李物品、邮递物品和其他物品，三者在报关要求上有所不同。

我国《海关法》规定，个人携带进出境的行李物品、邮寄进出境的物品，应当以自用合理数量为限。所谓自用合理数量，对于行李物品而言，"自用"是指进出境旅客本人自用、馈赠亲友而非为出售或出租，"合理数量"是指海关根据进出境旅客旅行目的和居留时间所规定的正常数量；对于邮递物品，则是指海关对进出境邮递物品规定的征、免税限制。自用合理数量原则是海关对进出境物品监管的基本原则，也是对进出境物品报关的基本要求。需要注意的是，对于通过随身携带或邮政渠道进出境的货物要按货物办理进出境报关手续。经海关登记准予暂时免税进境或者暂时免税出境的物品，应当由本人复带出境或者复带进境。享有外交特权和豁免权的外国机构或者人员的公务用品或者自用物品进出境，依照有关法律、行政法规的规定办理。进出境物品的报关分类如图1.6所示。

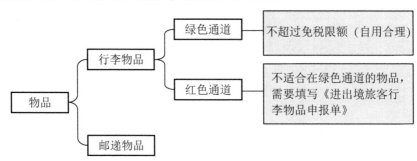

图1.6 进出境物品的报关分类

（1）进出境行李物品的报关。大多数国家的海关法律都规定对旅客进出境采用"红绿通道"制度。我国海关也采用"红绿通道"制度。

我国海关规定：进出境旅客在向海关申报时，可以在分别以红色和绿色作为标记的两种通道中进行选择。带有绿色标志的通道适用于携运物品在数量和价值上均不超过免税限额，且无国家限制或禁止进出境物品的旅客；带有红色标志的通道则适用于携运有上述绿色通道适用物品以外的其他物品的旅客。对于选择红色通道的旅客，必须填写《中华人民共和国海关进出境旅客行李物品申报单》（简称《进出境旅客行李物品申报单》）或海关规定的其他申报单证，在进出境地向海关做出书面申报。

（2）进出境邮递物品的报关。进出境邮递物品的申报方式由其特殊的邮递运输方式决定。我国是《万国邮政公约》的签约国，根据该公约的规定，进出口邮包必须由寄件人填写报税单（小包邮件填写绿色标签），列明所寄物品的名称、价值、数量，向邮包寄达国家的海关申报。进出境邮递物品的报税单和"绿色标签"随同物品通过邮政企业或快递公司呈递给海关。

【相关单证】

【相关法规】

（3）进出境其他物品的报关。

① 暂时免税进出境物品。个人携带进出境的暂时免税进出境物品须由物品携带者在进境或出境时向海关做出书面申报，并经海关批准登记，方可免税携带进出境，而且应由本人复带出境或进境。

② 享有外交特权和豁免权的外国机构或者人员进出境物品。享有外交特权和豁免权的外国机构或者人员进出境物品包括外国驻中国使馆和使馆人员，以及外国驻中国领事馆、联合国及其专门机构和其他国际组织驻中国代表机构及其人员进出境的公务用品和自用物品。

知识2　海关

1. 我国海关的性质与任务

1）海关的性质

（1）海关是国家行政机关。我国的国家机关包括享有立法权的立法机关、享有司法权的司法机关和享有行政管理权的行政机关。国务院是我国最高行政机关，海关总署是国务院直属机构。

（2）海关是国家进出境监督管理机关。其监督管理对象是所有进出关境的运输工具、货物和物品。其实施监督管理的范围是进出关境及与之有关的活动。

（3）海关的监督管理是国家行政执法活动。海关通过法律赋予的权力，对特定范围内的社会经济活动进行监督管理，并对违法行为依法实施行政处罚。海关执法的依据是《海关法》和其他有关法律、行政法规。海关事务属于中央立法事权，立法者为全国人民代表大会及其常务委员会和国务院。各级省、市、自治区、直辖市人民代表大会和人民政府不得制定海关法律、规范，地方法规、地方规章不是海关执法的依据。

对海关性质的归纳如图1.7所示。

提示：关境是指适用同一海关法或实行同一关税制度的领域，包括领海、领土和领空。我国的关境小于国境，欧盟的关境大于国境。

2）海关的任务（图1.8）

（1）监管。海关监管是指海关运用国家赋予的权力，通过一系列管理制度与管理程序，依法对进出境运输工具、货物、物品的进出境活动所实施的一种行政管理。

① 海关监管是海关的最基本任务，也是一项国家职能。

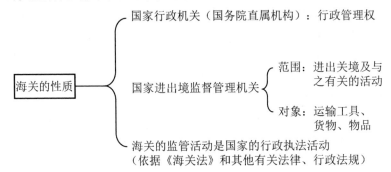

图 1.7　海关的性质

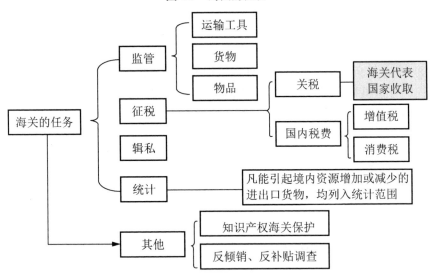

图 1.8　海关的任务

② 海关监管不是海关监督管理的简称，而是海关全部行政执法活动的统称。

③ 根据监管对象的不同，海关监管分为运输工具监管、货物监管和物品监管三大体系，每个体系都有一整套规范的管理程序与方法。

（2）征税。征税是海关的另一项重要任务。海关征税工作的基本法律依据是《海关法》《中华人民共和国进出口关税条例》（简称《关税条例》）及其他有关法律、行政法规。征税工作包括征收关税和进口环节海关代征税。

关税的征收主体是国家，《海关法》明确将征收关税的权力授予海关，由海关代表国家行使征收关税的职能。因此，未经法律授权，其他任何单位和个人均不得行使征收关税的权力。

关税的课税对象是进出口货物、进出境物品。

（3）缉私。缉私是海关为保证顺利完成监管和征税等任务而采取的保障措施。缉私是指海关依照法律赋予的权力，在海关监管场所和海关附近的沿海沿边规定地区，为发现、制止、打击、综合治理走私活动而进行的一种调查和惩处活动。

我国《海关法》规定，国家实行联合缉私、统一处理、综合治理的缉私体制。海关负责组织、协调、管理查缉走私工作。海关是打击走私的主管机关，海关缉

【相关法规】

私警察负责走私犯罪的侦查、拘留、执行逮捕和预审工作。根据我国的缉私体制，除了海关以外，公安、工商、税务、烟草专卖等部门也有缉私的权力，但这些部门查获的走私案件，必须按照法律规定，统一处理。

（4）统计。我国海关的统计制度规定，实际进出境并引起我国境内物质存量增加或者减少的货物，列入海关统计；进出境物品超过自用合理数量的，列入海关统计。对于部分不列入海关统计的货物和物品，则根据我国对外贸易管理和海关管理的需要，实施单项统计。

海关统计以实际进出口货物为统计对象，以税号为依据而非产品，不同于商务部统计，两者配合作用。

2．我国海关的法律体系

由于我国海关管理任务艰巨，日常管理事务庞杂，涉及面广，管理手段多样，管理技术性强，而海关管理又要求把一切管理活动均纳入法制轨道，所以必须制定一系列的海关法律规范。我国海关的法律体系采取了国家最高权力机关、国务院和海关总署三级立法的体制。这种海关法律体系在结构上形成了以国家最高权力机关制定的《海关法》为母法，以国务院制定的行政法规和海关总署制定的部门规章及规范性文件为补充的三级海关法律体系。

1)《海关法》

《海关法》于1987年1月22日由第六届全国人民代表大会常务委员会第十九次会议通过，于同年7月1日起实施。为了适应形势发展的需要，我国对《海关法》进行了多次修改。目前我国使用的《海关法》是2016年11月7日通过第十二届全国人民代表大会常务委员会第二十四次会议修改通过的。《海关法》是我国现行法律体系的一个重要组成部分，是管理海关事务的基本法律规范，以中华人民共和国主席令的形式颁布实施。

2）行政法规

国务院根据《中华人民共和国宪法》和法律制定行政法规，以国务院令的形式颁布实施。目前在海关管理方面主要的行政法规有《关税条例》《中华人民共和国海关稽查条例》（简称《稽查条例》）《中华人民共和国知识产权海关保护条例》（简称《知识产权海关保护条例》）《中华人民共和国海关行政处罚实施条例》（简称《海关行政处罚实施条例》）《中华人民共和国海关统计条例》（简称《海关统计条例》）《中华人民共和国进出口货物原产地条例》（简称《原产地条例》）等。

【相关法规】

3）海关规章

海关规章是海关总署根据海关行使职权、履行职责的需要，依据《中华人民共和国立法法》的规定，单独或会同有关部门制定的，是海关日常工作中引用数量最多、内容最广、操作性最强的法律依据，其效力等级低于法律和行政法规。海关行政规章以海关总署令的形式对外公布。

4）规范性文件

规范性文件，是指海关总署及各直属海关按照规定程序制定的对行政管理相对人权利、义务具有普遍约束力的文件。海关总署制定的规范性文件要求行政管理相对人遵守或执行的，应当以海关总署公告形式对外发布。但规范性文件不得设定对行政管理相对人的行政处罚。直属海关在限定范围内制定的关于本关区某一方面涉及行政管理相对人权利和义务的行政管理规范，应当以公告形式对外发布。

3. 海关的权力

1）海关权力的特点

海关权力作为一种行政权力，除了具有一般行政权力的单方面性、强制性、无偿性等基本特点外，还具有以下特点：

（1）特定性。海关权力的特定性是指海关对进出关境的活动进行监督管理的权力，其他任何机关和个人都不具备行使这种权力的资格。同时，这种权力只适合进出关境监督管理领域，而不能在其他领域行使。

（2）独立性。海关权力的独立性是指海关依法独立行使职权，向海关总署负责。海关是垂直领导体制，海关行使职权只对法律和上级海关负责，不受地方政府、其他机关、企事业单位和个人的干预。

（3）效力先行性。海关权力的效力先行性是指海关行政行为一经做出，就应推定符合法律规定，对海关本身和海关管理相对人都具有约束力。在没有被国家有关权力机关宣布为违法或无效之前，即使海关管理相对人认为海关行政行为侵犯其合法权益，也必须遵守和服从。

（4）优益性。海关权力的优益性是指国家为保障海关有效地行使权力而赋予海关职务上、物质上的优厚条件。

2）海关权力的内容

海关权力是指国家为保证海关依法履行职责，通过《海关法》和其他法律、行政法规赋予海关的对进出境运输工具、货物、物品的监督管理职能，属于公共行政职权，其行使受一定范围和条件的限制，并应接受执法监督。海关的具体权力主要包括以下几个方面：

（1）行政许可权。包括对企业报关权及从事海关监管货物的仓储、转关运输货物的境内运输、保税货物的加工、装配等业务的许可和对报关员的报关从业许可等权力。

（2）税费征收权。包括代表国家依法对进出口货物、物品征收关税和其他税费；根据法律、行政法规及有关规定，依法对特定的进出口货物、物品减征或免征关税；对海关放行后的有关进出口货物、物品，发现少征或者漏征税款的，依法补征、追征税款的权力。

（3）行政检查权。是海关履行其行政监督管理职能的基本权力。

① 检查权。海关有权检查进出境运输工具；检查有走私嫌疑的运输工具和有藏匿走私货物、物品嫌疑的场所；检查走私嫌疑人的身体。

海关对进出境运输工具的检查不受海关监管区域的限制；对走私嫌疑人身体的检查，应在海关监管区和海关附近沿海沿边规定地区内进行；对于有走私嫌疑的运输工具和有藏匿走私货物、物品嫌疑的场所，在海关监管区和海关附近沿海沿边规定地区内，海关人员可直接进行检查，超过这个范围，在调查走私案件时，须经直属海关关长或者其授权的隶属海关关长批准，才能进行检查，但不能检查公民住处。

② 查验权。海关有权查验进出境货物、个人携带进出境的行李物品、邮寄进出境的物品。海关查验货物认为必要时，可以径行提取货样。

③ 查阅、复制权。查阅进出境人员的证件，查阅、复制与进出境运输工具、货物、物品有关的合同、发票、账册、单据、记录、文件、业务函电、录音录像制品和其他有关资料。

④ 查问权。海关有权对违反《海关法》或者其他有关法律、行政法规的嫌疑人进行查问，调查其违法行为。

⑤ 查询权。海关在调查走私违法案件时，经直属海关关长或者其授权的隶属海关关长批准，可以查询案件涉嫌单位和涉嫌人员在金融机构、邮政企业的存款、汇款。

⑥ 稽查权。海关在法律规定的年限内，对企业进出境活动及与进出口货物有关的账务、记账凭证、单证资料等有权进行稽查。

（4）行政强制权。

① 扣留权。海关对违反《海关法》或者其他有关法律、行政法规的进出境运输工具、货物、物品及有关的合同、发票、账册、单据、记录、文件、业务函电、录音录像制品和其他有关资料，可以扣留。

在海关监管区和海关附近沿海沿边规定地区，对有走私嫌疑的运输工具、货物、物品和走私嫌疑人，经直属海关关长或者其授权的隶属海关关长批准，可以扣留；对走私犯罪嫌疑人扣留时间一般不得超过24小时，在特殊情况下可以延长到48小时。

在海关监管区和海关附近沿海沿边规定地区以外，对其中有证据证明有走私嫌疑的运输工具、货物和物品，可以扣留。

海关对查获的走私嫌疑案件、应扣留的走私犯罪嫌疑人，移送海关缉私局调查和处理。

② 滞报金、滞纳金征收权。海关对超过规定时限向海关申报的货物，征收滞报金；对逾期缴纳进出口税费的纳税人，征收滞纳金。

③ 提取货样、施加封志权。根据《海关法》规定，海关认为必要时可以提取货样；海关对未办结海关手续、处于海关监管状态的运输工具、货物、物品有权施加封志，任何人不得擅自损毁封志和擅自提取、转移、动用在封的货物、物品和运输工具。

④ 提取货物变卖、先行变卖权。进口货物自进境之日起超过3个月未向海关申报的，海关可以提取依法变卖；进口货物收货人或其所有人声明放弃的货物、物品，海关有权提取依法变卖；海关依法扣留的货物、物品不宜长期保存的，经海关关长批准，可以先行变卖等。

⑤ 强制扣缴和变卖抵缴税款权。海关对超过规定期限未缴纳税款的纳税人或其担保人，经海关关长批准，可以书面通知其开户银行或者其他金融机构在其存款内扣缴税款；或者将应税货物依法变卖，以变卖所得抵缴税款；或者扣留并依法变卖其价值相当于应纳税款的货物或其他财产，以变卖所得抵缴税款。

⑥ 税收保全措施。海关责令纳税义务人提供纳税担保，而纳税义务人不能提供担保的，经海关关长批准，海关可以采取的税收保全措施有：书面通知纳税义务人的开户银行或其他金融机构暂停支付纳税义务人相当于税款的存款；或者扣留纳税义务人价值相当于应纳税款的货物或其他财产。

（5）行政处罚权。海关有权对违法当事人予以行政处罚，包括对走私货物、物品及违法所得处以没收，对有走私行为和违反海关监管规定行为的当事人处以罚款等。

提示：除上述海关权力以外，海关还有佩带和使用武器权；进出境运输工具或者个人违抗海关监管逃逸的，海关有连续追缉权、行政裁定权、行政复议权、行政命令权、行政奖励权、对知识产权实施边境海关保护权；海关缉私局还有对走私案件的调查权、侦查权，对走私罪嫌疑人执行逮捕权和预审权；等等。

3）海关权力行使的基本原则

海关权力作为国家行政权的一部分，一方面海关权力运行起到了维护国家利益，维护经济秩序，实现国家权能的积极作用；另一方面由于客观上海关权力的广泛性、自由裁量权较大等因素，以及海关执法者主观方面的原因，海关权力在行使时任何的随意性或者滥用都必然导致管理相对人的合法权益受到侵害，从而对行政法治构成威胁。因此，海关权力的行使必须遵循一定的原则。

（1）合法原则。权力的行使要合法，这是行政法的基本原则——依法行政原则的基本要求。按照行政法理论，行政权力行使的合法性至少包括以下内容：

① 行使行政权力的主体资格合法，即行使权力的主体必须有法律授权。例如，涉税走私犯罪案件的侦查权，只有缉私警察才能行使，海关其他人员无此项权力。又如，《海关法》规定海关行使某些权力时应"经直属海关关长或者其授权的隶属海关关长批准"，如未经批准，海关人员不能擅自行使这些权力。

② 行使权力必须以法律规范为依据。例如，《海关法》规定了海关的执法依据是《海关法》、其他有关法律和行政法规，无法律、规范授权的执法行为属于越权行为，应属无效。

③ 行使权力的方法、手段、步骤、时限等程序应合法。

④ 一切行政违法主体（包括海关及管理相对人）都应承担相应的法律责任。

（2）适当原则。行政权力的适当原则是指权力的行使应该以公平性、合理性为基础，以正义性为目标。因国家管理的需要，海关在验、放、征、减、免、罚的管理活动中拥有很大的自由裁量权，即法律仅规定一定原则和幅度，海关关员可以根据具体情况和自己的意志自行判断和选择，采取最合适的行为方式及其内容来行使职权。因此，适当原则是海关行使行政权力的重要原则之一。为了防止自由裁量权的滥用，目前我国对海关自由裁量权进行监督的法律途径主要有行政监督（行政复议）和司法监督（行政诉讼）程序。

（3）依法独立行使原则。海关实行高度集中统一的管理体制和垂直领导方式，地方海关只对海关总署负责。海关无论级别高低，都是代表国家行使管理权的国家机关，海关依法独立行使权力，各地方、各部门应当支持海关依法行使职权，不得非法干预海关的执法活动。

（4）依法受到保障原则。海关权力是国家权力的一种，应受到保障，才能实现国家权能的作用。《海关法》规定，海关依法执行职务，有关单位和个人应当如实回答询问，并予以配合，任何单位和个人不得阻挠；海关执行职务受到暴力抗拒时，执行有关任务的公安机关和人民武装警察部队应当予以协助。

4. 海关的管理体制与机构

1）海关的领导体制

国务院设立海关总署，统一管理全国海关，海关依法独立行使职权，向海关总署负责，海关的隶属关系不受行政区划的限制，实行集中统一的垂直领导体制。

管理体制：海关事务属中央事权；采取垂直领导体制；海关独立行使职权。

2）海关的设关原则

国家在对外开放口岸和海关监管业务集中的地点设立海关。

3）海关的组织机构（图1.9）

（1）海关总署。是国务院的直属机构，在国务院领导下统一管理全国海关机构、人员编制、经费物资和各项海关业务，是海关系统的最高领导部门。海关总署下设广东分署，在上海和天津设立特派员办事处，作为其派出机构。制定政策，领导全国海关工作。

（2）直属海关。是指直接由海关总署领导，负责管理一定区域范围内海关业务的海关。目前直属海关共有42个，除香港、澳门、台湾地区外，分布在全国31个省、自治区、直辖市，起到承上启下，贯彻执行政策的作用。

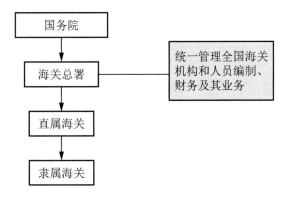

图 1.9　海关的组织机构关系

（3）隶属海关。是指由直属海关领导，负责办理具体海关业务的海关，是海关进出境监督管理职能的基本执行单位，一般都设在口岸和海关业务集中的地点。

提示：海关缉私警察机构是为了更好地适应反走私斗争新形势，充分发挥海关打击走私的整体效能，根据党中央、国务院的决定，由海关总署、公安部联合组建缉私局，设在海关总署的机构。缉私局既是海关总署的一个内设局，又是公安部的一个序列局，实行海关总署和公安部双重领导，以海关领导为主的体制。

知识 3　报关员

1. 报关员的概念

报关员即报关人员，是指经报关单位向海关备案，专门负责办理所在单位报关业务的人员。

向海关办理进出口货物报关业务的报关人员是向社会提供专业化智力服务的人员，是联系报关单位与海关之间的桥梁，在进出口货物的通关工作中起着重要作用。由于进出口货物的报关手续比较复杂，办理报关业务的人员需要熟悉法律、税务、外贸、商品等知识，精通有关法律、法规、规章和掌握办理海关手续的技能。报关员业务水平的高低和报关质量的好坏不仅影响进出口货物的通关速度和海关的工作效率，而且直接影响报关单位的经济效益。特别是报关企业的报关员的业务水平，直接关系到企业的声誉，影响到企业的生存与发展。

根据国务院简政放权、职能转变、深化行政审批制度改革的要求，海关总署改革现行报关从业人员资质资格管理制度，取消了报关员注册和报关员资格证书行政许可，对报关员从业不再设置门槛和准入条件，海关通过对报关单位的管理规范报关从业人员的报关行为。海关对报关从业人员实行备案管理，报关单位所属人员从事报关业务的，由报关单位到海关办理备案手续，海关予以核发证明。报关单位对其所属报关员的报关行为应当承担相应的法律责任。

2. 报关员的权利和义务

1）报关员的权利
（1）以所在报关单位名义执业，办理报关业务。（报关）
（2）向海关查询其办理的报关业务情况。（查询）
（3）拒绝海关工作人员的不合法要求。（拒办）

（4）对海关对其做出的处理决定享有陈述、申辩、申诉的权利。（上诉申辩）

（5）依法申请行政复议或者提起行政诉讼。（复议或诉讼）

（6）合法权益因海关违法行为受到损害的，依法要求赔偿。（要求赔偿）

（7）参加执业培训。

2）报关员的义务

（1）熟悉所申报货物的基本情况，对申报内容和有关材料的真实性、完整性进行合理审查。（审查）

（2）提供齐全、正确、有效的单证，准确、清楚、完整地填制进出口货物报关单，并按有关规定办理进出口货物的报关手续。（规范报关）

（3）海关检查进出口货物时，配合海关查验。（配合查验）

（4）配合海关稽查和对涉嫌走私违规案件的查处。（配合调查）

（5）协助落实海关对报关单位管理的具体措施。（相关工作）

任务2　报关单位注册登记

某公司想成立专业报关行，它应该如何整理相关资料，并办理注册登记手续？

知识4　报关单位

1. 报关单位的概念

报关单位是指依法在海关注册登记的进出口货物收发货人和报关企业。我国《海关法》规定，进出口货物收发货人、报关企业办理报关手续，必须依法经海关注册登记。因此，依法向海关注册登记是法人、其他组织或者个人成为报关单位的法定要求和前提条件。报关单位与海关的关系如图1.10所示。

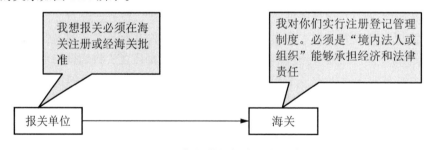

图1.10　报关单位与海关的关系

2. 报关单位的类型

1）进出口货物收发货人

进出口货物收发货人是指依法直接进口或者出口货物的中华人民共和国境内的法人、其他组织或者个人。一般来说，进出口货物收发货人指的是依法向国务院对外贸易主管部门（即商务部）或者其委托的机构办理备案登记的对外贸易经营者。其报关过程如图1.11所示。

① 外贸经营资格的获得是进出口收发货人到外贸主管部门备案登记实现的。获得报关权的前提是在海关备案而非获得行政许可。

② 未取得备案登记但需从事非贸易性进出口活动的单位,在进出口货物时也视其为收发货人,但非严格意义上的进出口货物收发货人(可在海关临时注册登记、获得临时注册登记证明,但不核发注册登记证书,有效期仅为7天)。

③ 只能为本单位进出口货物报关,属自理报关。

2)报关企业

报关企业是指依法经海关准予注册登记,接受进出口货物收发货人的委托,以进出口货物收发货人的名义或者以自己的名义,向海关办理代理报关业务,从事报关服务的中华人民共和国关境内的企业法人。报关企业的分类如图1.12所示。

① 报关企业必须首先获得海关注册登记行政许可,然后才能海关注册登记。

② 报关企业的种类。有两种:一种是报关公司和报关行,主要业务就是替他人报关(即代理报关业务);另一种是国际货物运输代理公司,经营国际货物运输代理等业务,兼营进出口货物代理报关业务,但是这类公司只能为自己承揽的货物报关。

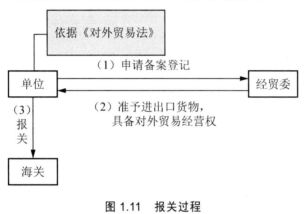

图1.11 报关过程

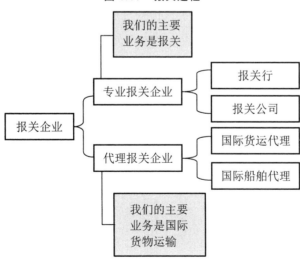

图1.12 报关企业分类

3. 报关单位的报关行为规则

1)进出口货物收发货人的报关行为规则

(1)进出口货物收发货人在海关办理注册登记后可以在中华人民共和国关境内各个口岸

或海关监管业务集中的地点办理报关。

（2）进出口货物收发货人只能办理本单位的报关，不能代理其他单位的报关，但可以委托在海关注册登记的报关企业代理报关。

（3）进出口货物收发货人所属人员从事报关业务的，进出口货物收发货人应当到海关办理备案手续，海关予以核发证明。

（4）进出口货物收发货人为其所属报关员的报关行为承担相应的法律责任。

（5）进出口货物收发货人必须在向海关提交的纸质报关单上加盖本单位的报关专用章。

进出口货物收发货人的备案手续如图 1.13 所示。

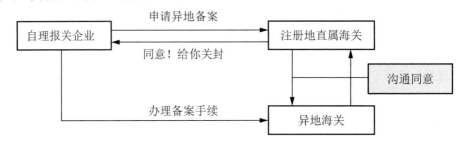

图 1.13　自理报关企业的报关

2）报关企业的报关行为规则

（1）报关企业所属人员从事报关业务的，报关企业应当到海关办理备案手续，海关予以核发证明。所属报关人员备案内容发生变更的，报关企业应当在变更事实发生之日起 30 日内，持变更证明文件等相关材料到注册地海关办理变更手续。

（2）报关企业对其所属报关员的报关行为承担相应的法律责任。

（3）报关企业向海关提交的纸质进出口货物报关单应该加盖本单位的报关专用章。

（4）报关企业可以在其注册的直属关区内从事代理报关业务，如果超过其注册地直属海关关区范围，则应通过设立跨关区分支机构来从事代理报关业务。

代理报关过程如图 1.14 所示。

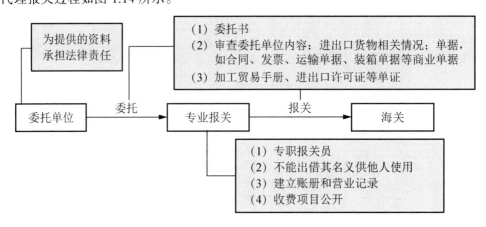

图 1.14　代理报关的过程

4．报关单位的法律责任

报关单位在办理报关纳税等海关事务时，应遵守国家有关法律、行政法规和海关的各项规定，并对所申报货物、物品的品名、规格、价格、数量等的真实性、合法性负责，承担相应的法律责任。

（1）报关单位有下列情形之一者，海关暂停其报关权：
① 违反《海关法》和其他有关法规，经警告无效的。
② 不履行纳税义务和其他应履行义务的。
③ 经海关年审不合格的。
④ 内部报关员管理制度不健全的。
⑤ 因其他原因需要暂停报关权的。

（2）报关单位有下列情形之一者，海关取消其报关权：
① 主管部门已撤销其进出口经营权或吊销工商营业执照的。
② 报关单位解体或并入其他单位的，或者专业、代理报关企业原有情况发生变化，已不具备开办条件的。
③ 犯有走私罪的。
④ 有暂停报关权情形，情节严重的。

（3）报关单位有违反《海关法》及有关法律、行政法规、海关规章或海关规定程序，手续尚未构成走私的行为，海关按《中华人民共和国海关法行政处罚实施细则》(简称《海关行政处罚实施细则》)的有关规定处罚。

（4）报关单位违反《海关法》及有关法律、行政法规，逃避海关监管，偷逃应纳税款、逃避国家有关进出境的禁止性或者限制性管理，非法运输、携带、邮寄国家禁止、限制进出口或者依法应当缴纳税款的货物、物品进出境，或者未经海关许可并且未缴纳应纳税款、交验有关许可证件，擅自将保税货物、特定减免税货物及其他海关监管货物、物品、进境的境外运输工具在境内销售，尚不构成犯罪的，由海关没收走私货物、物品及违法所得，并处以罚款；专门或者多次用于掩护走私的货物、物品，专门或者多次用于走私的运输工具，予以没收；藏匿走私货物、物品的特制设备，责令拆毁或者没收。

（5）报关单位违反《中华人民共和国刑法》、海关法律和法规，逃避海关监管，偷逃应纳税款，逃避国家有关进出境的禁止性或者限制性管理，情节严重，数额较大，构成犯罪的，依法追究刑事责任。

（6）报关单位向海关工作人员行贿的，由海关撤销其报关注册登记，并处以罚款；构成犯罪的，依法追究刑事责任，并不得重新注册登记为报关企业。

知识 5　报关单位的注册登记

1. 报关注册登记制度的概念

报关注册登记制度是指进出口货物收发货人、报关企业向海关提供规定的注册登记申请材料，经注册地海关依法对其申请注册登记的材料进行审核，准予其办理报关业务的管理制度。

2. 报关注册登记的范围及基本条件

根据《海关法》规定，可以向海关办理报关注册登记的单位有两类：一是进出口货物收发货人，主要包括有进出口经营权的内资公司、外商投资企业等；二是报关企业，主要包括报关行、国际货物运输公司等。海关一般不接受其他企业和单位的报关注册登记申请。海关对于未取得对外贸易经营权，但按照国家有关规定需要从事非贸易性进出口活动的有关单位，允许其向所在地海关办理备案手续，特殊情况下可以向拟进出境口岸或者海关监管业务集中地海关办理备案手续。

考虑到两类报关单位的不同性质，海关对其规定了不同的报关注册登记条件。对于报关企业，海关要求企业必须拥有固定的服务场所和提供服务的必要设备；拥有一定数额的注册资金；拥有一定数量的报关从业人员。对于进出口货物的收发货人，其注册登记的条件比报关企业简单。凡是依照《中华人民共和国对外贸易法》(简称《对外贸易法》)经对外经济贸易主管部门批准，有权从事对外贸易经营活动的境内法人或者其他组织均可直接向海关办理注册登记。

3. 报关单位注册登记的程序

1）进出口货物收发货人的注册登记

进出口货物收发货人应当按照规定到所在地海关办理报关单位注册登记手续。其在申请办理注册登记时，应当向海关提供以下材料：

① 报关单位情况登记表的复印件并交验原件。

② 营业执照副本复印件以及组织机构代码证书副本复印件。

③ 对外贸易经营者备案登记表复印件或者外商投资企业批准证书复印件。

④ 其他与注册登记有关的材料。

【相关法规】

注册地海关依法对申请注册登记材料进行核对。经核对申请材料齐全、符合法定形式的，应当核发《中华人民共和国海关报关单位注册登记证书》(简称《报关单位注册登记证书》)。除海关另有规定外，进出口货物收发货人的《报关单位注册登记证书》长期有效。

【相关单证】

临时注册登记单位在向海关申报前，应当向所在地海关办理备案手续。特殊情况下可以向拟进出境口岸或者海关监管业务集中地海关办理备案手续。办理临时注册登记时，应当持本单位出具的委派证明或者授权证明以及非贸易性活动证明材料。属于临时注册登记的，海关可以出具临时注册登记证明，但是不予核发注册登记证书。已经办理报关注册登记的进出口货物收发货人，海关不予办理临时注册登记手续。临时注册登记的有效期最长为1年。有效期届满后应当重新办理临时注册登记手续。

2）报关企业的注册登记

报关企业提供的报关服务是一项专业性、技术性很强的工作，是进出口贸易中重要的中介服务，为此，海关对报关企业的设立做出以下规定：

① 具备境内企业法人资格。

② 法定代表人无走私记录。

③ 无因走私违法行为被海关撤销注册登记许可的记录。

④ 有符合从事报关服务所必需的固定经营场所和设施。

⑤ 海关监管所需要的其他条件。

申请报关企业注册登记许可的申请人应当到所在地直属海关对外公布受理申请的场所提出申请。申请时应提供以下材料：

① 报关单位情况登记表的复印件并交验原件。

② 企业法人营业执照副本复印件以及组织机构代码证书副本复印件。
③ 报关服务营业场所所有权证明或者使用权证明。
④ 其他与申请注册登记许可的相关材料。

申请人可以委托代理人提出注册登记许可申请,但应当出具授权委托书。

所在地海关受理申请后,应当根据法定条件和程序进行全面审查,并且于受理注册登记许可申请之日起20个工作日内审查完毕。直属海关应当自收到所在地海关报送的审查意见之日起20个工作日内做出决定并核发《报关单位注册登记证书》,其有效期为两年。报关企业应当在其报关单位注册登记证书有效期届满40个工作日前向海关提出申请,办理登记许可的延续手续。

4. 报关单位注册登记的变更

进出口货物收发货人的企业名称、企业性质、企业住所、法人代表等海关注册登记内容发生变更的,应当自变更生效之日起30日内,持变更后的营业执照副本或者其他批准文件及复印件,到注册地海关办理变更手续。所属报关员发生变化的,进出口货物收发货人应当在变更事实发生之日起30日内,持变更证明文件等相关材料到注册地海关办理变更手续。

报关企业的企业名称、法人代表发生变化的,应当持《报关单位情况登记表》《报关单位注册登记证书》和变更后的工商营业执照或者其他批准文件及复印件,以书面形式到注册地海关申请变更注册登记许可。所属报关员备案内容发生变更的,报关企业应当在变更事实发生之日起30日内,持变更证明文件等相关材料到注册地海关办理变更手续。

【相关单证】

5. 报关单位注册登记的注销

1) 进出口货物收发货人注册登记的注销

有下列情形之一的,进出口货物收发货人应当以书面形式向注册地海关办理注销手续:

① 破产、解散、自行放弃报关权或者分立成两个以上新企业的。
② 被工商行政管理部门注销登记或者吊销营业执照的。
③ 丧失独立承担责任能力的。
④ 对外贸易经营者备案登记表或者外商投资企业批准证书失效的。
⑤ 其他依法应当注销注册登记的情形。

2) 报关企业注册登记许可的注销

报关企业有下列情形之一的,海关应当依法注销其注册登记许可:

① 有效期届满未申请延续的。
② 报关企业依法终止的。
③ 注册登记许可依法被撤销、撤回,或者注册登记许可证件依法被吊销的。
④ 由于不可抗力导致注册登记许可事项无法实施的。
⑤ 法律、行政法规规定的应当注销注册登记许可的其他情形。

任务3　报关业务

某报关公司是一家专业报关企业，在接受当地一家化工企业委托报关业务时没有察觉到该企业有瞒报情况，在向海关办理报关手续时被海关发现，海关追究该公司的经济责任，该公司以不知情为由不服处罚。你认为对吗？

知识6　报关活动相关人

1. 报关活动相关人的概念

报关活动相关人主要指的是经营海关监管货物仓储业务的企业、保税货物的加工企业、转关运输货物的境内承运人等。这些企业、单位虽然不具有报关资格，但与报关活动密切相关，承担着相应的海关义务和法律责任，具体如图1.15所示。

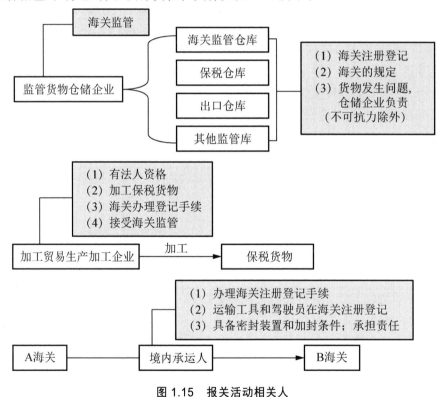

图1.15　报关活动相关人

2. 报关活动相关人的类型

1）海关监管货物仓储企业

（1）在海关监管区内存放海关监管货物的仓库、场所，一般存放海关尚未放行的进口货物和已办理申报、放行手续尚待装运离境的出口货物。

（2）保税仓库，主要存放经海关监管现场放行后按海关保税制度继续监管的货物。

（3）出口监管仓库，主要存放已向海关办完全部出口手续并已对外卖断结汇的出口货物。

（4）其他经海关批准存放海关监管货物的仓库、场所。

经营海关监管货物仓储的企业必须经海关批准，办理海关注册登记手续。其仓储的海关监管货物必须按照海关的规定收存、交付。在保管期间造成海关监管货物损毁或者灭失的，除不可抗力外，仓储企业应承担相应的纳税义务和法律责任。

2）从事加工贸易生产加工的企业

这里所称的从事加工贸易的加工企业是指具有法人资格的企业接受加工贸易经营单位的委托，将进口料件按经营单位与外商签订的加工贸易合同规定加工成品后，交由其委托人即经营单位办理成品出口手续的生产加工企业。这一类企业虽然没有报关权，但因其从事保税料件的加工，也需向海关办理登记手续，接受海关监管。

3）转关运输货物的境内承运人

转关运输货物的境内承运人须经海关批准，并办理海关注册登记手续。其从事转关运输的运输工具和驾驶人员也须向海关注册登记。运载转关运输货物的运输工具、装备应具备密封装置和加封条件。在运输期间转关运输货物损毁或者灭失的，除不可抗力外，承运人应承担相应的纳税义务和法律责任。

4）其他报关活动相关人

如保税区、出口加工区内的部分企业、使用减免税进口货物的企业等。

3．报关活动相关人的法律责任

根据《海关法》的规定，海关准予从事有关业务的企业，如有违反《海关法》有关规定的，由海关责令改正，可以给予警告、暂停其从事有关业务，直至撤销注册。

报关活动相关人在从事与报关相关的活动中，违反《海关法》和有关法律、行政法规的，要承担相应的行政、刑事法律责任。

一、单项选择题

1．按照《海关法》规定，（　　）不列入报关范围。
　　A．进境运输工具　　B．过境货物　　C．进境货物　　D．出境旅客

2．报关规范性文件是指由（　　）按照规定程序制定的对行政管理相对人权利、义务具有普遍约束力的文件。
　　A．全国人大常委会、国务院　　　　B．国务院、海关总署
　　C．还过总署、直属海关　　　　　　D．直属海关、隶属海关

3．纳税义务人超过纳税期限（　　）仍未缴纳税款的，海关可以依法强制扣缴。
　　A．15日　　B．3个月　　C．6个月　　D．30日

4．（　　）以海关总署令的形式对外发布。
　　A．《海关法》　　B．海关行政法规　　C．海关规章　　D．海关总署公告

5．下列行为不属于海关行政检查权范围的是（　　）。
　　A．检查进出境运输工具　　　　B．检查有藏匿走私货物嫌疑的场所
　　C．检查走私嫌疑人的身体　　　D．检查走私嫌疑人的住处

【参考答案】

6. 西安某具有对外贸易经营权的进出口企业，常年在西安、上海、深圳口岸进出口货物，该企业应（　　）。
   A. 在西安向海关申请办理报关注册登记手续
   B. 在上海向海关申请办理报关注册登记手续
   C. 在深圳向海关申请办理报关注册登记手续
   D. 在西安向海关申请办理报关注册登记手续，并分别在上海、深圳向海关办理分支机构注册登记手续

7. 下列情形不属于注册变更范围的是（　　）。
   A. 报关员更名
   B. 报关员所在"顺通报关行"更名为"海洋报关公司"
   C. 报关员所在单位海关编码的第五位"9"变更为"2"
   D. 报关员自"顺通报关行"辞职，应聘到合资企业继续从事报关工作

8. 工商行政管理部门查获的应当给予行政处罚的香烟走私案件，应已送（　　）依法处理。
   A. 海关　　　　　　　　　　　　　B. 税务部门
   C. 上一级工商行政管理部门　　　　D. 烟草专卖部门

二、多项选择题

1. （　　）属于海关行政强制执行。
   A. 扣留财物　　　B. 扣缴税款　　　C. 变价抵缴　　　D. 加收滞纳金

2. A 公司代理 B 公司报关时，因 B 公司所提供情况失实，A 公司对 B 公司所提供情况也未进行合理审查，影响了国家出口退税管理，海关（　　）。
   A. 可以对 A 公司处以罚款，暂停其从事报关业务
   B. 对 B 公司处以罚款
   C. 对 A 公司的报关员可以暂停其职业
   D. 对 B 公司主管人员予以警告，并处罚款

3. 进出口货物收发货人进出口货物，可以（　　）。
   A. 经海关注册登记后自理报关
   B. 委托报关公司代理报关
   C. 委托已经海关注册登记的货代公司代理报关
   D. 委托已经海关注册登记的其他进出口货物收发货人代理报关

4. （　　），海关应注销其注册登记。
   A. 具有报关权的公司分立成两个新的公司的
   B. 报关企业在全国设立多家分支机构的
   C. 进出口贸易公司自行放弃报关权的
   D. 报关企业的工商营业执照被吊销的

5. 报关企业（　　），海关可以暂停其从事报关业务。
   A. 构成走私犯罪的　　　　　　　　B. 损坏海关监管货物，不能提供正当理由的
   C. 向海关工作人员行贿的　　　　　D. 拒绝履行纳税义务的

6. 海关可以在海关监管区域内对（　　）实施检查。
   A. 走私嫌疑人身体　　　　　　　　B. 有走私嫌疑的运输工具
   C. 有藏匿走私货物嫌疑的场所　　　D. 进出境运输工具

7. 下列税费中，不足人民币 50 元免于征收的是（　　）。
   A. 关税　　　　　　　　　　　　　B. 进口环节增值税

C. 进口环节消费税 D. 船舶顿税

8. ( ) 不得设定对管理相对人的行政处罚。
   A. 法律   B. 行政法规   C. 海关总署公告   D. 直属海关公告

9. 根据海关规定，无须办理报关注册登记许可，可直接向海关办理报关注册登记的单位有（　　）。
   A. 兼营进出口货物代理报关业务的国际货物运输公司
   B. 有权从事对外贸易经营活动的境内个体工商业者
   C. 有权从事对外贸易经营活动的境内商业组织
   D. 需从事非贸易性进出口活动的我国台湾地区企业驻京办事处

10. 海关按照报关的对象可分为（　　）。
    A. 进出境运输工具的报关   B. 进出境货物的报关
    C. 进出境物品的报关   D. 代理报关

11. 根据进出境旅客行李物品"双通道制"的通关规定，下列表述中正确的通道选择是（　　）。
    A. 携带按规定应征税物品进境的旅客应选择"申报"通道
    B. 不明海关规定或不知如何选择通道的旅客可选择"无申报"通道
    C. 携带须登记复带进出境物品的选择"无申报"通道
    D. 携带物品超出规定免税限量的旅客应选择"申报"通道

三、判断题

1. 报关员在一个记分周期内变更报关单位的，已记分分值在该记分周期内予以消除。（　　）
2. 报关企业对其跨关区分支机构的报关行为不承担法律责任。（　　）
3. 报关企业在依法取得注册登记许可的直属海关关区内各口岸从事报关服务，应当在拟从事报关服务的口岸地依法设立分支机构，并且向拟注册地海关申请报关企业分支机构注册登记许可。（　　）
4. 查缉走私是海关依照法律赋予的权利，在海关监管场所和海关附近的沿海沿边规定地区，为发现、制止、打击、综合治理走私活动而进行的一种调查和惩处活动。（　　）
5. 报关单位必须在取得对外贸易经营权并依法在海关注册登记后，才能办理报关手续。（　　）
6. 个人携带进境的单位使用的电锯片可以作为行李物品报关。（　　）
7. 根据目前海关的规定，申请成立专业报关企业应由各自直属海关批准后，报海关总署备案。
（　　）

项目 2

对外贸易管制

【学习目标】

(1) 了解外贸管制的概念和常用手段。
(2) 了解外贸管制发生的原因和后果。
(3) 掌握外贸管制的种类和对应管理部门。
(4) 掌握主要外贸管制措施。

任务4　调研我国主要贸易管制措施

小红是青岛某家具有限公司的关务人员，该公司凭手册进口红橡木皮和樱桃皮。运输工具于2016年9月5日申报进境，并且委托青岛某物流有限公司于次日持《中华人民共和国检验检疫入境货物通关单》（简称《入境货物通关单》）和《濒危物种允许进口证明书》向青岛大港海关报关。试通过网络帮小红查一查《入境货物通关单》《濒危物种允许进口证明书》是什么样的管制措施？属于哪个部门管理？应该如何取得？

【相关单证】

中华人民共和国出入境检验检疫
入境货物通关单

		编号：
1.收货人		5.标记及号码
2.发货人		
3.合同/提(运)单号	4.输出国家或地区	
6.运输工具名称及号码	7.目的地	8.集装箱规格及数量
9.货物名称及规格	10.HS编码　　11.申报总值	12.数/重量、包装数量及种类
13.证明 上述货物业已报检/申报，请海关予以放行。 签字：　　　　　　　日期：　　　年　　月　　日		
14.备注 ********		

查编码书，HS编码的监管条件为A的是需要《入境货物通关单》，为B的是需要《中华人民共和国检验检疫出境货物通关单》（简称《出境货物通关单》），监管条件为A或B的俗称为法检货，这类货物需要去商检局办理入(出)境货物通关单，然后拿着办好的入(出)境通关单去办理报关手续，其实通关单的性质和机电证的性质一样，都是通关单据的必有单据之一。

提示：2008年商检局和海关联网，办理出入（出）境通关单后最好查一下，看看数据是否已到海关那里，如果数据没到就报关，容易被退单。《入境货物通关单》必须到进口货物用户所在地商检局办理，提供的资料有发票、装箱单、合同复印件、营业执照复印件（盖章），一般3个工作日就能取到单证。货物到港后，货代报关时便可拿入境货物通关单报关。

【知识拓展】

　　查编码书，HS编码的监管条件为F的是濒危物种允许进口证明书，它是指对纳入《进出口野生动植物种商品目录》管理范围的野生动植物及其制品实施进口许可管理，中华人民共和国濒危物种进出口管理办公室及其授权办事处签发准予进口的许可证件。《濒危物种允许进口证明书》包括《濒危野生动植物种国际贸易公约允许进口证明书》及《濒危物种进出口管理办公室野生动植物种允许进口证明书》。进口《进出口野生动植物种商品目录》中适用《濒危物种允许进口证明书》管理的《濒危野生动植物种国际贸易公约》附录及国家重点保护野生动植物以外的其他列入《进出口野生动植物种商品目录》的野生动植物及其相关货物或物品，适用《非〈进出口野生动植物种商品目录〉物种证明》管理。

　　根据《中华人民共和国濒危野生动植物进出口管理条例》第十条的规定，进口或者出口濒危野生动植物及其产品的，申请人应当向其所在地的省、自治区、直辖市人民政府野生动植物主管部门提出申请，并提交下列材料：进口或者出口合同；濒危野生动植物及其产品的名称、种类、数量和用途；活体濒危野生动物装运设施的说明资料；国务院野生动植物主管部门公示的其他应当提交的材料。

知识7　对外贸易管制

1. 对外贸易管制的含义

　　对外贸易管制又可称为进出口贸易管制，是指一国政府为了国家的宏观经济利益、国内外政策的需要，以及履行所缔结或加入国际条约的业务，确立实行各种管制制度、设立相应管制机构和规范对外贸易活动的总称。

2. 对外贸易管制的种类

（1）按管理目的分为进口贸易管制和出口贸易管制。
（2）按管制手段分为关税措施和非关税措施。
（3）按管制对象分为货物进出口贸易管制；技术进出口贸易管制；国际服务贸易管制。

3. 对外贸易管制的目的和特点

1）对外贸易管制的目的

（1）保护本国经济利益、发展本国经济。发展中国家实行对外贸易管制主要是为了保护本国的民族工业，建立与巩固本国的经济体系；通过对外贸易管制的各项措施，防止外国产品冲击本国市场而影响本国独立经济结构的建立；同时也是为了维护本国的国际收支平衡，使有限的外汇能有效地发挥最大的作用。发达国家实行对外贸易管制主要是为了确保本国在世界经济中的优势地位，避免国际贸易活动对本国经济产生不良影响，特别是要保持本国某些产品或技术的国际垄断地位，保证本国各项经济发展目标的实现。因此，各国的对外贸易管制措施都是与其经济利益相联系的。各国的贸易管制措施是各国经济政策的重要体现。

（2）推行本国的外交政策。不论是发达国家还是发展中国家，往往出于政治或安全上的考虑，甚至不惜牺牲本国经济利益，在不同时期，对不同国家或不同商品实行不同的对外贸易管制措施，以达到其政治上的目的或安全上的目标。因此，贸易管制往往成为一国推行其外交政策的有效手段。

（3）行使国家职能。作为主权国家，对其自然资源和经济行为享有排他的永久主权，国家对外贸易管制制度和措施的强制性是为保护本国环境和自然资源、保障国民人身安全、调控本国经济而行使国家管理职能的一个重要保证。

2）对外贸易管制的特点

（1）贸易管制政策是一国对外政策的体现。

（2）贸易管制会因时因势而变化。

（3）贸易管制以对进口的管制为重点。

4．对外贸易管制与海关监管

国家对外贸易管制的目标是以对外贸易管制法律、法规为保障，依靠有效的政府行政管理手段来最终实现的，如图 2.1 所示。

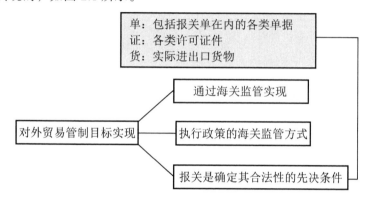

图 2.1　对外贸易管制目标的实现方式

1）海关监管是实现贸易管制的重要手段

（1）海关作为我国进出关境的监督管理行政机关，依据《海关法》所赋予的权力，代表国家在口岸行使进出境监督管理职能。

（2）对外贸易管制是一项综合制度，建立在国家行政管理部门之间的合理分工基础上。

（3）我国的贸易管制是通过国家商务主管部门及其他行业主管部门，依据国家贸易管制政策发放各类许可证件，最终由海关依据许可证件对实际进出口货物的合法性实施监管实现的。

2）报关是海关确认进出口货物合法性的先决条件

海关通过审核"单""证""货"来确认货物进出口的合法性，而这三要素中的"单"和"证"正是通过报关环节中的申报手续向海关递交的。从法律意义上来说，申报意味着向海关报告进出口货物的情况，申请按其申报的内容放行进出口货物。

根据《海关法》规定，进口货物的收货人、出口货物的发货人应当向海关如实申报，交验进出口许可证件和有关单证。国家限制进出口的货物，没有进出口许可证件的，不予放行。该条款是关于收发货人在办理进出口货物海关手续时申报环节法律义务的规定，也是前文所阐述的有关"'单''证''货'相符是海关确认货物合法进出口的必要条件"的法律依据。因此，报关不仅是进出口货物收发货人或其代理人必须履行的手续，而且是海关确认进出口货物合法性的先决条件。

任务5 纺织品临时出口许可证

货物棉纱线在出口中被列为出口加工贸易产品，该产品加工贸易的经营单位和加工企业为同一家企业——宁波某纺织有限公司，经营单位编码为"3302911097"。该批货物于2016年9月装船出口，需持进料加工贸易手册、纺织品临时出口许可证、出境货物通关单等必备单证向海关报关。试通过网络查询纺织品临时出口许可证、管理部门和办证程序。

1）证书组合形成

针对企业向不同国家出口纺织品不同的商品可以有以下的证书组合形式：

输美国纺织品出口许可证套证（含1、7、L）

输欧盟纺织品出口许可证套证（含3、Y、L）

输欧盟纺织品手工制品证套证（含5、Y、L）

输欧盟与OPT配套产地证套证（含Y、L）

输欧盟纺织品产地证单证（Y）

输欧盟丝麻产地证单证（6）

输土耳其纺织品产地证单证（F）

输土耳其纺织品丝麻产地证单证（I）

2）证书种类

目前与纺织品相关的证书共有9种，分为英文证书（8种）和中文证书（1种）。

（1）英文证书。

输美纺织品出口许可证（1）

输美纺织品原产地证（7）

输欧盟纺织品出口许可证（3）

输欧盟纺织品产地证（Y）

输欧盟纺织品手工制品证（5）

输欧盟丝麻产地证（6）

输土耳其纺织品产地证（F）

输土耳其纺织品丝麻产地证（I）

（2）中文证书。

中华人民共和国纺织品临时出口许可证（L）

3）申报材料（分书面申请和网上申请）

（1）企业书面申请需提供的材料。

① 申请表。

输美国纺织品出口许可证套证。加盖企业公章的《输美国纺织品出口许可证/产地证申请表》和《中华人民共和国纺织品临时出口许可证申请表》

输欧盟纺织品出口许可证套证。加盖企业公章的《输欧盟纺织品出口许可证/产地证申请表》和《中华人民共和国纺织品临时出口许可证申请表》

输欧盟纺织品手工制品证套证。加盖企业公章的《输欧盟纺织品手工制品证/产地证申请表》和《中华人民共和国纺织品临时出口许可证申请表》

输欧盟与 OPT 配套产地证套证。加盖企业公章的《输欧盟纺织品产地证申请表》《中华人民共和国纺织品临时出口许可证申请表》和 OPT 证明

输欧盟纺织品产地证、输欧盟丝麻产地证、输土耳其纺织品产地证、输土耳其纺织品丝麻产地证。加盖企业公章的各类相应的纺织品许可证申请表

② 有效的纺织品出口合同（正本复印件）。

（2）企业网上申请需提供的材料。

① 证书及申请表。

输欧盟纺织品出口许可证套证。输欧盟纺织品出口许可证、输欧盟纺织品产地证和加盖企业公章的《输欧盟纺织品出口许可证/产地证申请表》《中华人民共和国纺织品临时出口许可证申请表》

输美国纺织品出口许可证套证。输美国纺织品出口许可证、输美国纺织品产地证和加盖企业公章的《输美国纺织品出口许可证/产地证申请表》《中华人民共和国纺织品临时出口许可证申请表》

输欧盟纺织品手工制品证套证。输欧盟纺织品手工制品证、输欧盟纺织品产地证和加盖企业公章的《输欧盟纺织品手工制品证/产地证申请表》《中华人民共和国纺织品临时出口许可证申请表》

输欧盟与 OPT 配套产地证套证。输欧盟纺织品产地证、加盖企业公章的《输欧盟纺织品产地证申请表》《中华人民共和国纺织品临时出口许可证申请表》和 OPT 证明

输欧盟纺织品产地证、输欧盟丝麻产地证、输土耳其纺织品产地证、输土耳其纺织品丝麻产地证。企业自行打印的各类证书和相应的申请表

② 有效的纺织品出口合同（正本复印件）。

（3）首次申请的企业除上述材料外，还应提交以下材料复印件。

① 工商营业执照。

② 内资企业需提供《对外贸易经营者备案登记表》或《中华人民共和国进出口经营者资格证书》；外商投资企业需提供审批部门颁发的《批准证书》。

4）办理程序

（1）专人办理。各有关企业指定专人负责送签和领取各种纺织品临时出口许可证件，并填写《纺织品临时出口许可证领证人员备案表》，将加盖公章的备案表和身份证复印件报送市外经贸局。领证人员发生变化后，各企业应及时将新的材料报送外经贸局变更备案。

（2）受理申请。企业报送申报材料，并填写许可证书登记表。

（3）数据录入、审核、签发。

（4）企业取证。企业填写领证登记表，领取纺织品许可证书。

5）空白证书

自行打印纺织品许可证件的企业需到市外经贸局认真填写空白证书领用表，按实际需求领取空白证书。

中华人民共和国纺织品临时出口许可证
TEMPORARY TEXTILES EXPORT LICENCE OF THE PEOPLE'S REPUBLIC OF CHINA　NO.

1．出口商： 　　Exporter	3．出口许可证号： 　　Export licence No.
2．发货人： 　　Consignor	4．出口许可证有效截止日期： 　　Export licence expiry date
5．贸易方式： 　　Terms of trade	8．出口最终目的国（地区）： 　　Country/Region of purchase
6．合同号： 　　Contract No.	9．付款方式： 　　Payment
7．报关口岸： 　　Place of clearance	10．运输方式： 　　Mode of transport
11．商品名称： 　　Description of goods	商品编码： Code of goods

12．规格、等级 　　Specification	13．单位 　Unit	14．数量 　Quantity	15．单价 　Unit price	16．总值 　Amount	17．总值折美元 　Amount in USD
18．总计 　　Total					

19．备注： 　　Supplementary details 　　输欧盟或输美许可证号： 　　类别号：	20．发证机关盖章： 　　Issuing authority's stamp 21．发证日期： 　　Licence date

中华人民共和国商务部监制

知识 8　对外贸易管制制度

1．我国对外贸易管制的基本框架与法律体系

1）基本框架

我国对外贸易管制制度是一种综合管理制度，主要由海关监管制度、关税制度、对外贸易经营者管理制度、进出口许可制度、出入境检验检疫制度、进出口货物收付汇管理制度及贸易救济制度等构成。为保障贸易管制各项制度的实施，我国已基本建立并逐步健全了以《对外贸易法》为核心的对外贸易管制的法律体系，并依照这些法律、行政法规、部门规章和我国履行国际公约的有关规定，自主实行对外贸易管制制度。下文将着重阐述进出口许可管理制度、对外贸易经营者管理制度、出入境检验检疫制度、货物贸易外汇管理制度、对外贸易救济措施等。

2）法律体系

由于我国对外贸易管制是一种国家管制,所以其所涉及的法律渊源只限于宪法、法律、行政法规、部门规章及相关的国际条约,不包括地方性法规、规章及各民族自治区政府的地方条例和单行条例。

(1) 法律。我国现行的与贸易管制有关的法律主要有以下 10 部:

① 《中华人民共和国对外贸易法》
② 《中华人民共和国海关法》
③ 《中华人民共和国进出口商品检验法》
④ 《中华人民共和国进出境动植物检疫法》
⑤ 《中华人民共和国固体废物污染环境防治法》
⑥ 《中华人民共和国国境卫生检疫法》
⑦ 《中华人民共和国野生动物保护法》
⑧ 《中华人民共和国药品管理法》
⑨ 《中华人民共和国文物保护法》
⑩ 《中华人民共和国食品卫生法》

(2) 行政法规。我国现行的与对外贸易管制有关的行政法规主要有以下 10 部:

① 《中华人民共和国货物进出口管理条例》
② 《中华人民共和国技术进出口管理条例》
③ 《中华人民共和国关税条例》
④ 《中华人民共和国知识产权海关保护条例》
⑤ 《中华人民共和国野生植物保护条例》
⑥ 《中华人民共和国外汇管理条例》
⑦ 《中华人民共和国反补贴条例》
⑧ 《中华人民共和国反倾销条例》
⑨ 《中华人民共和国保障措施条例》
⑩ 《中华人民共和国核出口管制条例》

(3) 部门规章。我国现行的与对外贸易管制有关的部门规章很多,以下列举几部:

① 《货物进口许可证管理办法》
② 《货物出口许可证管理办法》
③ 《货物自动进口许可管理办法》
④ 《出口收汇核销管理办法》
⑤ 《进口药品管理办法》
⑥ 《精神药品管理办法》
⑦ 《放射性药品管理办法》
⑧ 《两用物项和技术进出口许可证管理办法》

(4) 国际条约、协定。各国在通过国内立法实施本国进出口贸易管制的各项措施的同时,必然要与其他国家协调立场,确定相互之间在国际贸易活动中的权利与义务关系,以实现其外交政策和对外贸易政策所确立的目标,因此,国际贸易条约与协定便成为各国之间确立国际贸易关系立场的重要法律形式。

我国目前所缔结或者参加的各类国际条约、协定,虽然不属于我国国内法的范畴,但就其效力而言可视为我国的法律渊源之一，主要有以下 9 种：

① 加入世界贸易组织（WTO）所签订的有关双边或多边的各类贸易协定

②《关于简化和协调海关业务制度的国际公约》(也称《京都公约》)

③《濒危野生动植物种国际贸易公约》(也称《华盛顿公约》)

④《关于消耗臭氧层物质的蒙特利尔议定书》

⑤《联合国禁止非法贩运麻醉药品和精神药物公约》

⑥《关于化学品国际贸易资料交换的伦敦准则》

⑦《关于在国际贸易中对某些危险化学品和农药采用事先知情同意程序的鹿特丹公约》

⑧《控制危险废物越境转移及其处置的巴塞尔公约》

⑨《建立世界知识产权组织公约》

2. 我国货物、技术进出口许可管理制度

进出口许可是国家对进出口的一种行政管理制度，既包括准许进出口有关证件的审批和管理制度本身的程序，又包括以国家各类许可为条件的其他行政管理手续，这种行政管理制度称为进出口许可管理制度。进出口许可管理制度作为一项非关税措施，是世界各国管理进出口贸易的一种常见手段，在国际贸易中长期存在，并广泛运用。

货物、技术进出口许可管理制度是我国进出口许可管理制度的主体，是国家对外贸易管制中极其重要的管理制度。许可管理制度的范围如图 2.2 所示。

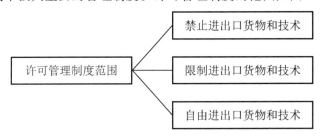

图 2.2　许可管理制度范围

1）禁止进出口管理

为维护国家安全和社会公共利益，保护人民的生命健康，履行我国所缔结或者参加的国际条约和协定，国务院商务主管部门会同国务院有关部门，依照《对外贸易法》的有关规定，制定、调整并公布了禁止进出口货物、技术目录。海关依据国家相关法律、行政法规对禁止进出口商品实施监督管理。

（1）禁止进口管理。对列入国家公布的禁止进口目录，以及其他法律、行政法规明令禁止或停止进口的货物、技术，任何对外贸易经营者不得经营进口。

① 禁止进口货物管理。我国政府明令禁止进口的货物包括：列入由国务院商务主管部门或由其会同国务院有关部门制定的《禁止进口货物目录》的商品，国家有关法律明令禁止进口的商品及其他各种原因停止进口的商品。其具体包括的内容详情请扫描二维码查阅。

【拓展知识】

② 禁止进口技术管理。根据《对外贸易法》《技术进出口管理条例》及《禁

止进口限制进口技术管理办法》的有关规定，国务院商务主管部门会同国务院有关部门，制定、调整并公布禁止进口的技术目录。列入禁止进口技术目录的技术不得进口。

目前，《中国禁止进口限制进口技术目录》所列明的禁止进口的技术涉及钢铁冶金、有色金属冶金、化工、石油炼制、石油化工、消防、电工、轻工、印刷、医药、建筑材料等生产技术领域。

（2）禁止出口管理。对列入国家公布的禁止出口目录，以及国家法律、行政法规明令禁止出口的货物、技术，任何对外贸易经营者不得经营出口。

① 禁止出口货物管理。我国政府明令禁止出口的货物主要有列入《禁止出口货物目录》的商品和国家有关法律、行政法规明令禁止出口的商品。其具体包括的内容详情请扫描二维码查阅。

② 禁止出口技术管理。根据《对外贸易法》《技术进出口管理条例》及《禁止出口限制出口技术管理办法》的有关规定，国务院商务主管部门会同国务院有关部门，制定、调整并公布了禁止出口的技术目录。列入禁止出口技术目录的技术不得出口。其具体包括的内容详情请扫描二维码查阅。

【拓展知识】

2）限制进出口管理

为维护国家安全和社会公共利益，保护人民的生命健康，履行我国所缔结或者参加的国际条约和协定，国务院商务主管部门会同国务院有关部门，依照《对外贸易法》的规定，制定、调整并公布了各类限制进出口货物、技术目录。海关依据国家相关法律、法规对限制进出口的货物、技术实施监督管理。

【拓展知识】

（1）限制进口管理。国家实行限制进口管理的货物、技术，必须依照国家有关规定取得国务院商务主管部门或者其会同的国务院有关部门的许可，方可进口。

① 限制进口货物管理。目前，我国限制进口货物管理按照其限制方式划分为许可证件管理和进口配额管理。

a. 许可证件管理。许可证件管理是指在一定时期内根据国内政治、工业、农业、商业、军事、技术、卫生、环保、资源保护等领域的需要，以及为履行我国所加入或缔结的有关国际条约的规定，以经国家各主管部门签发许可证件的方式来实现各类限制进口的措施。

许可证件管理主要包括进口许可证、两用物项和技术进口许可证、濒危物种进口、限制类可利用固体废物进口、药品进口、音像制品进口、有毒化学品进口、黄金及其制品进口等管理。

国务院商务主管部门或者国务院有关部门在各自的职责范围内，根据国家有关法律、法规及国际公约的规定签发上述各项管理所涉及的各类许可证件，申请人凭相关许可证件办理海关手续。

b. 进口配额管理。进口配额管理是指一国政府在一定时期内，对某些商品的进口数量或金额加以直接限制。在规定的期限内，配额以内的货物可以进口，超过配额的不准进口，或者征收较高关税后才能进口。因此，进口配额管理是许多国家实行进口数量限制的重要手段之一。进口配额主要有绝对配额和关税配额两种形式。

绝对配额是指在一定时期内，对某些商品的进口数量或金额规定一个最高限额，在这个数额内允许进口，达到这个配额后，便不准进口。绝对配额按照其实施方式的不同，又分为全球配额、国别配额两种形式。

● 全球配额是一种世界范围内的绝对配额，对某种商品的进口规定一个总的限额，对来自任何国家或地区的商品一律适用。具体做法是一国或地区的主管当局在公布的总配额之内，通常按进口商的申请先后顺序或过去某一时期的实际进口额批给一定的额度，直至总配额发完为止，超过总配额就不准进口。

● 国别配额是在总配额内按国别或地区分配给固定的配额，超过规定的配额不准进口。为了区分来自不同国家和地区的商品，通常进口国规定进口商必须提交原产地证明书。实行国别配额可以使进口国家根据它与有关国家或地区的政治经济关系分配给予不同的额度。

关税配额是一种征收关税与进口配额相结合的限制进口的措施。它对商品进口的决定数额不加限制，而是在一定时期内（一般是公历年度内有效），对部分商品的进口制定关税配额税率并规定该商品进口数量总额。在规定配额内进口的商品，给予低税、减税或者免税待遇；对超过配额的进口商品则征收较高的关税，或者征收附加税或罚款。一般情况下，关税配额税率优惠幅度很大，如小麦的关税配额税率与最惠国税率相差达 65 倍。国家通过这种行政管理手段对一些重要商品，以关税这个成本杠杆来实现限制进口的目的，因此，关税配额管理是一种相对数量的限制。

② 限制进口技术管理。限制进口技术实行目录管理。根据《对外贸易法》《技术进出口管理条例》及《禁止进口限制进口技术管理办法》的有关规定，国务院商务主管部门会同国务院有关部门，制定、调整并公布了限制进口的技术目录。对属于限制进口技术目录范围内的技术，实行许可证管理；未经国家许可，不得进口。

进口属于限制进口的技术，应当向国务院商务主管部门提出技术进口申请。国务院商务主管部门收到技术进口申请后，应当会同国务院有关部门对申请进行审查。技术进口申请经批准的，由国务院商务主管部门签发《技术进口许可意向书》，进口经营者取得技术进口许可意向书后，可以对外签订技术进口合同。进口经营者签订技术进口合同后，应当向国务院商务主管部门申请技术进口许可证。经审核符合发证条件的，由国务院商务主管部门颁发《技术进口许可证》，凭以向海关办理进口通关手续。

目前，列入《中国禁止进口限制进口技术目录》中属限制进口的技术包括生物技术、化工技术、石油炼制技术、石油化工技术、生物化工技术和造币技术等。

经营限制进口技术的经营者在向海关申报进口手续时必须主动递交技术进口许可证，否则将承担由此造成的一切法律责任。

（2）限制出口管理。国家实行限制出口管理的货物、技术，必须依照国家有关规定，经国务院商务主管部门或者经国务院商务主管部门会同国务院有关部门许可，方可出口。

【相关法规】

① 限制出口货物管理。对于限制出口货物管理，我国《货物进出口管理条例》

规定：国家规定有数量限制的出口货物，实行配额管理；其他限制出口货物，实行许可证管理；实行配额管理的限制出口货物，由国务院商务主管部门和国务院有关经济管理部门按照国务院规定的职责划分进行管理。

a. 出口配额管理。出口配额管理是指在一定时期内为建立公平竞争机制，增强我国商品在国际市场的竞争力，保障最大限度的收汇，保护我国产品的国际市场利益，国家对部分商品的出口数量直接加以限制的措施。我国出口配额管理有两种形式，即出口配额许可证管理和出口配额招标管理。

出口配额许可证管理是国家对部分商品的出口，在一定时期内（一般是1年）规定数量总额，经国家批准获得配额的允许出口，否则不准出口的配额管理措施。出口配额许可证管理是国家通过行政管理手段对一些重要商品以规定绝对数量的方式来实现限制出口的目的。

出口配额许可证管理是通过直接分配的方式，由国务院商务主管部门或者国务院有关部门在各自的职责范围内根据申请者需求并结合其进出口实绩、能力等条件，按照效益、公正、公开和公平竞争的原则进行分配。国家各配额主管部门对经申请有资格获得配额的申请者发放各类配额证明。申请者取得配额证明后，到国务院商务主管部门及其授权发证机关申领出口许可证。

出口配额招标管理是国家对部分商品的出口，在一定时期内（一般是1年）规定数量总额，采取招标分配的原则，经招标获得配额的允许出口，否则不准出口的配额管理措施。这种管理是国家通过行政管理手段对一些重要商品以规定绝对数量的方式来实现限制出口的目的。

国家各配额主管部门对中标者发放各类配额证明。中标者取得配额证明后，凭配额证明到国务院商务主管部门或其授权发证机关申领出口许可证。

b. 出口许可证件管理。出口许可证件管理是指在一定时期内根据国内政治、军事、技术、卫生、环保、资源保护等领域需要，以及为履行我国所加入或缔结的有关国际条约规定，以经国家各主管部门签发许可证件的方式来实现的各类限制出口措施。目前，我国出口许可证件管理主要包括出口许可证、濒危物种出口、两用物项出口、黄金及其制品出口等许可管理。

② 限制出口技术管理。根据《对外贸易法》《技术进出口管理条例》《核两用品及相关技术出口管制条例》《生物两用品及相关设备和技术出口管制条例》《导弹及相关物项和技术出口管制条例》《核出口管制条例》及《禁止出口限制出口技术管理办法》等有关规定，对限制出口技术实行目录管理，国务院商务主管部门会同国务院有关部门，制定、调整并公布了限制出口的技术目录。对属于限制出口技术目录范围内的技术，实行许可证管理，未经国家许可不得出口。

我国目前限制出口的技术目录主要有《两用物项和技术进出口许可证管理目录》和《中国禁止出口限制出口技术目录》等。出口属于上述限制出口的技术，应当向国务院商务主管部门提出技术出口申请，经国务院商务主管部门审核批准后取得技术出口许可证件，凭以向海关办理出口通关手续。经营限制出口技术的经营者在向海关申报出口手续时必须主动递交相关技术出口许可证件，否则将承担由此造成的一切法律责任。

3）自由进出口管理

除上述国家禁止、限制进出口货物、技术外的其他货物、技术，均属于自由进出口范围。自由进出口货物、技术的进出口不受限制，但基于监测进出口情况的需要，国家对部分属于自由进口的货物实行自动进口许可管理；对自由进出口的技术实行技术进出口合同登记管理。

（1）货物自动进口许可管理。自动进口许可管理是在任何情况下对进口申请一律予以批准的进口许可制度。这种进口许可实际上是一种在自由进口货物进口前对其进行自动登记的许可制度，通常用于国家对这类货物的统计和监督，是我国进出口许可管理制度中的重要组成部分，是目前被各国普遍使用的一种进口管理制度。

进口属于自动进口许可管理的货物，进口经营者应当在办理海关报关手续前，向国务院商务主管部门或者国务院有关经济管理部门提交自动进口许可申请；进口经营者凭国务院商务主管部门或者国务院有关经济管理部门发放的自动进口许可证明，向海关办理报关手续。

（2）技术进出口合同登记管理。进出口属于自由进出口的技术，应当向国务院商务主管部门或者其委托的机构办理合同备案登记。国务院商务主管部门应当自收到规定的文件之日起 3 个工作日内，对技术进出口合同进行登记，颁发技术进出口合同登记证，申请人凭技术进出口登记证办理外汇、银行、税务、海关等相关手续。

3. 其他贸易管制制度

1）对外贸易经营者管理制度

为了鼓励对外经济贸易的发展，发挥各方面的积极性，保障对外贸易经营者的对外自主权，国家制定了一系列法律、行政法规、部门规章，对外贸易经营活动中涉及的相应内容进行规范，这些法律、行政法规、部门规章构成了我国的对外贸易经营者管理制度。

【知识拓展】

对外贸易经营者是指依法办理工商登记或者其他执业手续，依照《对外贸易法》和其他有关法律、行政法规、部门规章的规定从事对外贸易经营活动的法人、其他组织或者个人，如图 2.3 所示。对外贸易经营者的一个重要标志就是已经取得对外贸易经营权。作为加入世界贸易组织的承诺，促进对外贸易发展，我国对外贸易经营者的管理由先前的核准制转为实行备案等级制，也就是法人、其他组织或个人在从事对外贸易经营活动之前，必须按照国家的有关规定，依法定程序在国务院商务主管部门备案登记，取得对外贸易经营资格后，方可在国家允许的范围内从事对外贸易经营活动。

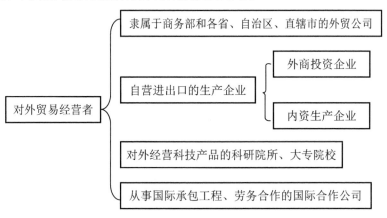

图 2.3　对外贸易经营者范围

从事货物进出口或者技术进出口的对外贸易经营者，应当向国务院商务主管部门或者其委托的机构办理备案登记，但法律、行政法规和国务院商务主管部门规定不需要备案登记的除外。备案登记的具体实施办法由国务院商务主管部门规定。对外贸易经营者未按照规定办理备案登记的，海关不予办理进出口货物的报关验放手续。

2）出入境检验检疫制度

出入境检验检疫制度是指由国家出入境检验检疫部门依据我国有关法律、行政法规，以及我国政府所缔结或者参加的国际条约、协定，对出入境的货物、物品及其包装物、交通运输工具、运输设备和出入境人员实施检验检疫监督管理的法律依据和行政手段的总和。其国家主管部门是国家质量监督检验检疫总局。

出入境检验检疫制度是我国贸易管制制度的重要组成部分，其目的是维护国家声誉和对外贸易有关当事人的合法权益，保证国内生产的正常开展，促进对外贸易的健康发展，保护我国的公共安全和人民生命财产安全等，是国家主权的具体体现。

（1）出入境检验检疫职责范围。

① 我国出入境检验检疫制度实行目录管理，即国家质量监督检验检疫总局根据对外贸易需要，公布并调整《出入境检验检疫机构实施检验检疫的进出境商品目录》（简称《法检目录》）。该目录所列明的商品称为法定检验商品，即国家规定实施强制性检验的进出境商品。

② 对于法定检验以外的进出境商品是否需要检验，由对外贸易当事人决定。对外贸易合同约定或者进出口商品的收发货人申请检验检疫时，检验检疫机构可以接受委托，实施检验检疫并制发证书。此外，检验检疫机构对法检以外的进出口商品，可以以抽查的方式予以监督管理。

③ 对关系国计民生、价值较高、技术复杂或涉及环境及卫生、疫情标准的重要进出口商品，收货人应当在对外贸易合同中约定，在出口国装运前进行预检验、监造或监装，以及保留到货后最终检验和索赔的条款。

（2）出入境检验检疫制度的组成。

我国出入境检验检疫制度内容包括进出口商品检验制度、进出境动植物检疫制度及国境卫生监督制度。

① 进出口商品检验制度。进出口商品检验制度是根据《中华人民共和国进出口商品检验法》（简称《进出口商品检验法》）及其实施条例的规定，国家质量监督检验检疫总局及其口岸出入境检验检疫机构对进出口商品所进行品质、质量检验和监督管理的制度。

【相关法规】

我国实行进出口商品检验制度的目的是保证进出口商品的质量，维护对外贸易有关各方的合法权益，促进对外经济贸易关系的顺利发展。商品检验机构实施进出口商品检验的内容包括商品的质量、规格、数量、重量、包装，以及是否符合安全、卫生的要求。我国商品检验的种类分为四种，即法定检验、合同检验、公正鉴定和委托检验。对法律、行政法规、部门规章规定有强制性标准或者其他必须执行的检验标准的进出口商品，依照法律、行政法规、部门规章规定的检验标准检验；对法律、行政法规、部门规章未规定有强制性标准或者其他必须执行的检验标准的，依照对外贸易合同约定的检验标准检验。

② 进出境动植物检疫制度。进出境动植物检疫制度是根据《中华人民共和国进出境动植物检疫法》（简称《进出境动植物检疫法》）及其实施条例的规定，国家质量监督检验检疫总局及其口岸出入境检验检疫机构对进出境动植物，以及动植物产品的生产、加工、存放过程实行动植物检疫的进出境监督管理制度。

我国实行进出境检验检疫制度是为了防止动物传染病，寄生虫病，植物危险性病、虫、杂草，以及其他有害生物传入、传出国境，保护农、林、牧、渔业生产和人体健康，促进对外经济贸易的发展。

口岸出入境检验检疫机构实施动植物检疫监督管理的方式实行注册登记、疫情调查、检测和防疫指导等。其内容主要包括进境检疫、出境检疫、过境检疫、进出境携带和邮寄物检疫及出入境运输工具检疫等。

③ 国境卫生监督制度。国境卫生监督制度是指出入境检验检疫机构根据《中华人民共和国国境卫生检疫法》（简称《国境卫生检疫法》）及其实施细则，其他的卫生法律、法规和卫生标准，在进出口岸对出入境的交通工具、货物、运输容器，以及口岸辖区的公共场所、环境、生活设施、生产设备所进行的卫生检查、鉴定、评价和采样检验的制度。

我国实行国境卫生监督制度是为了防止传染病由国外传入或者由国内传出，实施国境卫生检疫，保护人体健康。其监督职能主要包括进出境检疫、国境传染病检测、进出境卫生监督等。

3）货物贸易外汇管理制度

对外贸易经营者在对外贸易经营活动中，应当依照国家有关规定结汇、用汇。这里所指的国家有关规定就是我国的外汇管理制度，即国家外汇管理局、中国人民银行及国务院其他有关部门，依据国务院《外汇管理条例》及其他有关规定，对包括经营项目外汇业务、资本项目外汇业务、金融机构外汇业务、人民币汇率的生成机制和外汇市场等领域实施的监督管理。进出口货物收付汇管理是我国实施外汇管理的主要手段，也是我国外汇管理制度的重要组成部分。

【相关法规】

（1）出口货物收汇管理。

我国对出口收汇管理采取的是外汇核销形式。为了防止出口单位将外汇截留境外，提高收汇率，国家外汇管理局先后颁布了《出口收汇核销管理办法》和《出口收汇核销管理办法实施细则》，规定了《出口外汇核销单》管理的方式，对出口货物实施直接收汇控制。《出口外汇核销单》是跟踪、监督出口单位出口后收汇核销和出口单位办理货物出口手续的重要凭证之一。该控制方式的具体内容是：国家外汇管理局制发《出口外汇核销单》，由货物的发货人或其代理人填写，外汇管理部门凭海关签注的《出口外汇核销单》和出口货物报关单出口收汇核销联收汇核销。

（2）进口货物付汇管理。

进口货物付汇管理也采取外汇核销形式。国家为了防止汇出外汇而实际不进口商品的逃汇行为发生，通过海关对进口货物的实际监管来监督进口付汇情况。其具体程序为：进口企业在进口付汇前需向付汇银行申请国家外汇管理局统一制发的《贸易进口付汇核销单》，凭以办理付汇。货物进口后，进口单位或其代理人凭海关出具的进口货物报关单付汇证明联向国家外汇管理局指定银行办理付汇核销。

4）对外贸易救济措施

我国于 2001 年年底正式成为世界贸易组织（WTO）成员国之一，世界贸易组织允许成员方在进口产品倾销、补贴和过激增长等给其国内产业造成损害的情况下使用反倾销、反补贴和保障措施手段以保护国内产业不受损害。

反倾销、反补贴和保障措施都属于贸易救济措施。反倾销和反补贴措施针对的是价格歧视这种不公平贸易行为，保障措施针对的则是进口产品激增的情况。

为充分利用 WTO 规则，维护国内市场上的国内外商品的自由贸易和公平竞争秩序，我国依据 WTO《反倾销协议》《补贴与反补贴措施协议》和《保障措施协议》及我国《对外贸易法》的有关规定，制定颁布了《反补贴条例》《反倾销条例》和《保障措施条例》。

（1）反倾销措施。

① 临时反倾销措施。临时反倾销措施是指进口方主管机构经过调查，初步认定被指控产品存在倾销，并对国内同类产业造成损害，据此可以依据 WTO 所规定的程序进行调查，在全部调查结束之前，采取临时性的反倾销措施，以防止在调查期间国内产业继续受到损害。临时反倾销措施有两种形式：一是征收临时反倾销税；二是要求提供现金保证金、保函或者其他形式的担保。

征收临时反倾销税，由商务部提出建议，国务院关税税则委员会根据其建议做出决定，由商务部予以公告。要求提供现金保证金、保函或者其他形式的担保，由商务部做出决定并予以公告。海关自公告规定实施之日起执行。临时反倾销措施实施的期限，自临时反倾销措施决定公告规定实施之日起，不超过 4 个月；在特殊情形下，可以延长至 9 个月。

② 最终反倾销措施。对终裁决定确定倾销成立并由此对国内产业造成损害的，可以征收反倾销税。征收反倾销税应该符合公共利益。征收反倾销税由商务部提出建议，国务院关税税则委员会根据其建议做出决定，商务部予以公告。海关自公告规定实施之日起执行。

（2）反补贴措施。

① 临时反补贴措施。初裁决定确定补贴成立并由此对国内产业造成损害的，可以采取临时反补贴措施。临时反补贴措施采取以保证金或者保函作为担保征收临时反补贴税的形式。

采取临时反补贴措施，由商务部提出建议，国务院关税税则委员会根据其建议做出决定，商务部予以公告。海关自公告规定实施之日起执行。临时反补贴措施实施的期限，自临时反补贴措施决定公告规定实施之日起，不超过 4 个月。

② 最终反补贴措施。在为完成磋商的努力没有取得效果的情况下，终裁决定确定补贴成立并由此对国内产业造成损害的，征收反补贴税。征收反补贴税应该符合公共利益。

征收反补贴税由商务部提出建议，国务院关税税则委员会根据其建议做出决定，商务部予以公告。海关自公告规定实施之日起执行。

（3）保障措施。

① 临时保障措施。临时保障措施是指在有明确证据表明进口产品数量增加，将对国内产业造成难以补救的损害的紧急情况下，进口国与成员国之间可不经磋商而做出初裁决定，并采取临时性保障措施。临时保障措施的实施期限，自临时保障措施决定公告规定实施之日起，不得超过 200 天，并且此期限计入保障措施总期限。

临时保障措施采取提高关税的形式，如果事后调查不能证实进口激增对国内有关产业已经造成损害的，则增收的临时关税应立即退还。

② 最终保障措施。最终保障措施可以采取提高关税、数量限制等形式，但保障措施应当限于防止、补救严重损害并便利调整国内产业所必要的范围内。

保障措施的实施期限一般不超过 4 年，在此基础上如果继续采取保障措施则必须同时满足 4 个条件：对于防止或者补救严重损害仍有必要的；有证据表明相关国内产业正在进行调整；已经履行有关对外通知、磋商的义务；延长后的措施不严于延长前的措施。保障措施全部实施期限（包括临时保障措施期限）不得超过10年。

4. 我国贸易管制主要管理措施及报关规范

对外贸易管制作为一项综合制度，所涉及的管理规定繁多。了解我国贸易管制各项措施所涉及的具体规定，是报关从业者应当具备的专业知识。

1）进出口许可证管理

（1）含义。进出口许可证管理是指由商务部或者由商务部会同国务院其他有关部门，依法制定并调整进出口许可证管理目录，以签发进出口许可证的形式对该目录中的商品实行的行政许可管理。

（2）主管部门及办理程序。进出口许可证管理属于国家限制进出口管理范畴，分为进口许可证管理和出口许可证管理。商务部是全国进出口许可证的归口管理部门，负责制定进出口许可证管理办法及规章制度，监督、检查进出口许可证管理办法的执行情况，处罚违规行为。商务部会同海关总署制定、调整和发布年度《进口许可证管理货物目录》及《出口许可证管理货物目录》。

商务部配额许可证事务局、商务部驻各地特派员办事处和商务部授权的地方主管部门发证机构，负责在授权范围内签发《中华人民共和国进口许可证》或《中华人民共和国出口许可证》。

【相关法规】

进出口许可证是国家管理货物进出口的凭证，不得买卖、转让、涂改、伪造和变造。凡属于进出口许可证管理的货物，除国家另有规定外，对外贸易经营者应当在进口或出口前按规定向指定的发证机构申领进出口许可证，持有关进出口许可证向海关办理申报和验放手续。

（3）适用范围及报关规范。进出口许可证是我国进出口许可证管理制度中具有法律效力，用来证明对外贸易经营者经营列入国家进出口许可证管理目录商品合法进出口的证明文件，是海关验放该类货物的重要依据。进出口许可证的适用范围和报关规范请分别扫描二维码查阅。

【拓展知识】

2）自动进口许可证管理

商务部根据监测货物进口情况的需要，对部分自由进口货物实行自动许可管理。许可证局、各地特派办、地方发证机构及地方机电产品进出口机构负责自动进口许可货物管理和自动进口许可证的签发工作。目前，涉及的管理目录是商务部公布的《自动进口许可管理货物目录》，对应的许可证件为《中华人民共和国自动进口许可证》。其适用范围和报关规范详情请扫描二维码查阅。

【拓展知识】

3）两用物项和技术进出口许可证管理

商务部是全国两用物项和技术进出口许可证的归口管理部门，负责制定《两用物项和技术进出口许可证管理办法》及规章制度，监督、检查《两用物项和技术进出口许可证管理办法》的执行情况，处罚违规行为。

两用物项和技术是指《核出口管制条例》《核两用品及相关技术出口管制条例》《导弹及相关物项和技术出口管制条例》《生物两用品及相关设备和技术出口管制条例》《监控化学品管理条例》《易制毒化学品管理条例》《放射性同位素与射线装

置安全和防护条例》《有关化学品及相关设备和技术出口管制办法》所规定的相关物项及技术。其适用范围和报关规范详情请扫描二维码查阅。

4）固体废物进口管理

固体废物是指《固体废物污染环境防治法》管理范围内的废物，即在生产建设、日常生活和其他活动中产生的污染环境的废弃物质，包括工业固体废物（指在工业、交通等生产活动中产生的固体废物）、城市生活垃圾（指在城市日常生活中或者为城市日常生活提供服务的活动中产生的固体废物及法律、行政法规规定视为城市生活垃圾的固体废物）、危险废物（指列入国家危险废物名录或者根据国家规定的危险废物鉴别标准和鉴别方法认定的具有危险特性的废物），以及液态废物和置于容器中的气态废物。

【拓展知识】

国家环境保护总局是进口废物的国家主管部门，会同国务院商务主管部门制定、调整并公布《限制进口类可用作原料的废物目录》及《自动进口许可管理类可用作原料的废物目录》，对未列入上述两个目录的固体废物禁止进口。其适用范围和报关规范详情请扫描二维码查阅。

5）野生动植物种进出口管理

【拓展知识】

野生动植物是人类的宝贵自然财富。挽救珍稀濒危动植物种，保护、发展和合理利用野生动植物资源，对维护自然生态平衡，开展科学研究，发展经济、文化、教育、医药、卫生等事业有着极其重要的意义。为此，我国颁布了《中华人民共和国森林法》《中华人民共和国野生动物保护法》及《野生植物保护条例》等相关法律、行政法规，并颁布了我国物种保护目录，同时，我国也是《濒危野生动植物种国际贸易公约》的成员国。因此，我国进出口管理的濒危物种包括《濒危野生动植物种国际贸易公约》成员国（地区）应履行保护义务的物种，以及为保护我国珍稀物种而自主保护的物种。我国依法对上述物种实施进出口证书管理。

野生动植物种进出口证书管理是指国家林业局所属国家濒危物种进出口管理办公室会同国家其他部门，依法制定或调整《进出口野生动植物种商品目录》并以签发《濒危野生动植物种国际贸易公约允许进出口证明书》《濒危物种进出口管理办公室野生动植物允许进出口证明书》或《非〈进出口野生动植物种商品目录〉物种证明》的形式，对该目录列明的依法受保护的珍贵、濒危野生动植物及其产品实施的进出口限制管理。

凡进出口列入《进出口野生动植物种商品目录》的野生动植物或其产品，必须严格按照有关法律、行政法规的程序进行申报和审批，并在进出口报关前取得国家濒危物种进出口管理办公室或其授权的办事处签发的公约证明、非公约证明或物种证明后，向海关办理进出口手续。

（1）非公约证明管理范围及报关规范。

非公约证明是我国进出口许可管理制度中具有法律效力，用来证明对外贸易经营者经营列入《进出口野生动植物种商品目录》中属于我国自主规定管理的野生动植物及其产品合法进出口的证明文件，是海关验放该类货物的重要依据。其适用范围和报关规范详情请扫描二维码查阅。

（2）公约证明管理范围及报关规范。

公约证明是我国进出口许可管理制度中具有法律效力，用来证明对外贸易经营者经营列入《进出口野生动植物种商品目录》中属于《濒危野生动植物种国际贸易公约》成员国（地区）应履行保护义务的物种合法进出口的证明文件，是海关验放该类货物的重要依据。其适用范围和报关规范详情请扫描二维码查阅。

【拓展知识】

公约证明实行"一批一证"制度。

（3）物种证明使用范围及报关规范。

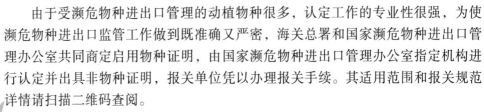
【拓展知识】

由于受濒危物种进出口管理的动植物种很多，认定工作的专业性很强，为使濒危物种进出口监管工作做到既准确又严密，海关总署和国家濒危物种进出口管理办公室共同商定启用物种证明，由国家濒危物种进出口管理办公室指定机构进行认定并出具非物种证明，报关单位凭以办理报关手续。其适用范围和报关规范详情请扫描二维码查阅。

【拓展知识】

6）进出口药品管理

进出口药品管理是指为加强对药品的监督管理，保证药品质量，保障人体用药安全，维护人民身体健康和用药合法权益，国家食品药品监督管理局依照《中华人民共和国药品管理法》（简称《药品管理法》）、有关国际公约及国家其他法规，对进出口药品实施监督管理的行政行为。

进出口药品管理是我国进出口许可管理制度的重要组成部分，属于国家限制进出口管理范畴，实行分类和目录管理。进出口药品从管理角度可分为进出口麻醉药品、进出口精神药品、进出口兴奋剂及进口一般药品。国家食品药品监督管理局会同国务院商务主管部门对上述药品依法制定并调整管理目录，以签发许可证件的形式对其进出口加以管制。

目前我国公布的药品进出口管理目录有《进口药品目录》《生物制品目录》《精神药品管制品种目录》《麻醉药品管制品种目录》《兴奋剂目录》等。药品必须经由国务院批准的允许药品进口的口岸进口，目前有北京、天津、上海、大连、青岛、成都、武汉、重庆、厦门、南京、杭州、宁波、福州、广州、深圳、珠海、海口、西安、南宁19个城市所在地直属海关所辖关区口岸。首次在中国境内销售的精神、麻醉药品，进口口岸限定在北京、上海和广州3个城市的口岸。

（1）精神药品进出口管理范围及报关规范。

精神药品进出口准许证是我国进出口精神药品管理批件，国家食品药品监督管理局依据《药品管理法》、国务院颁布的《精神药品管理办法》及有关国际条约，对进出口直接作用于中枢神经系统，使之兴奋或抑制，连续使用能产生依赖性的药品，制定和调整《精神药品管制品种目录》，并以签发《精神药品进口准许证》或《精神药品出口准许证》的形式对该目录商品实行进出口限制管理。

精神药品进出口准许证是我国进出口许可管理制度中具有法律效力，用来证明对外贸易经营者经营列入《精神药品管制品种目录》管理药品合法进出口的证明文件，是海关验放该类货物的重要依据。

《精神药品管制品种目录》所列药品进出口时，货物所有人或其合法代理人在办理进出口报关手续前，均须取得国家食品药品监督管理局核发的精神药品进出口准许证，凭以向海关办理报关手续。其适用范围和报关规范详情请扫描二维码查阅。

【拓展知识】

（2）麻醉药品进出口管理范围及报关规范。

麻醉药品进出口准许证是我国进出口麻醉药品管理批件，国家药品监督管理部门依据《药品管理法》、国务院颁布的《麻醉药品管理办法》及有关国际条约，对进出口连续使用后易使身体产生依赖性、能成瘾癖的药品，制定和调整《麻醉药品管制品种目录》并以签发《麻醉药品进口准许证》或《麻醉药品出口准许证》的形式对该目录商品实行进出口限制管理。

麻醉药品进出口准许证是我国进出口许可管理制度中具有法律效力，用来证明对外贸易经营者经营列入《麻醉药品管制品种目录》管理药品合法进出口的证明文件，是海关验放该类货物的重要依据。

《麻醉药品管制品种目录》所列药品进出口时，货物所有人或其合法代理人在办理进出口报关手续前，均须取得国家食品药品监督管理局核发的麻醉药品进出口准许证向海关办理报关手续。海关凭上述单证办理验放手续。其适用范围和报关规范详情请扫描二维码查阅。

【拓展知识】

（3）兴奋剂进出口管理范围及报关规范。

为了防止在体育运动中使用兴奋剂，保护体育运动参加者的身心健康，维护体育竞赛的公平竞争，根据《中华人民共和国体育法》和其他有关法律，我国制定颁布了《反兴奋剂条例》。依据该条例及有关法律法规的规定，国家体育总局会同商务部、卫生部、海关总署、国家食品药品监督管理局制定颁布了《兴奋剂目录》。其适用范围和报关规范详情请扫描二维码查阅。

（4）一般药品进出口管理范围及报关规范。

国家对一般药品进口的管理实行目录管理。国家食品药品监督管理局依据《药品管理法》《中华人民共和国药品管理法实施条例》制定和调整《进口药品目录》《生物制品目录》；国家食品药品监督管理局授权的口岸药品检验所，以签发进口药品通关单的形式对该目录商品实行进口限制管理。

【拓展知识】

进口药品通关单是我国进出口许可管理制度中具有法律效力，用来证明对外贸易经营者经营列入《进口药品目录》的药品合法进口的证明文件，是海关验放该类货物的重要依据。其适用范围和报关规范详情请扫描二维码查阅。

7）出入境检验检疫管理

对列入《法检目录》及其他法律法规规定需要检验检疫的货物进出口时，货物所有人或其合法代理人，在办理进出口通关手续前，必须向口岸检验检疫机构报检。海关凭口岸出入境检验检疫机构签发的《入境货物通关单》或《出境货物通关单》验放。

【拓展知识】

（1）入境货物通关单。

入境货物通关单是我国出入境检验检疫管理制度中，对进口列入《法检目录》及其他法律、法规规定需要检验检疫的货物在办理进口报关手续前，口岸检验检疫机构依照有关规定接受报检后签发的单据，同时也是进口报关的专用单据，是海关验放该类货物的重要依据之一。入境货物通关单实行"一批一证"制度，证面内容不得更改。

入境货物通关单主要适用于下列情况：

① 列入《法检目录》的商品。

② 外商投资财产价值鉴定（受国家委托，为防止外商瞒骗对华投资额而对其以实物投资形式进口的投资设备的价值进行的鉴定）。

③ 进口可再利用的废物原料。

④ 进口旧机电产品。

⑤ 进口货物发生短少、残损或其他质量问题需对外索赔时，其赔付的进境货物。

⑥ 进口捐赠的医疗器械。

⑦ 其他未列入《法检目录》，但国家有关法律、行政法规明确由出入境检验检疫机构负责检验检疫的入境货物或特殊物品等。

（2）出境货物通关单。

出境货物通关单是我国出入境检验检疫管理制度中，对列入《法检目录》及其他法律法规规定需要检验检疫的货物在办理出口报关手续前，口岸检验检疫机构依照有关规定接受报检后签发的单据，同时也是出口报关的专用单据，是海关验放该类货物的重要依据之一。出境货物通关单实行"一批一证"制度，证面内容不得更改。

出境货物通关单适用于以下情况：

① 列入《法检目录》的货物。

② 出口纺织品标志。

③ 对外经济技术援助物资及人道主义紧急救灾援助物资。

④ 其他未列入《法检目录》，但国家有关法律、行政法规明确由出入境检验检疫机构负责检验检疫的出境货物。

8）音像制品进口管理

为了加强对音像制品进口的管理，促进国际文化交流，丰富人民群众的文化生活，我国颁布了《音像制品管理条例》《音像制品进口管理办法》及其他有关规定，对音像制品实行进口许可管制。国家新闻出版广电总局负责全国音像制品进口的监督管理和内容审查等工作，县级以上地方人民政府新闻出版行政部门负责本行政区域内的进口音像制品的监督管理工作，各级海关在其职责范围内负责音像制品进口的监督管理工作。

国家新闻出版广电总局设立音像制品内容审查委员会，负责审查进口音像制品的内容。委员会下设办公室，负责进口音像制品内容审查的日常工作。音像制品应在进口前报国家新闻出版广电总局进行内容审查，审查批准取得《进口音像制品批准单》后方可进口。

国家对设立音像制品成品进口单位实行许可制度，音像制品成品进口业务由国家新闻出版广电总局批准的音像制品成品进口单位经营；未经批准，任何单位或个人不得从事音像制品成品进口业务。其适用范围和报关规范详情请扫描二维码查阅。

【拓展知识】

9）民用爆炸物品进出口管理

为了加强对民用爆炸物品进出口的管理，维护国家经济秩序，保障社会公共安全，根据《民用爆炸物品安全管理条例》，国家对民用爆炸物品实施进出口限制管理。工业和信息化部为国家进出口民用爆炸物品的主管部门，负责民用爆炸物品进出口的审批；公安机关负责民用爆炸物品境内运输的安全监督管理；海关负责民用爆炸物品进出口环节的监管。

在进出口民用爆炸物品前，进出口企业应当向工业和信息化部申领《民用爆炸物品进/出口审批单》。在取得审批后，进出口企业应当在3个工作日内将获准进出口的民用爆炸物品的品种和数量等信息向收货地或者出境口岸所在地县级人民政府公安机关备案，并同时向所在地省级民用爆炸物品行业主管部门备案，在依法取得公安机关核发的《民用爆炸物品运输许可证》后方可运输民用爆炸物品。其适用范围和报关规范详情请扫描二维码查阅。

【拓展知识】

10）黄金及其制品进出口管理

黄金是指未锻造金，黄金制品是指半制成金和金制成品等。黄金及其制品进出口管理属于我国进出口许可管理制度中限制进出口管理范畴，中国人民银行为黄金及其制品进出口的管理机关。经营单位出口黄金及其制品时，应事先向中国人民银行申领《黄金产品出口准许证》；经营单位进口黄金及其制品时，应事先向中国人民银行申领批件，即《中国人民银行授权书》。

（1）黄金产品出口许可证的适用范围和报关规范详情请扫描二维码查阅。

（2）中国人民银行授权书的适用范围和报关规范详情请扫描二维码查阅。

【拓展知识】

11）其他货物进出口管理

（1）有毒化学品管理。

有毒化学品是指进入环境后通过环境蓄积、生物累积、生物转化或化学反应等方式损害健康和环境，或者通过接触对人体具有严重危害和具有潜在危险的化学品。

为了保护人体健康和生态环境，加强有毒化学品进口的环境管理，国家根据《关于化学品国际贸易资料交换的伦敦准则》，发布了《中国严格限制进出口的有毒化学品目录》，对进口有毒化学品进行监督管理。

【拓展知识】

环境保护部在审批有毒化学品进出口申请时，对符合规定准予进出口的，签发有毒化学品环境管理放行通知单。

（2）农药进出口管理。

《农药进出口登记管理放行通知单》是国家农业主管部门依据《中华人民共和国农药管理条例》（简称《农药管理条例》），对进出口用于预防、消灭或者控制危害农业、林业的病、虫、草和其他有害生物，有目的地调节植物、昆虫生长的化学合成或者来源于生物、其他天然物质的一种物质或者几种物质的混合物及其制剂实施管理的进出口许可证件，其国家主管部门是农业部。

我国对进出口农药实行目录管理，由农业部会同海关总署依据《农药管理条例》和《在国际贸易中对某些危险化学品和农药采用事先知情同意程序的鹿特丹公约》，制定《中华人民共和国进出口农药登记证明管理名录》。进出口列入上述名录的农药，应事先向农业部农药检定所申领《农药进出口登记管理放行通知单》，凭以向海关办理进出口通关手续。

《农药进出口当即管理放行通知单》实行"一批一证"管理,进出口一批农药产品,办理一份通知单,对应一份海关进出口货物报关单。通知单一式两联,第一联由进出口单位交海关办理通关手续,由海关留存与报关单一并归档,第二联由农业部留存。

（3）兽药进口管理。

兽药进口管理是指国家农业主管部门,即农业部依据《进口兽药管理办法》,对进出口兽药实施的监督管理。受管理的兽药是指用于预防、治疗、诊断畜禽等动物疾病,有目的地调节其生理机能并规定作用、用途、用法、用量的物质。

进口兽药实行目录管理,《进口兽药管理目录》由农业部会同海关总署制定、调整并公布。企业进口列入《进口兽药管理目录》的兽药,应向进口口岸所在地省级人民政府兽医行政管理部门申请办理《进口兽药通关单》,凭以向海关办理报关手续。《进口兽药通关单》实行"一证一关"制度,在30日有效期内只能一次性使用。

（4）出口文物管理。

出口文物管理是指国家文物行政主管机关根据《中华人民共和国文物保护法》对出境文物实行的监督管理。

① 概述。文物分珍贵文物（指国家博物馆馆藏一、二、三级文物）和一般文物。国家禁止珍贵文物、革命文物及有损国家荣誉、有碍民族团结、在政治上有不良影响的文物出境,限制一般文物出境。清代乾隆六十年（1795年）以前的一般文物,经国家文物局特许批准者可以出口。具有科学价值的古脊椎动物化石和古人类化石同文物一样受国家保护。西藏地区的少数民族的文物,在1959年以前生产的,从严管理,一律禁止出口。

【拓展知识】

② 有关规定详情请扫描二维码查阅。

【知识拓展】

对外贸易管制规范见表2-1。

表2-1 对外贸易管制规范

相关规定 管理措施	使用范围	主要证件	实行管理	有效期	管理机构
进口许可证管理	① 消耗臭氧层物质; ② 重点旧机电产品	进口许可证	① "一证一关""一批一证""非一批一证"; ② "非一批一证"不超过12次; ③ 大宗、散装货物、溢装数量不超过5%; ④ 不得涂改许可证内容	① 有效期1年; ② 最长不超过:次年3月31日	商务部
出口许可证管理	① 2012年49种货物; ② 实行:出口配额许可证、出口配额招标、出口许可证管理	出口许可证	① "一证一关""一批一证""非一批一证"; ② "非一批一证"不超过12次; ③ 大宗、散装货物、溢装数量不超过5%; ④ 不得涂改许可证内容	① 有效期6个月; ② 最长不超过:当年12月31日（商务部可调）	商务部

续表

相关规定 管理措施	使用范围	主要证件	实行管理	有效期	管理机构
两用物项和技术出口许可证管理	《两用物项和技术进出口许可证管理目录》	① 两用物项和技术进口许可证； ② 两用物项和技术出口许可证	① 进口："非一批一证""一批一证"； ② 出口："一批一证""一证一关"	① 有效期1年； ② 在有效期内，跨年度使用只能到次年3月31日	商务部
密码产品和含有密码技术的设备进口许可证管理	《密码产品和含有密码技术的设备进口管理目录》	密码产品进口许可证	① 三种情况免交证； ② 特殊监管区域进入境内区外交证； ③ 未列入目录，如含有密码技术，主动申领许可证，报关时主动交证	无	国家商用密码管理办公室
自动进口许可证管理	一般商品、机电产品、重要工业品三个目标。免交许可证：七种情形	自动进口许可证	① 原则上实行："一批一证"； ② 部分实行："非一批一证"不超过6次； ③ 对散装货物、溢装数量在总量5%以内； ④ 溢装数量在总量3%以内情况：原油、化肥、成品油、钢材	① 有效期6个月； ② 仅在本年有效，不能跨年度使用	商务部
进口废物管理（报关程序）	《限制进口类可用作原料的废物目录》《自动进口许可管理类可作为原料的废物目录》	废物进口许可证	"非一批一证"	不能转关（废纸除外）	环境保护部
进口关税配额管理	农产品：小麦、稻谷、大米、玉米、棉花、食糖、羊毛和毛条； 工业品：尿素、复合肥、磷酸氢二铵	① 农产品进口关税配额证； ② 化肥进口关税配额证明	农产品关税配额证："一证多批"	农产品关税配额证：1年，最迟下年2月底	商务部
野生动植物种进出口管理	《进出口野生动植物种商品目录》	公约证明、非公约证明、物种证明	① 非公约证明、公约证明："一批一证"； ② 物种证明：多次使用和一次性使用	① 一次使用：不能超过6个月； ② 多次使用不能跨年	濒危物种进出口管理办公室
进出口药品管理	①《精神药品管制品种目录》； ②《麻醉药品管制品种目录》； ③《兴奋剂目录》； ④《进口药品目录》	① 精神药品进出口准许证； ② 麻醉药品进出口许可证； ③ 兴奋剂进出口许可证； ④ 进口药品通关单	① 除兴奋剂外均为"一批一证"； ② 兴奋剂为"一证一关"	兴奋剂进口许可证有效期：1年；出口许可证有效期3个月，且不得跨年	国家食品药品监督管理局

续表

相关规定管理措施	使用范围	主要证件	实行管理	有效期	管理机构
美术品进出口管理	① 绘画、书法、摄影作品及作者许可签字复制品；② 批量临摹作品、工业化生产美术品、石雕等；③ 禁止进出境美术品	下发批准文件	不得涂改		所在口岸省市文化部门
出入境检验检疫管理	《法检目录》的商品及其他规定	① 进口：入境货物通关单；② 出口：出境货物通关单	实行"一批一证"由口岸检验检疫机构签发		国家质量监督检验检疫总局
黄金及其制品进出口管理		① 黄金及其制品进口许可证；② 黄金及其制品出口许可证	出口：黄金产品出口许可证进口：中国人民银行授权	中国人民银行授权书：当年有效	中国人民银行
音像制品进口管理		进口音像制品批准单	文化部负责全国音像制品，省、自治区负责本行政区的音像制品		文化部
有毒化学品管理	《中国禁止或严格限制的有毒化学品名录》	有毒化学品进出口环境管理放行通知单			环境保护部
进出口农药登记证明管理	《进出口农药登记证明管理名录》	① 向农业部农药检定所申领"农药登记证明"；② 用于工业原料农药需"非农药登记管理证明"	实行"一批一证"		农业部
兽药进口管理	《进口兽药管理目录》	进口兽药通关单	"一证一关"	不得超过30日且一次性使用	口岸所在地兽药行政管理部门

一、单项选择题

1. 小麦进口实行（　　），出口实行（　　）。
   A. 关税配额管理；出口配额许可证管理
   B. 进口许可证管理；出口配额许可证管理
   C. 自动进口许可证管理；出口许可证管理
   D. 关税配额管理；出口配额招标管理

【参考答案】

2. 有明确证据表明来自美国的某种电子产品数量激增,将对国内产业造成难以补救的损害,同时调查表明该产品贸易价格并不低于美国本土平均价格。按照世界贸易原则,我国政府可以采取的贸易救济措施是( )。
   A. 反倾销措施　　　　　B. 反补贴措施　　　　C. 保障措施　　　　D. 征收报复性关税
3. ( )属于我国限制进口的商品。
   A. 虎骨　　　　　　　　B. 成品油　　　　　　C. 汽车　　　　　　D. 抗生素
4. 国家根据不同时期的经济利益、公共安全或者政治形势的需要,实行相应的贸易管制。目前,我国基于经济利益需要实行的贸易管制制度是( )。
   A. 出口配额许可证管理　　　　　　　B. 进口许可证管理
   C. 两用物项和技术出口许可证管理　　D. 农药进口管理
5. 发证机关根据企业申请于 2009 年 9 月 30 日向企业签发了自动进口许可证,该证截止到( )有效。
   A. 2009 年 12 月 31 日　　　　　　　B. 2010 年 3 月 31 日
   C. 2010 年 6 月 30 日　　　　　　　　D. 2010 年 9 月 30 日
6. 某进出口企业进口一批"已配剂量头孢菌素制剂"(同时列入《进口药品目录》和《进口兽药管理目录》),用于治疗畜禽疾病。则该企业向海关申报时应提交( )。
   A. 进口药品通关单　　　　　　　　　B. 进口兽药通关单
   C. 进口药品通关单和进口兽药通关单　D. 进口药品通关单或进口兽药通关单
7. ( )不属于我国货物、技术进出口许可管理制度的证件。
   A. 入境货物通关单　　　　　　　　　B. 关税配额证
   C. 有毒化学品环境管理放行通知单　　D. 进口农药登记证明
8. 下列证件实行"非一批一证"管理的是( )。
   A. 濒危野生动植物种国际贸易公约允许进口证明书
   B. 出境货物通关单
   C. 废物进口许可证
   D. 精神药品进口准许证
9. 进口许可证的有效期为( ),当年有效。特殊情况需要跨年使用的,有效期最长不得超过次年( ),逾期自行失效。
   A. 1 年;3 月 31 日　　　　　　　　　B. 6 个月;1 月 31 日
   C. 1 年;1 月 31 日　　　　　　　　　D. 6 个月;3 月 31 日
10. 我国出入境检验检疫的主管部门是( )。
    A. 国家质量监督检验检疫总局　　　　B. 海关
    C. 工商局　　　　　　　　　　　　　D. 税务局
11. 某企业持一份证面数量为 200 吨的化肥自动进口许可证(非一批一证),以海运散装形式分两批进口化肥 200 吨,在第一批实际进口数量 100 吨的情况下,该企业可凭该份自动进口许可证最多可进口( )化肥。
    A. 210 吨　　　　　　　B. 205 吨　　　　　　C. 203 吨　　　　　　D. 206 吨
12. 出口许可证的有效期一般是( )。
    A. 6 个月　　　　　　　B. 1 年　　　　　　　C. 3 个月　　　　　　D. 9 个月
13. 临时反倾销措施实施的期限,自临时反倾销措施决定公告规定实施之日起,不超过( )个月,特殊情况,可以延长至( )个月。
    A. 6;12　　　　　　　　B. 5;8　　　　　　　C. 4;9　　　　　　　D. 3;6
14. "进口许可证"原则实行"一批一证"制度,非"一批一证"的商品发证机关在签发进口许可证时必须在"备案"栏注明"非一批一证"字样,该证在有效期内最多可使用( )。
    A. 12 次　　　　　　　　B. 8 次　　　　　　　C. 6 次　　　　　　　D. 4 次

二、多项选择题

1. 我国禁止出口（　　）。
   A. 木炭　　　　　B. 虎骨　　　　　C. 泥炭　　　　　D. 发菜
2. （　　）属于我国限制进口商品，其审批部门为环境保护部。
   A. 放射性同位素　　　　　　B. 自动进口许可类可用作原料的废物
   C. 有毒化学品　　　　　　　D. 消耗臭氧层物质
3. 下列关于关税配额管理的表述，正确的是（　　）。
   A. 关税配额是一种绝对数量的限制　　B. 关税配额管理以关税为杠杆限制进口
   C. 配额内进口的按照关税配额税率征税　D. 配额外进口的按照配额外税率征税
4. 国家禁止进口（　　）。
   A. 犀牛角　　　　B. 天然砂　　　　C. 旧服装　　　　D. 木炭
5. 关税的作用是（　　）。
   A. 保护国内工农业生产　　　　B. 调整产业结构
   C. 组织财政收入　　　　　　　D. 调节进出口贸易活动
6. 《货物进出口管理条例》根据管理的不同需要，把进出口货物分为（　　）。
   A. 禁止进出口货物　　　　　　B. 限制进出口货物
   C. 自由进出口货物　　　　　　D. 鼓励进出口货物
7. 下列属于对外贸易管制目的的是（　　）。
   A. 为了保护本国经济利益　　　B. 为了推行本国的外交政策
   C. 为了实现其国家职能　　　　D. 为了发展本国经济
8. 在下列进出口商品中，（　　）系《麻醉药品管制品种目录》所列麻醉药品，货物所有人应当凭麻醉药品进出口许可证向海关办理报关手续。
   A. 咖啡因　　　　B. 去氧麻黄碱　　C. 鸦片　　　　　D. 可卡因
9. 下列废物中，属于我国《固体废物污染环境防治法》管理范围的有（　　）。
   A. 城市生活垃圾　B. 工业固体废物　C. 液态废物　　　D. 置于容器中的气态废物
10. 我国限制进口货物管理按照其限制方式划分为（　　）。
    A. 许可证件管理　　　　B. 关税配额管理
    C. 绝对配额管理　　　　D. 货物自动进口许可管理
11. 对外贸易救济措施包括（　　）。
    A. 反倾销措施　　B. 反补贴措施　　C. 救济措施　　　D. 保障措施
12. 我国出入境检验检疫制度内容包括（　　）。
    A. 进出口商品检验制度　　　　B. 进出境动植物检疫制度
    C. 国境卫生检疫制度　　　　　D. 法定检验商品
13. 对于（　　）大宗散装货物，溢短装数量在货物总量±3%以内予以免证验放。
    A. 原油　　　　　B. 成品油　　　　C. 化肥　　　　　D. 钢材

三、判断题

1. 对列入《进出口野生动植物种商品目录》中属于我国自主规定管理的野生动植物及其产品，不论以何种方式进出口，均须事先申领非公月证明。　　　　　　　　　　　　　　　　　　（　　）
2. 临时保障措施可以采取提高关税、限制数量等形式。　　　　　　　　　　　　（　　）
3. 自有进出口货物、技术的进出口不受限制。　　　　　　　　　　　　　　　　（　　）
4. 我国固体废物管理范围中不包括液态废物。　　　　　　　　　　　　　　　　（　　）
5. 出口许可证的有效期不得超过6个月，需要跨年使用的，其有效期的截止日期不能超过次年2月底。
　　　　　　　　　　　　　　　　　　　　　　　　　　　　　　　　　　　　（　　）

模块 2 报关作业实施与管理

项目 3

一般进出口货物报关

【学习目标】
(1) 了解一般进出口货物的特征。
(2) 熟悉一般进出口货物的报关程序。
(3) 重点掌握一般进出口货物的申报步骤,尤其是申报所需单证。

任务1　一般进口货物报关

国内某电视机厂为生产电视机向A国货商订购了100吨卷钢、50吨PVC粒子、10吨盐酸,并委托深圳某货运报关公司办理报关手续。卷钢进口后,经检验只到货96吨,而且其中有7吨与合同规定的质量不符。与A方协商后,A方答应退还11吨卷钢的货款,却没答应退运7吨质量不符的卷钢。

作为深圳顺风货运公司的报关员,应当办理哪些海关手续?(注:设国家临时决定A国产PVC粒子暂不准进口)

知识1　进口申报

进口申报是指进口货物收货人或者其代理人依照《海关法》及有关法律、行政法规的要求,在规定的期限、地点,采用电子数据报关单和纸质报关单形式,向海关报告实际进口货物的情况,并接受海关审核的行为。

1. 申报概述

1)申报地点

进口货物应当由收货人或其代理人在货物的进境地海关申报。经收货人申请、海关同意,进口货物的收货人或其代理人可以在设有海关的货物指运地申报。

以保税、特定减免税和暂准进境申报进口或进境的货物,因故改变使用目的从而改变货物性质转为一般进口时,进口货物的收货人或其代理人应当在货物所在地的主管海关申报。

2)申报期限

进口货物的申报期限为装载货物的运输工具申报进境之日起14日内。申报期限的最后一天是法定节假日或休息日的,顺延至法定节假日或休息日后的第一个工作日。

经海关批准准予集中申报的进口货物,自装载货物的运输工具申报进境之日起1个月内办理申报手续。

经电缆、管道或其他特殊方式进境的货物,进口货物收货人或其代理人应当按照海关的规定定期申报。

进口货物自装载货物的运输工具申报进境之日起超过3个月仍未向海关申报的,货物由海关提取依法变卖处理。对属于不宜长期保存的货物,海关可以根据实际情况提前处理。

3)申报日期

申报日期是指申报数据被海关接受的日期。

进口货物收货人或其代理人的申报数据自被海关接受之日起,其申报的数据就产生法律效力,即进口货物收货人或其代理人应当向海关承担"如实申报""如期申报"等法律责任。因此,海关接受申报数据的日期非常重要。

无论以电子数据报关单方式申报还是以纸质报关单方式申报,海关接受申报数据的日期即为接受申报的日期。

以电子数据报关单方式申报的,申报日期为海关计算机系统接受申报数据时记录的日期,该日期将反馈给原数据发送单位,或公布于海关业务现场,或通过公共信息系统发布。电子数据报关单经过海关计算机检查被退回的,视为海关不接受申报,进口货物收货人或其代理人应当按照要求修改后重新申报,申报日期为海关接受重新申报的日期。

在采用先电子数据报关单申报,后提交纸质报关单申报的情况下,海关接受申报的时间以海关接受电子数据报关单申报的日期为准。

在不使用电子数据报关单只提供纸质报关单申报的情况下,海关工作人员在报关单上作登记处理的日期为海关接受申报的日期。

表3-1为各种报关形式申报日期的总结。

表 3-1　各种报关形式申报日期的总结

项　目	纸质方式报关	电子方式报关	电子+纸质方式报关
申报	接受纸质报关单数据	接受电子数据	接受电子数据
修改	接受修改纸质数据	接受修改电子数据	接受修改电子数据

4)滞报金

进口货物收货人未按规定期限向海关申报产生滞报的,由海关按规定征收滞报金。

进口货物滞报金应当按日计征。计征起始日为运输工具申报进境之日起第15日,截止日为海关接受申报之日(即申报日期)。起始日和截止日均计入滞报期间。

进口货物收货人在向海关传送报关单电子数据申报后,若未在规定期限或核准的期限内提交纸质报关单,海关予以撤销电子数据报关单处理,进口货物收货人重新向海关申报,产生滞报的,滞报金的征收以运输工具申报进境之日起第15日为起始日,以海关重新接受申报之日为截止日。

进口货物收货人申报并经海关依法审核,必须撤销原电子数据报关单重新申报,产生滞报的,经进口货物收货人申请并经海关审核同意,滞报金的征收以撤销原电子数据报关单之日起第15日为起始日,以海关重新接受申报之日为截止日。

进口货物因收货人在运输工具申报进境之日起超过3个月未向海关申报,被海关提取作变卖处理后,收货人申请发还余款的,滞报金的征收以运输工具申报进境之日起第15日为起始日,以该3个月期限的最后一日为截止日。

滞报金的日征收金额为进口货物完税价格的0.5‰,以人民币"元"为计征单位,不足人民币1元的部分免征。

滞报天数从运输工具申报日的第二天开始计算,即运输工具申报日并不计入。

滞报天数从撤销原电子数据报关单当日的第二天开始计算,即撤销原电子数据报关单的当日并不计入。

征收滞报金的计算公式为

$$滞报金金额 = 进口货物完税价格 \times 0.5‰ \times 滞报期间(滞报天数)$$

滞报金的起征点为人民币50元。滞报金的计征起始日如遇法定节假日,则顺延至其后第一个工作日。

根据海关规定,因不可抗力等特殊情况产生的滞报可以向海关申请减免滞报金。

2.申报步骤

1)准备申报单证

准备申报单证是报关员开始进行申报工作的第一步,是整个报关工作能否顺利进行的关键一步。申报单证可以分为报关单和随附单证两大类,其中随附单证包括基本单证和特殊单证。进出口货物收发货人或其代理人应向报关人员提供基本单证、特殊单证,报关人员审核并据以填制报关单。

(1)报关单是指进出口货物报关单或者带有进出口货物报关单性质的单证,如特殊监管区域进出境备案清单、进出口货物集中申报清单、ATA 单证册、过境货物报关单、快件报关单等,由报关人员按照海关规定格式填制。

(2)随附单证。基本单证是指进口货物的货运单据和商业单据,主要有进口提货单据、出口装货单据、商业发票、装箱单等。特殊单证主要是指进口许可证件、加工贸易登记手册(包括纸质手册和电子账册)、征免税证明、原产地证明书、贸易合同等。

准备申报单证的原则是:基本单证、特殊单证必须齐全、有效、合法;填制报关单必须真实、准确、完整;报关单与随附单证数据必须一致。

2)申报前看货取样

进口货物的收货人在向海关申报前,为了确定货物的品名、规格、型号等,可以向海关提出查看货物或者提取货样的书面申请。海关审核同意的,派人到场监管。涉及动植物及其产品,以及其他需依法提供检疫证明的货物,如需提取货样,应当按照国家的有关法律规定事先取得主管部门签发的书面批准证明。提取货样后,到场监管的海关工作人员与进口货物的收货人在海关开具的取样记录和取样清单上签字确认。

3)申报

根据《海关法》规定,报关企业向海关申报时应采用电子数据报关单形式和纸质报关单形式。目前,随着技术的不断发展和更新,主要以电子数据报关单形式向海关申报,在向未使用海关信息化管理系统作业的海关申报时,报关企业可以采用纸质报关单申报形式。

(1)电子数据申报。进口货物收货人或其代理人可以选择终端申报方式、委托 EDI(Electronic Data Interchange,电子数据交换)方式、自行 EDI 方式、网上申报方式四种电子申报方式中任何的一种,将报关单内容录入海关电子计算机系统,生成电子数据报关单。

进口货物收货人或其代理人在委托录入或自行录入报关单数据的计算机上接收到海关发送的"不接受申报"报文后,应当根据报文提示修改报关单内容后重新申报。一旦接收到海关发送的"接受申报"报文和"现场交单"或"放行交单"通知,即表示电子申报成功。

(2)提交纸质报关单及随附单证。海关审结电子数据报关单后,进口货物收货人或其代理人应当自接到海关"现场交单"或"放行交单"通知之日起 10 日内,持打印纸质报关单,备齐规定的随附单证并签名盖章,到货物所在地海关提交书面单证,办理相关海关手续。

(3)修改申报内容或撤销申报。海关接受进口货物申报后,电子数据和纸质的进口货物报关单不得修改或者撤销;确有正当理由的,经海关审核批准,可以修改或撤销。报关单修改和撤销使用范围如下:

① 当事人申请进出口货物报关单修改或者撤销的。

a. 出口货物放行后,由于装运、配载等原因造成原申报货物部分或者全部退关、变更运输工具的,应当提交退关、变更运输工具证明材料。

b. 进出口货物在装载、运输、存储过程中发生溢短装,或者由于不可抗力造成灭失、短损等,导致原申报数据与实际货物不符的,应当提交商检机构或者相关部门出具的证明材料。

c. 由于办理退补税、海关事务担保等其他海关手续而需要修改或者撤销报关单数据的,应当提交签注海关意见的相关材料。

d. 根据贸易惯例先行采用暂时价格成交,实际结算时按商检品质认定或者国际市场实际价格付款方式需要修改申报内容的,应当提交全面反映贸易实际状况的发票、合同、提单、装箱单等单证,并如实提供与货物买卖有关的支付凭证及证明申报价格真实、准确的其他商业单证、书面资料和电子数据。

e. 已申报进口货物办理直接退运手续,需要修改或者撤销原进口货物报关单的,应当提交进口货物直接退运表或责令进口货物直接退运通知书。

f. 由于计算机、网络系统等技术原因导致电子数据申报错误的,应当提交计算机、网络系统运行管理方出具的说明材料。

② 由于报关人员操作或者书写失误造成申报内容需要修改或者撤销的,当事人应当向海关提交修改、撤销表和可以证明进出口货物实际情况的合同、发票、装箱单、提运单或者装载清单等相关单证、证明文书,详细情况说明,以及其他证明材料。

海关未发现报关人员存在涉嫌逃避海关监管行为的,可以修改或者撤销报关单。不予修改或者撤销的,海关应当及时通知当事人,并说明理由。

③ 海关要求修改或者撤销报关单。

海关发现进出口货物报关单需要修改或者撤销,采用以下方式要求当事人修改或者撤销:

a. 将电子数据报关单退回,并详细说明修改的原因和要求,当事人应当按照海关要求进行修改后重新提交,不得对报关单其他内容进行变更。

b. 向当事人制发修改、撤销确认书,通知当事人要求修改或者撤销的内容,当事人应当在 5 日内对进出口货物报关单修改或者撤销的内容进行确认,确认后海关完成对报关单的修改或者撤销。

当事人通过电子口岸收到海关发送的修改、撤销确认书之日起超过 5 日未确认的,电子口岸客户端予以提示;超过 10 日未确认的,海关提交相关部门处理。

④ 海关直接撤销电子数据报关单。

除不可抗力外,当事人有以下情形之一的,海关可以直接撤销相应的电子数据报关单:

a. 海关将电子数据报关单退回修改,当事人未在规定期限内重新发送的。

b. 海关审结电子数据报关单后,当事人未在规定期限内递交纸质报关单的。

c. 出口货物申报后未在规定期限内运抵海关监管场所的。

d. 海关总署规定的其他情形。

知识 2 配合查验

1. 货物查验

对进境货物进行查验是《海关法》赋予海关的基本权力之一,是海关为确定进境货物收发货人向海关申报的内容是否与进口货物的真实情况相符,或者为确定商品的归类、价格、原产地等,依法对进口货物进行实际核查的执法行为。

海关通过查验,检查报关单位是否伪报、瞒报、申报不实,同时也为海关的征税、统计、后续管理提供可靠的资料。

1)查验地点

查验应当在海关监管区内实施。因货物易受温度、静电、粉尘等自然因素影响,不宜在海关监管区内实施查验,或者因其他特殊原因,需要在海关监管区外查验的,经进出口货物收发货人或其代理人书面申请,海关可以派人到海关监管区外实施查验。

2)查验时间

当海关决定查验时,以书面的形式通知进出口货物报关单位,约定查验的时间。查验时间一般约定在海关正常工作时间内。对于危险品或者鲜活、易腐、易烂、易失效、易变质等不宜长期保存的货物,以及因其他特殊情况需要"紧急验放"的货物,经进口货物收发货人或其代理人申请,海关可以优先安排实施查验。

3)查验方法

查验操作可以分为人工查验和机检查验。人工查验包括外形查验、开箱查验。机检查验是指以技术检查设备为主对货物实际状况进行的验核。海关可以根据货物情况及实际执法需要,确定具体的查验方式。对适宜机检查验的货物或运输工具,优先使用大型集装箱、车辆检查设备、X光机等设备实施非侵入式查验,再根据机检图像分析情况决定是否转人工查验。

涉及动植物及其产品和其他须依法提供检疫证明的进口货物,如需提取货样,进口货物收货人或其代理人应当按照国家的有关法律规定,事先取得主管部门签发的书面批准证明。提取货样后,到场监管的海关工作人员与进口货物收货人或其代理人在海关开具的取样记录和取样清单上签字确认。

2. 复验

复验是指海关对已查验完毕的货物、物品和运输工具再次实施的验证式查验。海关可以对已查验货物进行复验。有下列情形之一的,海关可以复验:经初次查验未能查明货物的真实属性,需要对已查验货物的某些性状做进一步确认的;货物涉嫌走私违规,需要重新查验的;进口货物收发货人对海关查验结论有异议,提出复验要求并经海关同意的;上级海关有关部门下达复验布控指令的;其他海关认为必要的情形。

已经参加过查验的查验人员不得参加对同一票货物的复验。

复验原则上在原查验地点实施,特殊情况下可以在货物、物品、运输工具实际所在地实施。

3. 径行开验

径行开验是指海关在进口货物收货人或其代理人不在场的情况下,对进口货物进行开拆包装查验。有下列情形之一的,海关可以径行开验:进出口货物有违法嫌疑的;经海关通知查验,进口货物收发货人或其代理人届时未到场的。

海关径行开验时,存放货物的海关监管场所经营人、运输工具负责人应当到场协助,并在查验记录上签名确认。

4. 送检化验

1)取样

取样工作主要由查验人员负责实施。在海关关员的监督下由收货人或其代理人按照取样要求进行取样(对特殊样品应由相关专业技术人员提取)。海关认为必要时可以在货物保管人在场的情况下径行提取货样。

2)化验步骤

(1)收样。海关化验中心样品接收人员接收由具有完整海关封志的专用送检箱送达的样品;核对样品与《化验申请单》无误及相关资料齐全;样品接收人员为样品编号,样品进入等待化验序列;样品接收人员填写《海关化验中心样品接收记录单》并反馈送检单位。

(2)化验。为了满足送检商品归类税号、确定原产地、估价、知识产权边境保护、毒品及精神药物管制、案件审理等工作的要求,由海关化验人员按照《海关化验室质量管理手册》的要求对送检样品进行化验,并给出相应的试验数据及结论。

(3)传送数据。将化验结果及结论以网络传输的方式传送给送检单位,由送检单位按照相关结果继续通关作业。

(4)查询。商品的收货人或其代理人可通过海关的互联网页中的化验鉴定证书查询系统查询化验结果。具体的方法为:在海关官网"在线服务"—"在线查询"—"化验结果"—

"化验结果查询"中填入所检商品的报关单编号,单击【查询】按钮后系统将自动列出相关的信息;如果化验结果为空,则表示尚未化验完毕。

(5)质疑。海关业务部门和收货人或其代理人对鉴定证书提出异议时,应凭报关单、鉴定证书到送检海关提起复验请求,经送检海关(直属海关)主管部门同意并填写《中国海关进出境货物(物品)化验鉴定申请单(复验)》。一般情况下,海关化验中心对同一样品只受理一次复验申请。海关化验中心收到复验通知后,将优先安排化验。由海关化验中心技术负责人、化验员及其他技术人员组成复验小组,对原样品重新进行化验、对原始化验记录和结论进行审查,出具正式的《中国海关进出境货物(物品)化验鉴定证书(复验)》。

3)工作时限

(1)在申报规范、单据齐全并符合归类化验要求的前提下,化验样品自接样时起6个工作小时之内出具化验鉴定证书。

(2)需外送的样品,在接样时起6个工作小时之内给出处理意见并通知业务现场,与外检部门建立热线联系。

5. 查验赔偿

在查验过程中,或者证实海关在径行开验过程中,因为海关关员的责任造成被查验货物损坏的,进口货物的收货人或其代理人可以要求海关赔偿。

以下情况不属于海关赔偿范围:进口货物的收货人或其代理人搬移、开拆、重封包装或保管不善造成的损坏;易腐、易失效货物在海关正常工作程序所需时间内(含扣留或代管期间)所产生的变质或失效;海关正常查验时产生的不可避免的磨损;在海关查验之前已发生的损坏和海关查验之后发生的损坏;由于不可抗拒的原因造成的货物损坏、损失。

进口货物的收货人或其代理人在海关查验时对货物是否受损坏未提出异议,事后发现货物有损坏的,海关不负赔偿的责任。

知识 3　缴纳税费

1. 税费征收时间

按照相关规定,关税、进口环节增值税、进口环节消费税的纳税义务人或其代理人应当自海关填发税款缴款书之日起15日之内向指定银行缴纳税款。如果预期未缴纳的,海关依法在原应纳税款的基础上征收滞纳金。

2. 税费征收的程序

进口货物收货人或其代理人将报关单及随附单证提交给货物进境地指定海关,海关对报关单进行审核,对需要查验的货物先由海关查验,然后核对计算机计算的税费,开具税款缴款书和收费票据。进口货物收货人或其代理人在规定时间内,持缴款书或收费票据向指定银行办理税费交付手续;在试行中国电子口岸网上缴税和付费的海关,进口货物收货人或其代理人可以通过电子口岸接收海关发出的税款缴款书和收费票据,在网上向指定银行进行税费电子支付。一旦收到银行缴款成功的信息,即可报请海关办理货物放行手续。

知识 4　提取货物

1. 进境现场放行和货物结关

1)海关进境现场放行

现场放行是指海关接受进口货物的申报、审核电子数据报关单和纸质报关单及随附单证、查验货物、征免税费或接受担保以后,对进口货物做出结束海关进出境现场监管决定,允许进口货物离开海关监管现场的工作环节。

海关进境现场放行一般由海关在进口货物提货凭证上加盖海关放行章。进口货物收货人或其代理人签收进口提货凭证,凭以提取进口货物装运到运输工具进境。

在实行"无纸通关"申报方式的海关,海关做出现场放行决定时,通过计算机将海关决定放行的信息发送给进口货物收货人或其代理人和海关监管货物保管人。进口货物收货人或其代理人从计算机上自行打印海关通知放行的凭证,凭以提取进口货物装运到运输工具。

海关进境现场放行有两种情况:一种情况是货物已经结关,对于一般进口货物,放行时进口货物收货人或其代理人已经办理了所有海关手续,因此,海关进境现场放行即等于结关;另一种情况是,货物尚未结关,对于保税货物、特定减免税货物、暂准进境货物、部分其他进境货物,放行时进境货物的收货人或其代理人并未办完所有的海关手续,海关在一定期限内还需进行监管,所以该类货物的海关进出境现场放行不等于结关。

2)货物结关

结关是进境货物办结海关手续的简称。进境货物由收货人或其代理人向海关办理完所有的海关手续,履行了法律规定的与进口有关的一切义务,就办结了海关手续,海关不再进行监管。一般进口货物放行进入境内即办结了海关所有的手续,即为结关。

2. 提取货物

进口货物收货人或其代理人签收海关加盖海关放行章戳记的进口提货凭证(提单、运单、提货单等),凭以到货物进境地的港区、机场、车站、邮局等地的海关监管仓库办理提取进口货物的手续。

3. 申请签发报关单证明联

进口货物收货人或其代理人办理完提取进口货物的手续以后,如需要海关签发有关的货物进口证明联,可向海关提出申请。常见的证明主要有以下几种。

1)进口付汇证明

对需要在银行或国家外汇管理部门办理进口付汇核销的进口货物,报关员应当向海关申请签发《进口货物报关单》付汇证明联。海关经审核,对符合条件的,即在《进口货物报关单》上签名、加盖海关验讫章,作为进口付汇证明联签发给报关员。同时,通过电子口岸执法系统向银行和国家外汇管理部门发送证明联电子数据。

【相关单证】

2)进口货物证明书

对进口汽车、摩托车等,报关员应当向海关申请签发《进口货物证明书》,进口货物收货人凭以向国家交通管理部门办理汽车、摩托车的牌照申领手续。

海关放行汽车、摩托车后,向报关员签发《进口货物证明书》。同时,将《进口货物证明书》上的内容通过计算机发送给海关总署,再传输给国家交通管理部门。

任务2　一般出口货物报关

中国成套设备进出口总公司（北京）与法国某公司于2016年7月8日在广州签订了出售户外家具（Outdoor Furniture）的外贸合同，货名：花园椅（Garden Chair，铸铁底座的木椅，按规定出口时需要有动植物检验检疫证明），型号：TG0503，价格：USD58.00/PC FOB Guangzhou，数量：950把，毛重：20KGS/PC，净重：18KGS/PC，包装：1PC/CTN，集装箱：1×20′，生产厂家：广东南海飞达家具厂，最迟装船日期：2016年9月8日，起运港：广州港，目的港：马赛，支付方式：不可撤销信用证。

（1）如果中国成套设备进出口总公司委托广州穗港报关行报关，是否要办理异地报关备案手续？需要的话，应如何办理？

（2）如果订舱的装船时间是2016年9月8日上午10:00，那么，报关员最迟应何时在何地报关完毕？

（3）如果报关员在2016年8月20日以电子数据报关单向海关申报，8月22日收到海关《放行交单》的通知，那么，报关员应不迟于哪一天持打印的纸质报关单？还应备齐哪些单证到货物所在地海关提交书面单证并办理相关海关手续？

（4）应该缴纳哪些海关规定的税费？

知识5　出口申报

1. 申报概述

1）申报地点

出口货物应当由发货人或其代理人在货物的出境地海关申报。经发货人申请、海关同意，出口货物的发货人或其代理人可以在设有海关的货物起运地申报。表3-2为进出境货物申报地点的总结。

表3-2　进出境货物申报地点

项　目	进境地海关	进境转关	出境地海关	出境转关
进口货物	进关境第一口岸	进境最后一地点	—	—
出口货物	—	—	离关境最后一口岸	起运第一地点

2）申报期限

出口货物的申报期限为货物运抵海关监管区后、装货的24小时以前。经电缆、管道或其他特殊方式出境的货物，出口货物发货人或其代理人应当按照海关的规定定期申报。

3）申报日期

出口货物发货人或其代理人的申报数据自被海关接受之日起，就产生法律效力，即出口货物发货人或其代理人应当向海关承担"如实申报""如期申报"等法律责任。

2. 申报步骤

1）准备申报单证

（1）主要单证就是报关单（证）。

（2）随附单证包括基本单证和特殊单证。基本单证是指出口货物的货运单据和商业单据，主要有出口装货单据、商业发票、装箱单等；特殊单证主要是指出口许可证件、出口收汇核销单、原产地证明书、贸易合同等。

2）申报

申报的形式及申报所需的资料与进口申报基本一致。出口货物发货人或其代理人确有如下正当理由的，可以向原接受申报的海关申请修改或者撤销出口货物报关单：由于报关人员操作或书写失误造成所申报的报关单内容有误，并且未发现有走私违规或者其他违法嫌疑的；出口货物放行后，由于装运、配载等原因造成原申报货物部分或全部退关、变更运输工具的；出口货物在装载、运输、存储过程中因溢短装、不可抗力的灭失、短损等原因造成原申报数据与实际货物不符的；由于计算机、网络系统等方面的原因导致电子数据申报错误的；其他特殊情况经海关核准同意的。

知识 6　配合查验

1. 查验地点

查验应当在海关监管区内实施。不宜在海关监管区内实施查验，或者因其他特殊原因，需要在海关监管区外查验的，经出口货物发货人或其代理人书面申请，海关可以派人到海关监管区外实施查验。

2. 查验时间

查验时间一般约定在海关正常工作时间内。对于危险品或者鲜活、易腐、易烂、易失效、易变质等不宜长期保存的货物，以及因其他特殊情况需要"紧急验放"的货物，经出口货物收发货人或其代理人申请，海关可以优先安排实施查验。

3. 复验

海关可以对已查验货物进行复验。有下列情形之一的，海关可以复验：经初次查验未能查明货物的真实属性，需要对已查验货物的某些性状做进一步确认的；货物涉嫌走私违规，需要重新查验的；出口货物发货人对海关查验结论有异议，提出复验要求并经海关同意的；其他海关认为必要的情形。

知识 7　缴纳税费

我国实行鼓励出口的政策，对绝大部分货物均不征收出口关税，但为了限制和调控某些商品的过度、无序的出口，尤其是防止本国一些重要自然资源和原材料的无序出口，仍然会对少数的商品征收出口关税。出口税费征收的时间和方式与进口税费征收的时间和方式相同。

知识 8　装运货物

1. 海关出境现场放行

海关出境现场放行一般由海关在出口货物装货凭证上加盖海关放行章。出口货物发货人或其代理人签收出口装货凭证，凭以提取并将出口货物装运到运输工具上离境。

2. 装运货物

出口货物发货人或其代理人签收海关加盖海关放行章戳记的出口装货凭证（运单、装货单、场站收据等），凭以到货物出境地的港区、机场、车站、邮局等地的海关监管仓库办理将货物装上运输工具后离境的手续。

3．申请签发报关单证明联

1）出口收汇证明

对需要在银行或国家外汇管理部门办理出口收汇核销的出口货物，报关员应当向海关申请签发《出口货物报关单》收汇证明联。海关经审核，对符合条件的，即在《出口货物报关单》上签名、加盖海关验讫章，作为出口收汇证明联签发给报关员。同时，通过电子口岸执法系统向银行和国家外汇管理部门发送证明联电子数据。

2）出口收汇核销单

对需要办理出口收汇核销的出口货物，报关员应当在申报时向海关提交由国家外汇管理部门核发的《出口收汇核销单》。海关放行货物后，由海关工作人员在出口收汇核销单上签字、加盖海关单证章。出口货物发货人凭《出口货物报关单》收汇证明联和《出口收汇核销单》办理出口收汇核销手续。

3）出口退税证明

对需要在国家税务机构办理出口退税的出口货物，报关员应当向海关申请签发《出口货物报关单》退税证明联。海关经审核，对符合条件的予以签发并在证明联上签名、加盖海关验讫章，交给报关员。同时，通过电子口岸执法系统向国家税务机构发送证明联电子数据。

【知识拓展】

一般进出口货物报关时常见的单证样单。

1．入境货物报检单

【相关单证】

2. 原产地证明

1.Exporter	Certificate No.
	032202902
	CERTIFICATE OF ORIGIN
	OF
2.Consignee	THE PEOPLE'S REPUBLIC OF CHINA
3.Means of transport and route	5.For certifying authority use only
4.Country/region of destination	
6.Marks and numbers	7.Number and kind of packages: description of goods	8.HS Code	9.Quantity	10.Number and date of invoices

模拟试题

【参考答案】

一、单项选择题

1. 进口货物的申报期限为装载货物的运输工具（　　）之日起（　　）内。
   A. 申报进境；14日　　　　　　　B. 申报进境；15日
   C. 进境卸货；14日　　　　　　　D. 进境卸货；15日
2. 按照海关规定，报关单位应当自接到海关"现场交单"或"放行交单"通知之日起多少天内，向海关提交纸质报关单证办理海关手续应在（　　）。
   A. 3日内　　　　B. 7日内　　　　C. 10日内　　　　D. 14日内
3. 下列（　　）项属于海关赔偿范围。
   A. 在海关查验货物的过程中，由于报关单位陪同查验人员搬移货物时造成货物的损坏
   B. 易腐、易失效货物在海关工作程序所需时间内发生货物变质或失效
   C. 海关查验后，货物在入库时收货人发现被查验货物损坏
   D. 海关查验人员在查验货物过程中造成的货物损坏，并在查验记录上签注
4. 下列（　　）项的货物海关进出境监管现场放行就是结关。
   A. 一般进出口货物　　　　　　　B. 保税货物
   C. 特定减免税进口货物　　　　　D. 暂时进出口货物
5. 滞报金的起征点为人民币（　　）元。
   A. 10　　　　B. 30　　　　C. 50　　　　D. 100

6. 出口货物的申报期限为货物运抵海关监管区（　　）、装货的 24 小时（　　）。
   A. 后；后　　　　B. 后；前　　　　C. 前；前　　　　D. 前；后
7. 某公司按暂定价格申报进口完税价格为 270 000 元人民币的货物，滞报 3 天，支付滞报金后，完税价格调整为 300 000 元人民币，申请修改申报被海关接受。该公司应该补交滞报金（　　）元。
   A. 450　　　　　B. 405　　　　　C. 45　　　　　D. 0
8. 进口货物收货人超过规定期限未向海关申报的，海关可以对其征收滞报金。滞报金的征收，以运输工具申报进境之日起（　　）为起始日，以（　　）为截止日。
   A. 第 14 日；收货人申报之日　　　　B. 第 15 日；收货人申报之日
   C. 第 14 日；海关接受申报之日　　　　D. 第 15 日；海关接受申报之日
9. 进口货物收货人申报并经海关依法审核，必须撤销原电子数据报关单重新申报的，如果产生滞报，经进口货物收货人申请并经海关同意，以（　　）为滞报金起征日。
   A. 运输工具申报进境之日　　　　B. 运输工具申报进境之日起第 15 日
   C. 撤销原报关单之日　　　　D. 撤销原报关单之日起第 15 日

二、多项选择题

1. 进出口货物申报后确有正当理由的，经海关同意方可修改或撤销申报，下列表述中属于正当理由的是（　　）。
   A. 由于计算机技术方面的原因而导致的电子数据错误
   B. 海关在办理出口货物的放行手续后，由于货运、配载原因造成原申报货物部分或全部退关的
   C. 因海关审价、归类认定后需对申报数据进行修改的
   D. 发送单位或申报单位有关人员在操作或书写上的错误，造成非涉及国家贸易管制政策、税收及海关统计指标内容错误的
2. 因海关关员的责任造成被查验货物损坏的，进出口货物收发货人或其代理人可以要求海关赔偿，但海关将不予赔偿的情况是（　　）。
   A. 海关正常查验时所产生的不可避免的磨损
   B. 由于不可抗拒的原因造成货物的损坏、损失
   C. 由于海关关员的责任造成被查验货物损坏的直接经济损失以外的其他经济损失
   D. 海关查验时进出口货物收发货人或其代理人对货物是否受损坏未提出异议，事后发现货物有损坏的
3. 下列关于复验的表述正确的是（　　）。
   A. 经初次查验未能查明货物的真实属性，需要进一步确认的，海关可以复验
   B. 货物涉嫌走私违规，需要重新查验的，海关可以复验
   C. 收发货人对查验结果有异议的，提出复验要求的，海关可以复验
   D. 原查验人员可以参加对同一票货物的复验
4. 在进出口阶段中，进出口货物收发货人或者其代理人通常需要完成以下（　　）的工作。
   A. 进出口申报　　B. 配合查验　　C. 缴纳税费　　D. 提取或装运货物
5. （　　）是报关单随附单证中的基本单证。
   A. 提货、装货单据　　　　B. 进出口许可证
   C. 商业发票、装箱单　　　　D. 加工贸易电子化手册
6. 径行开验是指海关在进出口货物收发货人不在场的情况下，对进出口货物进行开拆包装检查。海关可以径行开验的情形有（　　）。
   A. 进出口货物有违法嫌疑的
   B. 进出口货物收发货人对海关检查结论有异议的
   C. 经初次查验未能查明货物真实属性的
   D. 经海关通知查验，进出口货物收发货人届时未到场的

7. （　　）属于一般进出口货物。
   A. 暂准进境的货样　　　　　　　　B. 转为实际进口的保税料件
   C. 转为实际出口的暂准出境货物　　D. 加工贸易外商免费提供的试车料件
8. 已进境的展览品在某些情况下不需要缴纳进口税，这些情况是（　　）。
   A. 展览品复运出境的　　　　　　　B. 展览品放弃交由海关处理的
   C. 展览品被窃的　　　　　　　　　D. 展览品因不可抗力原因灭失的

三、判断题

1. 一般进出口货物是指一般贸易货物。　　　　　　　　　　　　　　　　　　　　　（　　）
2. 进口货物自装载货物的运输工具申报进境之日起超过3个月仍未向海关申报的，货物由海关提取依法变卖处理。对于不宜长期保存的货物，海关可以根据实际情况提前处理。　　　　（　　）
3. 申报日期是指申报数据被海关接受的日期。如报关单位采用电子数据报关和纸质报关两种方式报关，是指报关单位向海关提交纸质报关单证被海关接受的日期。　　　　　　　　（　　）
4. 海关在查验货物时，报关单位应派人配合海关对进出口货物进行查验。海关还可以对进出口货物进行复验和开验，但必须在报告单位陪同下进行。　　　　　　　　　　　　　（　　）
5. 一般进出口货物也称为一般贸易货物，是指在进出境环节缴纳了应征的进出口税费并办结了所有必要的海关手续，海关放行后不再进行监管，可以直接进入生产和流通领域的进出口货物。（　　）
6. 进口货物的收货人在向海关申报前，为了确保货物的品名、规格、型号等，可以向海关提交查看货物或者提取货样的书面申请，海关审核同意后，收货人或其代理人可以自行查看，海关一般不需要派员到现场监管。　　　　　　　　　　　　　　　　　　　　　　　　　　　　　　　　（　　）

项目 4

保税货物报关

【学习目标】

（1）重点掌握保税加工货物台账制度，合同报核的单证和步骤。
（2）掌握零星料件及 78 种客供辅料的备案，加工贸易保税货物深加工结转。
（3）掌握保税加工货物内销，特殊情况的报核的处理。
（4）重点掌握保税仓库、出口加工区中货物的报关。

任务3　保税加工货物报关

某金属制品有限公司A（加工贸易B类管理企业）经批准从日本购进不锈钢材（进口自动许可证管理范围商品、加工贸易限制类商品）5吨，每吨价值1 500美元，加工产品为手表表带。手表表带加工完毕后，由另一关区某钟表制品有限公司B装配手表出口。A公司在加工过程中，由于工艺改进等原因节省进口保税料件若干，另生产过程中产生了不锈钢废料若干。作为A公司的报关员，应办理以下手续：

（1）对A公司的加工贸易合同进行备案；货物进境时进行报关。

（2）保税加工货物由A公司到B公司的深加工结转手续。

知识9　保税加工货物备案

1. 纸质手册管理下保税加工货物合同备案

1）合同备案的含义

加工贸易合同备案是指加工贸易企业持合法的加工贸易合同到主管海关备案，申请保税并领取《加工贸易登记手册》或其他准予备案凭证的行为。

海关受理合同备案是指海关根据国家规定在接受加工贸易合同备案后，批准合同约定的进口料件保税，并把合同内容转化为登记手册内容或做必要的登记，然后核发登记手册或其他准予备案凭证的海关行政许可事项。

海关受理备案的加工贸易合同必须合法有效。加工贸易合同是否合法有效的标志主要是商务主管部门合同审批是否通过，以及合同所涉及的加工贸易进出口国家管制商品是否获得许可。经商务主管部门审批通过并获得加工贸易业务批准证和必需的许可证件的加工贸易合同，应当视为合法有效的合同。

对符合规定的加工贸易合同，海关应当在规定的期限内予以备案，并核发《加工贸易登记手册》或其他准予备案的凭证。对不予备案的合同，海关应当书面告知经营企业。

2）合同备案的企业

国家规定开展加工贸易业务应当由经营企业到加工企业的所在地主管海关办理加工贸易合同备案手续。经营企业和加工企业可能是同一个企业，也可能不是同一个企业。

经营企业是指负责对外签订加工贸易进出口合同的各类进出口企业和外商投资企业，以及经批准获得来料加工经营许可的对外加工装配服务公司。加工企业是指接受经营企业委托，负责对进口料件进行加工或者装配，且具有法人资格的生产企业，以及由经营企业设立的虽不具有法人资格，但实行相对独立核算并已经办理工商营业证（执照）的工厂。表4-1为经营企业与加工企业的区别。

【相关单证】

表 4-1 经营企业与加工企业的区别

分　类	对外经营权要求	加工场地要求	法人资格	最终出口商
经营企业	必须有	可能有	必须有	必须是
加工企业	可能有	必须有	可能有	可能是

3）合同备案的步骤

（1）报商务主管部门审批合同，领取《加工贸易业务批准证》和《加工贸易企业经营状况和生产能力证明》。

（2）需要领取其他许可证件的，向有关主管部门领取许可证件。

（3）将合同相关内容预录入与主管海关联网的计算机。

（4）由海关审核确定是否准予备案，准予备案的，要由海关确定是否需要开设《加工贸易银行保证金台账》，需要开设台账的，在海关领取《台账开设联系单》。

（5）不需要开设台账，直接向海关领取《加工贸易登记手册》或其他备案凭证。

（6）需要开设台账，凭《台账开设联系单》到银行开设台账，领取《台账登记通知单》，凭《台账登记通知单》到海关领取《加工贸易登记手册》。

图 4.1 所示为合同备案的流程图。

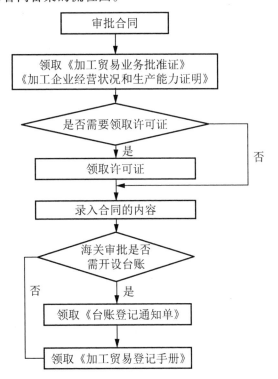

图 4.1　合同备案的流程图

【相关单证】

4）合同备案的内容

（1）备案单证。

备案单证包括：商务主管部门按照权限签发的《加工贸易业务批准证》和《加工贸易企业经营状况和生产能力证明》；加工贸易合同或合同副本；加工合同备案

申请表及企业加工合同备案呈报表；属于加工贸易国家管制商品的，需交验主管部门的许可证件或许可证件复印件；为确定单耗和损耗率所需的有关资料；其他备案所需要的单证。

（2）备案商品。

① 备案时需要提供进口许可证或两用物项进口许可证复印件的商品：消耗臭氧层物质；易制毒化学品；监控化学品。

② 备案时需要提供其他许可证件或许可证件复印件的商品：进出口音像制品、印刷品，提供新闻出版总署印刷复制司的批准文件；进出口地图产品及附有地图的产品，提供国家测绘局的批准文件，并附有关样品；进口工业再生废料，提供国家环境保护总局的《进口废物批准证书》。

（3）保税额度。

加工贸易合同项下海关准予备案的料件，全额保税。

加工贸易合同项下海关不予备案的料件及试车材料、未列名消耗性物料等，不予保税，进口时按照一般进口办理。

（4）台账制度。

① 台账制度概述。所有的加工贸易合同，包括来料加工合同、进料加工合同、外商投资企业履行产品出口合同、保税工厂和保税集团的加工贸易合同，都要按"加工贸易银行保证金台账"制度的规定办理：或不设台账，即"不转"；或设台账不付保证金，即"空转"；或设台账并付保证金，即"实转"。表4-2为保证金、台账的各种管理的区别。

表4-2 保证金、台账的各种管理的区别

分类	不转	空转	半实转	实转
台账	0	100%	100%	100%
保证金	0	0	50%	100%

"加工贸易银行保证金台账"制度的核心内容是对不同地区的企业开展不同商品的加工贸易实行分类管理，对部分企业进口的开展加工贸易的部分料件，银行要按照有关料件的进口税额征收保证金。

② 加工贸易企业分类标准。自2014年12月1日起，海关对企业实行信用管理，适用AA类管理的企业过度为高级认证企业；适用A类管理的企业过渡为一般认证企业；适用B类管理的企业过度为一般信用企业；适用C类、D类管理的企业，海关按照相关规定重现认定企业信用等级。在过渡期里，海关对加工贸易企业沿用原AA类、A类、B类、C类、D类五个管理类别实施管理。新设立的加工贸易企业为B类企业，资信较高的企业可升为AA类、A类企业，发生走私违规等行为企业则降为C类、D类。AA类、A类企业在银行保证金台账、单耗申报等加工贸易管理中享受更多的优惠与便利，C类企业限制开展加工贸易，D类企业不得开展加工贸易。

对于同一本加工贸易手册，如果经营单位和加工企业的管理类别不一致，海关以较低企业的类别进行管理。

③ 商品的分类。加工贸易商品分为禁止类、限制类、允许类共三类，详情请扫描二维码查阅。

【拓展知识】

④ 地区的划分。按照经济发达与否,我国可分为东部地区和中西部地区。东部地区包括辽宁省、北京市、天津市、河北省、山东省、江苏省、上海市、浙江省、福建省、广东省。中西部地区指东部地区以外的中国其他地区。

⑤ 台账制度的管理方法。分类管理的具体内容如下:

a. 任何企业都不得开展禁止类商品的加工贸易。

b. 适用 D 类管理的企业不得开展加工贸易。

c. 适用 A 类管理,又是从事飞机、船舶等特殊行业加工贸易的企业,或者年进出口总额 3 000 万美元(自营生产企业出口额 1 000 万美元)及以上,或者年加工出口 1 000 万美元以上的企业(俗称 AA 类企业),经申请由海关批准,可以不设台账("不转")。

d. 适用 A 类管理企业设台账,无论限制类还是允许类商品都不需付保证金("空转")。

e. 适用 B 类管理企业设台账,限制类商品按进口料件应征税款的 50%付保证金("半实转"),允许类商品不付保证金。

f. 适用 C 类管理企业设台账,无论限制类还是允许类商品都要按进口料件应征税款付保证金("实转")。

表 4-3 为保证金、台账制度的管理。

表 4-3 各类企业保证金、台账制度

分 类	禁止类	限制类	允许类
AA 类	不准	不转/领册	不转/领册
A 类	不准	空转/领册	空转/领册
B 类	不准	半实转/领册	空转/领册
C 类	不准	实转/领册	实转/领册
D 类	不准	不准	不准

为了简化手续,国家还规定对列名的拉链、纽扣、鞋扣、扣绊、摁扣、垫肩、胶袋、花边等 78 种客供服装辅料,即一般出口合同中订明的由境外厂商提供的辅料以及其他零星进口料件金额在 1 万美元及以下的,适用 AA、A、B 类管理的加工贸易企业可以不设台账,因此也不必向银行交付保证金。适用 AA、A、B 类管理加工贸易企业,进口金额在 5 000 美元及以下的列名的 78 种客供服装辅料不仅可以不设台账,还可以免申领登记手册,但必须凭出口合同向主管海关备案。表 4-4 为特殊情况保证金、台账的管理。

表 4-4 特殊情况的保证金、台账的管理(仅限实行 A、B 类管理企业)

分 类	金额在 5 000~10 000 美元	金额在 5 000 美元以下
零星料件	不转、领册	不转、领册
78 种客供服装辅料	不转、领册	不转、免册

凡是需要开设台账的合同,由受理备案的海关开出有台账金额和保证金金额内容的《银行保证金台账开设联系单》,企业凭以到银行开设台账,交付保证金,收取银行开出的《银行保证金台账登记通知单》,再到海关申领登记手册。

5)合同备案的凭证

海关受理并准予备案后,企业应当领取海关签章的《加工贸易登记手册》或其他准予备案的凭证。

（1）加工贸易登记手册。

按规定可以不设台账的合同，在准予备案后，由企业直接向受理合同备案的主管海关领取海关签章的《加工贸易登记手册》。

按规定在银行开设了台账的合同，由企业凭银行签发的《银行保证金台账登记通知单》，到合同备案主管海关领取海关签章的《加工贸易登记手册》。

经海关批准，企业在领取《加工贸易登记手册》的基础上，可以根据不同的情况，申领《加工贸易登记手册》分册。

【知识拓展】

《加工贸易登记手册》分册是指海关在企业多口岸报关周转困难或异地深加工结转需要的情况下，由企业申请并经主管海关核准，在《加工贸易登记手册》（总册）的基础上，将"总册"的部分内容重新登记备案，载有该部分内容、有独立编号的另一本登记手册。《加工贸易登记手册》分册进出口报关时可以与原手册分开使用，但必须同时报核。

（2）其他准予备案的凭证。

为了简化手续，对为生产出口产品而进口的属于国家规定的78种列名客供服装辅料金额不超过5 000美元的合同，除适用C类管理加工贸易企业外可以免申领登记手册，直接凭出口合同备案准予保税后，凭海关在备案出口合同上的签章和编号直接进入进出口报关阶段。

6）合同备案的变更

已经海关登记备案的加工贸易合同，其品名、规格、金额、数量、加工期限、单损耗、商品编码等发生变化的，须向主管海关办理合同备案变更手续，开设台账的合同还须变更台账。

合同变更应在合同有效期内报原商务审批部门批准。为简化合同变更手续，对贸易性质不变、商品品种不变，变更金额小于1万美元（含1万美元）且延长不超过3个月的合同，企业可直接到海关和银行办理变更手续，不需再经商务主管部门重新审批。

原1万美元及以下备案合同，变更后进口金额超1万美元的A、B类管理企业，须重新开设台账，其中适用B类管理的企业合同金额变更后，进口料件如果涉及限制类商品的，由银行加收相应的保证金。

因企业管理类别调整，合同从"空转"转为"实转"的，应对原备案合同交付台账保证金。经海关批准，可只对原合同未履行出口部分收取台账保证金。

管理类别调整为D类的企业，已备案合同，经海关批准，允许交付全额台账保证金后继续执行，但合同不得再变更和延期。

对允许类商品转为限制类商品的，已备案的合同不再交付台账保证金。对原限制类或允许类商品转为禁止类的，已备案合同，按国家即时发布的规定办理。

图4.2所示为合同备案变更的简化手续。

7）合同备案相关的事宜

（1）异地加工贸易合同备案申请。

异地加工贸易是指一个直属海关关区内的加工贸易经营企业，将进口料件委托另一个直属海关关区内的加工生产企业加工，成品回收后，再组织出口的加工贸易。

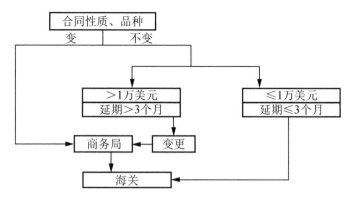

图 4.2　合同备案变更的简化手续

开展异地加工贸易应在加工企业所在地海关设立台账,由加工贸易经营企业向加工企业所在地主管海关办理合同备案手续。

海关对开展异地加工贸易的经营企业和加工企业实行分类管理,如果两者的管理类别不相同,按其中较低类别管理。

异地加工贸易合同备案的步骤：经营企业凭所在地商务主管部门核发的《加工贸易业务批准证》和加工企业所在地县级以上商务主管部门出具的《加工贸易企业经营状况和生产能力证明》,填制《异地加工贸易申请表》,向经营企业所在地主管海关提出异地加工贸易申请,经海关审核后,领取经营企业所在地主管海关的"关封";经营企业持"关封"和合同备案的必要单证,到加工企业所在地主管海关办理合同备案手续。具体的申请程序如图 4.3 所示。

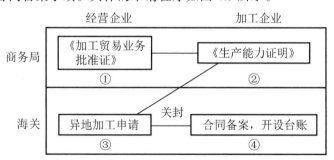

【相关单证】

图 4.3　异地加工贸易合同备案申请程序

（2）加工贸易单耗申报。

加工贸易单耗申报是指加工贸易企业在备案和报核中向海关如实申报加工贸易单耗的行为。

加工贸易单耗是指加工贸易企业在正常生产条件下加工生产单位成品所耗用进口料件的数量。单耗包括"净耗"和工艺损耗。"净耗"是指物化在单位成品中的料件的数量。工艺损耗是指因加工生产工艺要求,在正常生产过程中必须耗用而并不物化在成品中的料件数量。

单耗申报的计算公式为

$$单耗 = 净耗 \div (1 - 工艺损耗率)$$
$$工艺损耗率 = (工艺损耗数量 \div 全部进口料件数量) \times 100\%$$
$$耗用料件数量 = 单耗 \times 成品数量$$

（3）加工贸易外发加工申请。

外发加工是指加工贸易企业因受自身生产工序限制，经海关批准并办理有关手续，委托承揽企业对加工贸易出口产品生产环节中的个别工序进行加工，在规定期限内将加工后的产品运回本企业并最终复出口的行为。

经营企业申请开展外发加工业务应当向海关提交下列单证：经营企业签章的《加工贸易货物外发加工申请表》；经营企业与承揽企业签订的加工合同或者协议；承揽企业营业执照复印件；经营企业签章的《承揽企业经营状况和生产能力证明》；海关需要收取的其他单证和材料。

经营企业申请开展外发加工业务应当如实填写《加工贸易货物外发加工申请审批表》及《加工贸易外发加工货物外发清单》，经海关审核批准后，方可进行外发加工。外发加工完毕，加工贸易货物应当运回经营企业，并如实填写《加工贸易外发加工货物运回清单》。

（4）加工贸易串料申请。

经营企业因加工出口产品急需，申请本企业内部进行"料件串换"的，需提交书面申请并符合下列条件：保税进口料件和保税进口料件之间及保税进口料件和征税进口料件之间的串换，必须符合同品种、同规格、同数量的条件；保税进口料件和国产料件（不含深加工结转料件）之间的串换必须符合同品种、同规格、同数量、关税税率为零，且商品不涉及进出口许可证件管理的条件；经海关批准的保税进口料件和征税进口料件之间及保税进口料件和国产料件之间发生串换，串换下来的同等数量的保税进口料件由企业自行处置。

2. 电子账册下保税加工货物的备案

1)《经营范围电子账册》备案

企业凭商务主管部门的批准证通过网络向海关办理《经营范围电子账册》备案手续。

备案内容：经营单位名称及代码；加工单位名称及代码；批准证件编号；加工生产能力；加工贸易进口料件和成品范围（商品编码前四位）。

企业在收到海关的备案信息后，应将商务主管部门的纸质批准证交海关存档。企业的经营范围、加工能力等发生变更时，经商务主管部门批准后，企业可通过网络向海关申请变更。海关审核通过后，企业应将纸质批准证交海关存档。最大周转金额、核销期限等需要变更时，企业应向海关提交书面申请，海关批准后由海关直接变更。

2)《便捷通关电子账册》备案

企业可通过网络向海关办理《便捷通关电子账册》备案手续。《便捷通关电子账册》的备案包括以下内容：

（1）企业基本情况表。包括经营单位及代码、加工企业及代码、批准证编号、经营范围账册号、加工生产能力等。

（2）料件、成品部分。包括归并后的料件及成品名称、成品规格、商品编码、备案计量单位、币制、征免方式等。

（3）单耗关系。包括成品版本号、对应料件的净耗、损耗率等。

其他部分可同时申请备案，也可分阶段申请备案，但料件必须在相关料件进口前备案，成品和单耗关系最迟在相关成品出口前备案。

《便捷通关电子账册》的基本情况表内容、料件、成品发生变化的，包括料件、成品品种、单损耗关系的增加等，只要未超出经营范围和加工能力，企业不必报商务主管部门审批，可通过网络直接向海关申请变更。

海关可根据企业的加工能力设定电子账册最大周转金额,并可对部分高风险或需要重点监管的料件设定最大周转数量。电子账册进口料件的金额、数量加上电子账册剩余料件的金额、数量不得超过最大周转金额和最大周转数量。

每一个企业一般只能申请建立一份《便捷通关电子账册》,但是如果企业设有无法人资格独立核算的分厂,料件、成品单独管理的,经海关批准,可另建电子账册。

企业需在异地口岸办理进出口报关或异地深加工结转报关手续的,可以向海关申请办理《便捷通关电子账册异地报关分册》。海关审核后核发"纸质分册",企业凭"纸质分册"向异地口岸报关。

一本《便捷通关电子账册异地报关分册》只能备案一个进出口口岸,分册的有效期不得超过《便捷通关电子账册》本期核销期限,分册的允许进出口数量不得超过《便捷通关电子账册》项下料件的最大周转量。

电子账册备案不设立"银行保证金台账"。准予备案的进口料件一律保税。

【案例阅读】

下面以汽车为例对电子账册管理下料件的归并过程进行讲解。

在纸质手册管理下,2.0升汽车配置见表4-5,1.6升汽车配置见表4-6。

表4-5 2.0升汽车配置

配 置	零件号	税 号
电动天窗	2C01	87082941
安全带	2A15	87082100
车门	2C40	87082952

表4-6 1.6升汽车配置

配 置	零件号	税 号
电动天窗	1C07	87082941
安全带	1A05	87082100
车门	1C17	87082952

电子账册管理下,对2.0升和1.6升汽车配置进行归类,见表4-7。

表4-7 电子账册管理下汽车配置归类

配 置	项号级		料号级
电动天窗	1C07	87082941	2C01
			1C07
安全带	1A05	87082100	2A15
			1A05
车门	1C17	87082952	2C40
			1C17

知识 10 保税加工货物进出境阶段

1. 纸质手册管理下保税加工货物进出境报关

1）保税加工货物进出境报关

加工贸易企业在主管海关备案的情况在计算机系统中已生成电子底账，有关电子数据通过网络传输到相应的口岸海关，因此，企业在口岸海关报关时提供的有关单证内容必须与电子底账数据相一致。也就是说，报关数据必须与备案数据完全一致，一种商品报关的商品编码号、品名、规格、计量单位、数量、币制等必须与备案数据无论在字面上还是计算机格式上都完全一致。只要在某一方面不一致，报关就不能通过。要做到完全一致，首先必须做到报关数据的输入十分准确。

加工贸易保税货物进出境由加工贸易经营单位或其代理人申报。加工贸易保税货物进出境申报必须持有《加工贸易登记手册》或其他准予合同备案的凭证。

加工贸易保税货物进出境报关的许可证件管理和税收征管要求如下：

（1）关于进出口许可证件管理。

① 进口料件，除易制毒化学品、监控化学品、消耗臭氧层物质、原油、成品油等个别规定商品外，均可以免予交验进口许可证件（免予交验进出口许可证不包括涉及公共道德、公共卫生、公共安全所实施的进出口管制证件，如检验检疫证件等）。

② 出口成品，属于国家规定应交验出口许可证的，在出口报关时必须交验出口许可证。

（2）关于进出口税收征管。

准予保税的加工贸易料件进口，暂缓纳税。加工贸易项下出口应税商品，如是全部使用进口料件加工生产的产（成）品，不征收出口关税。加工贸易项下出口应税商品，如是部分使用进口料件、部分使用国产料件加工的产（成）品，则按海关核定的比例征收出口关税。其具体计算公式为

出口关税 = 出口货物完税价格 × 出口关税税率 ×
出口产（成）品中使用的国产料件和全部料件的价值比例

出口货物完税价格由海关根据《中华人民共和国海关审定进出口货物完税价格办法》的规定审核确定。加工贸易出口的特殊商品，应征出口关税的，按照有关规定办理。

2）加工贸易保税货物深加工结转报关

加工贸易保税货物深加工结转是指加工贸易企业将保税进口料件加工的产品转至另一海关关区内的加工贸易企业进一步加工后复出口的经营活动。其程序分为计划备案、收发货登记、结转报关 3 个环节。

（1）计划备案。

加工贸易企业开展深加工结转，转入、转出企业应当向各自主管海关提交加工贸易保税货物深加工结转申请表。申报结转计划具体内容如下：

① 转出企业在申请表（一式四联）中填写本企业的转出计划并签章，凭申请表向转出地海关备案。

【相关法规】

② 转出地海关备案，留存申请表第一联，其余三联退转出企业交转入企业。

③ 转入企业自转出地海关备案之日起 20 日内，持申请表其余三联，填制本企业的相关内容后，向转入地海关办理报备手续并签章。转入企业在 20 日内未递交申请表，或者虽向海关递交但因申请表的内容不符合海关规定而未获准的，该份申请表作废，转出、转入企业应当重新填报和办理备案手续。

④ 转入地海关审核后，将申请表第二联留存，第三联、第四联交转入、转出企业凭以办理结转收发货登记及报关手续。

（2）收发货登记。

转出、转入企业办理结转计划申报手续后，应当按照经双方海关核准后的申请表进行实际收发货。转入、转出企业的每批次收发货记录应当在保税货物实际结转情况登记表上进行如实登记，并加盖企业结转专用名章。结转货物退货的，转入、转出企业应当将实际退货情况在登记表中进行登记，同时注明"退货"字样，并各自加盖企业结转专用名章。

（3）结转报关。

转出、转入企业实际收发货后，应当按照以下规定办理结转报关手续：

① 转出、转入企业分别在转出地、转入地海关办理结转报关手续。转出、转入企业可以凭一份申请表分批或者集中办理报关手续。转出（入）企业每批实际发（收）货后，在 90 日内办结该批货物的报关手续。

② 转入企业凭申请表、登记表等单证向转入地海关办理结转进口报关手续，并在结转进口报关后的第二个工作日内将报关情况通知转出企业。

③ 转出企业自接到转入企业通知之日起 10 日内，凭申请表、登记表等单证向转出地海关办理结转出口报关手续。

④ 结转进口、出口报关的申报价格为结转货物的实际成交价格。

⑤ 一份结转进口报关单对应一份结转出口报关单，两份报关单之间对应的申报序号、商品编号、数量、价格和手册号应当一致。

⑥ 结转货物分批报关的企业应当同时提供申请表和登记表的原件及复印件。

3）其他保税加工货物的报关

其他保税加工货物是指履行加工贸易合同过程中产生的剩余料件、边角料、残次品、副产品和受灾保税货物。

剩余料件是指加工贸易企业在从事加工复出口业务过程中剩余的可以继续用于加工制成品的加工贸易进口料件。

边角料是指加工贸易企业从事加工复出口业务，在海关核定的单耗标准内，加工过程中产生的，无法再用于加工该合同项下出口制成品的数量合理的废、碎料及下脚料。

残次品是指加工贸易企业从事加工复出口业务，在生产过程中产生的有严重缺陷或者达不到出口合同标准，无法复出口的制成品（包括完成品和未完成品）。

副产品是指加工贸易企业从事加工复出口业务，在加工生产出口合同规定的制成品（主成品）过程中同时产生的且出口合同未规定应当复出口的一个或多个其他产品。

受灾保税货物是指加工贸易企业在从事加工出口业务中，因不可抗力原因或其他经海关审核认可的正当理由造成损毁、灭失、短少等导致无法复出口的保税进口料件和加工制成品。

对于履行加工贸易合同中产生的上述剩余料件、边角料、残次品、副产品、受灾保税货物，企业必须在手册有效期内处理完毕，处理的方式有内销、结转、退运、放弃、销毁等。除销毁处理外，其他处理方式都必须填制报关单报关。报关单是企业报核的必要单证。

（1）内销报关。

保税加工货物转内销应经商务主管部门审批，加工贸易企业凭《加工贸易保税进口料件内销批准证》办理内销料件正式进口报关手续，缴纳进口税和缓税利息。经批准允许转内销的加工贸易保税货物属进口许可证件管理的，企业还应按规定向海关补交进口许可证件；申请内销的剩余料件，如果金额占该加工贸易合同项下实际进口料件总额3%及以下且总值在人民币1万元（含1万元）以下的，免审批，免交许可证件。内销征税应当遵循以下规定：

① 关于征税的数量。剩余料件和边角料内销，直接按申报数量计征进口税；制成品和残次品内销，根据单耗关系折算耗用掉的保税进口料件数量计征进口税；副产品内销，按报验状态的数量计征进口税。

② 关于征税的完税价格。进料加工进口料件或者其制成品（包括残次品）内销时，以料件的原进口成交价格为基础确定完税价格。料件的原进口成交价格不能确定的，以接受内销申报的同时或者大约同时进口的与料件相同或者类似的货物的进口成交价格为基础确定完税价格。

来料加工进口料件或者其制成品（包括残次品）内销时，以接受内销申报的同时或者大约同时进口的与料件相同或者类似的货物的进口成交价格为基础确定完税价格。

加工企业内销加工过程中产生的副产品或者边角料，以内销价格作为完税价格。

③ 关于征税的税率。经批准正常转内销征税的，适用海关接受申报办理纳税手续之日实施的税率，如内销商品属关税配额管理而在办理纳税手续时又没有配额证的，应当按该商品配额外适用的税率缴纳进口税。

④ 关于征税的缓税利息。剩余料件、制成品、残次品、副产品内销均应交付缓税利息，边角料内销免交付缓税利息。缓税利息根据海关填发税款缴款书的上年度12月31日中国人民银行公布的活期存款储蓄利息按日征收，计息期限从《加工贸易登记手册》记录首次进口料件之日至征税之日。

（2）结转报关。

加工贸易企业可以向海关申请将剩余料件结转至另一个加工贸易合同生产出口，但必须在同一经营单位、同一加工厂、同样的进口料件和同一加工贸易方式的情况下结转。

加工贸易企业申请办理剩余料件结转时应当向海关提供以下单证：企业申请剩余料件结转的书面材料、企业拟结转的剩余料件清单、海关按规定需收取的其他单证和材料。

海关依法对企业结转申请予以审核，对不符合规定的应当做出不予结转决定，并告知企业按照规定将不予结转的料件退出境外、征税内销、放弃或者销毁；对符合规定的应当做出准予结转剩余料件的决定，并对准予结转企业将剩余料件结转到另一加工厂的，收取相当于拟结转料件应缴税款金额的保证金或银行保函（对海关收取担保后备案的手册或者已实行银行保证金台账实转的手册，担保金额或者台账实转金额不低于拟结转保税料件应缴税款金额的，可免收取保证金或银行保函），向企业签发加工贸易剩余料件结转联系单，由企业在转出手册的主管海关办理出口报关手续，在转入手册的主管海关办理进口报关手续。

加工贸易企业因合同变更、外商毁约等原因无法履行原出口合同，申请将尚未加工的剩余保税料件结转到另一个加工贸易合同项下加工复出口的，可以比照上述剩余料件结转的办法办理报关手续。

（3）退运报关。

加工贸易企业因故申请将剩余料件、边角料、残次品、副产品等保税加工货物退运出境的，应持登记手册等有关单证向口岸海关报关，办理出口手续，留存有关报关单证，准备报核。

（4）放弃报关。

企业放弃剩余料件、边角料、残次品、副产品等，交由海关处理，应当提交书面申请。

经海关核定，有下列情形的将做出不予放弃的决定，并告知企业按规定将有关货物退运、征税内销、在海关或者有关主管部门监督下予以销毁或者进行其他妥善处理：申请放弃的货物属于国家禁止或限制进口的；申请放弃的货物属于对环境造成污染的；法律、行政法规、规章规定不予放弃的其他情形。

对符合规定的，海关应当做出准予放弃的决定，开具加工贸易企业放弃加工贸易货物交接单。企业凭以在规定的时间内将放弃的货物运至指定的仓库，并办理货物的报关手续，留存有关报关单证准备报核。

主管海关凭接受放弃货物的部门签章的加工贸易企业放弃加工贸易货物交接单，以及其他有关单证核销企业的放弃货物。

（5）销毁报关。

被海关做出不予结转决定或不予放弃决定的加工贸易货物或涉及因知识产权等原因企业要求销毁的加工贸易货物，企业可以向海关提出销毁申请，海关经核实同意销毁的，由企业按规定销毁，必要时海关可以派员监督。货物销毁后，企业应当收取有关部门出具的销毁证明材料，以备报核。

（6）受灾保税加工货物的报关。

对于受灾保税加工货物，加工贸易企业应在灾后 7 日内向主管海关书面报告，并提供如下证明材料，海关可视情况派员核查取证：商务主管部门的签注意见、有关主管部门出具的证明文件、保险公司出具的保险赔款通知书或检验检疫部门出具的有关检验检疫证明文件。

不可抗力受灾保税加工货物灭失，或者已完全失去使用价值无法再利用的，可由海关审定并予以免税。不可抗力受灾保税货物需销毁处理的，同其他加工贸易保税货物的销毁处理一样。不可抗力受灾保税加工货物虽失去原使用价值但可再利用的，应按海关审定的受灾保税货物价格，按对应的进口料件适用的税率缴纳进口税和缓税利息，其对应进口料件属于实行关税配额管理的，按照关税配额税率计征税款。

对非不可抗力因素造成的受灾保税加工货物，海关应当按照原进口货物成交价格审定完税价格照章征税，属于实行关税配额管理的，无关税配额证，应当按关税配额外适用的税率计征税款。

因不可抗力造成的受灾保税货物对应的原进口料件，如属进口许可证件管理的，免交许可证件；反之，应当交验进口许可证件。

2. 电子账册管理下保税加工货物的进出境报关

1）进出境报关

联网企业进出口保税加工货物应使用企业内部的计算机，采用计算机原始数据形成报关清单，经中国电子口岸自动归并后生成报关单，向海关申报。

联网企业备案的进口料件和出口成品等内容是货物进出口时与企业实际申报货物进行核对的电子底账，因此，申报数据与备案数据应当一致。

企业按实际进出口的"货号"（料件号和成品号）填报报关单，并按照加工贸易货物的实际性质填报监管方式。海关按照规定审核申报数据，进口报关单的总金额不得超过电子账册最大周转金额的剩余值，如果电子账册对某项下料件的数量进行限制，报关单上该商品的申报数量不得超过其最大周转量的剩余值。

有关许可证件管理和税收征管的规定与纸质手册管理下的保税加工货物进出境报关相同。联网企业可根据需要和海关规定分别选择有纸报关或无纸报关方式申报。联网企业进行无纸报关的，海关凭同时盖有申报单位和其代理企业的提货专用章的放行通知书办理"实货放行"手续；凭同时盖有经营单位、报关单位及报关员印章的纸质单证由报关单位办理"事后交单"事宜。

联网企业进行有纸报关的，应由本企业的报关员办理现场申报手续。进口报关单放行或出口报关单"办结"前修改，内容不涉及报关单"表体"内容的，企业经海关同意可直接修改报关单。涉及报关单"表体"内容的，企业必须删除报关单重新申报。

联网企业在异地报关的，应按照异地报关分册备案的料件、成品填制电子数据报关单，通过网络向口岸海关申报。报关单"备案号"栏填写分册号，其他内容按《中华人民共和国海关进出口货物报关单填制规范》(简称《报关单填制规范》)填写。

2）深加工结转报关

联网企业深加工结转报关与纸质手册管理下的保税加工货物深加工结转报关一样，可参考纸质手册管理的有关内容。

3）其他保税加工货物报关

联网企业以内销、结转、退运、放弃、销毁等方式处理保税进口料件、成品、副产品、残次品、边角料和受灾货物的报关手续与纸质手册管理下的其他保税加工货物报关一样，参考纸质手册管理部分的有关内容。后续缴纳税款时，同样要缴纳缓税利息。缓税利息计息日为电子账册上期核销之日（未核销过的为便捷通关电子账册记录首次进口料件之日）的次日至海关开具税款缴纳证之日。

知识11　保税加工货物核销

1. 纸质手册管理下保税加工货物核销

1）报核和核销的含义

【相关法规】

加工贸易合同报核是指加工贸易企业在加工贸易合同履行完毕或终止合同并按规定对未出口部分货物进行处理后，按照规定的期限和规定的程序向加工贸易主管海关申请核销、要求结案的行为。

加工贸易合同核销是指加工贸易经营企业加工复出口并对未出口部分货物办妥有关海关手续后，凭规定单证向海关申请解除监管，海关经审查、核查属实且符合有关法律、行政法规的规定，予以办理解除监管手续的海关行政许可事项。

2）报核的时间

经营企业应当在规定的期限内将进口料件加工复出口，并自加工贸易手册项下最后一批成品出口或者加工贸易手册到期之日起30日内向海关报核。经营企业对外签订的合同因故提前终止的，应当自合同终止之日起30日内向海关报核。

3）报核的单证

报核单证包括企业合同核销申请表、《加工贸易登记手册》、进出口报关单、核销核算表、其他海关需要的资料。

4）报核的步骤

企业报核的步骤：①合同履约后，及时将登记手册和进出口报关单进行收集、整理、核对；②根据有关账册记录、仓库记录、生产工艺资料等查清此合同加工生产的"实际单耗"，并据以填写核销核算表（产品的实际单耗如与合同备案单耗不一致，应在最后一批成品出口前进行单耗的变更）；③填写核销预录入申请单，办理"报核预录入"手续；④携带有关报核需要的单证到主管海关报核，并填写报核签收"回联单"。

5）特殊情况的报核

（1）遗失登记手册的合同报核。企业遗失《加工贸易登记手册》，应当及时向主管海关报告。主管海关及时移交缉私部门按规定进行处理。缉私部门处理后，企业应当持以下单证向主管海关报核：①经营企业关于加工贸易手册遗失的书面报告；②经营企业申请核销的书面材料；③加工贸易货物进出口报关单；④缉私部门出具的《行政处罚决定书》；⑤海关按规定需要收取的其他单证和材料。

（2）遗失进出口报关单的合同报核。按规定企业应当用报关单留存联报核，在遗失报关单的情况下，可以用报关单复印件向原报关地海关申请加盖海关印章后报核。

（3）无须申领登记手册的合同报核。无须申领登记手册的5 000美元及以下的78种列名客供服装辅料合同的报核企业直接持进出口报关单、合同、核销核算表报核。报核的出口报关单应当是注明备案编号的一般贸易出口报关单。

（4）撤销合同报核。加工贸易合同备案后因故提前终止执行，未发生进出口而申请撤销的，应报商务主管部门审批，企业凭审批件和手册报核。

（5）有违规走私行为的加工贸易合同核销。加工贸易企业因走私行为被海关缉私部门或者法院没收加工贸易保税货物的，海关凭相关证明材料，如《行政处罚决定书》《行政复议决定书》《判决书》《裁决书》等办理核销手续。

加工贸易企业因违规等行为被海关缉私部门或法院处以警告、罚款等处罚但不没收加工贸易保税货物的，不予免除加工贸易企业办理相关海关手续的义务。

6）海关受理报核和核销

海关对企业的报核应当依法进行审核，不符合规定不予受理的应当书面告知理由，并要求企业重新报核；符合规定的，应当受理。

海关自受理企业报核之日起20个工作日内，应当核销完毕，情况特殊，可以由直属海关的关长批准或者由直属海关关长授权的隶属海关关长批准延长10个工作日。

经核销情况正常的，未开设台账，海关应当立即签发《核销结案通知书》；经核销情况正常的，开设台账的，应当签发《银行保证金台账核销联系单》，企业凭以到银行核销台账，其中"实转"的台账，企业应当在银行领回保证金和应得的利息或者撤销保函，并领取《银行保证金台账核销通知单》，凭以向海关领取核销结案通知书。

2. 电子账册管理下保税加工货物的核销

海关对联网企业实行定期或周期性的核销制度，一般规定180天为一个报核周期。首次报核期限，从电子账册建立之日起180天后的30天内；以后报核期限从上次报核之日起180天后的30天内。

1)预报核

预报核是加工贸易联网企业报核的组成部分。企业在向海关正式申请核销前,在电子账册本次核销周期到期之日起30天内,将本核销期内申报的所有电子账册进出口报关数据按海关要求的内容,包括报关单号、进出口岸、扣减方式、进出标志等以电子报文形式向海关申请报核。

海关通过计算机将企业的预报核报关单内容与电子账册数据进行比对,对于比对结果完全相同、计算机反馈"同意报核"的,企业应向海关递交下列单证并可以进入正式报核:①企业核销期内的财务报表;②纸质报关单;③已征税的税款缴纳证复印件;④企业电子账册报核总体情况表;⑤企业保税进口料件盘点资料;⑥归并参数表的纸质文本(本期核销内有变更的);⑦其他海关认为需要的单证。

2)正式报核

正式报核是指企业预报核通过海关审核后,以预报核海关核准的报关数据为基础,准确、详细填报本期保税进口料件的应当留存数量、实际留存数量等内容,以电子报文形式向海关正式申请报核。

海关认为必要时可以要求企业进一步报送料件的实际进口数量、耗用数量、内销数量、结转数量、边角料数量、放弃数量、实际损耗率等内容,如比对不相符且属于企业填报有误的,可以退单,企业必须重新申报。

经海关认定企业实际库存多于应存数,有合理正当理由的,可以计入电子账册下期核销,其他原因造成的,依法处理。

联网企业不再使用电子账册的,应当向海关申请核销。海关对电子账册核销完毕,予以注销。

表4-8为纸质手册、电子手册、电子账册的区别。

表4-8 纸质手册、电子手册、电子账册的区别

项目名称	纸质手册	电子手册	电子账册
设立单元	合同	合同	企业
分段备案	不可以	可以	可以
联网监管	不是	是	是
台账制度	有	有	有
金额保税	是	是	是
口岸通关(全国)	可以	可以	可以
缓税利息	第一批料件进口	第一批料件进口	上次核销起

任务4 保税物流货物报关

东莞Q公司和宝安A公司都是加工型企业,Q公司生产的电阻要卖给A公司作料件,以往办理这种跨关区的"转厂",手续很烦琐。现在它们选择物流园和保税仓库后一切都变得简单了:Q公司办理东莞物流园的出口转关交货至保税仓库视同出境,完成海关监管手续,可以退税,再用A公司的进口报关单证办理货物的进口手续,货物的运输可由国内车辆完成。

（1）保税物流园区的作用是什么？
（2）保税物流园区的优势是什么？

知识 12　保税物流货物备案

保税物流货物报关在任何一种监管模式下都没有备案程序，而是通过准予进入来实现批准保税。这样，准予进入成为海关保税物流货物监管目标之一。这个监管目标只有通过对专用场所或者特殊区域的监管来实现。

知识 13　保税物流货物报关程序

1．保税仓库进出货物的报关程序

保税仓库是指经海关批准设立的专门存放保税货物及其他未办结海关手续货物的仓库。保税仓库的报关程序可以分为进仓报关和出仓报关。

1）进仓报关

保税仓库货物进境入仓，发货人或代理人应当在仓库主管海关办理报关手续，经主管海关批准，也可以直接在进境口岸海关办理报关手续。仓库主管海关和进境口岸海关属于不同直属海关的，经营企业可以按照"提前报关转关"的方式或者"直接转关"的方式报关，如果仓库主管海关和进境口岸海关属于同一直属关区的，经直属海关批准，经营者可以直接在口岸海关办理报关手续。

货物进入报税仓库，除国家另有规定的外，免领进口许可证件，由收货人或其代理人办理进口报关手续，海关进境现场放行后存入保税仓库。

2）出仓报关

保税仓库货物出仓可以分为进口报关和出口报关两种情况。保税仓库货物出仓根据情况可以逐一报关，也可以集中报关。

（1）进口报关。

① 保税仓库货物出仓用于加工贸易的，由加工贸易企业或其代理人按加工贸易货物的报关程序办理进口报关手续。

② 保税仓库货物出仓用于可以享受特定减免税的特定地区、特定企业各特定用途的，由享受特定减免税的企业或其代理人按特定减免税货物的报关程序办理进口报关手续。

③ 保税仓库货物出仓进入国内市场或用于境内其他方面，包括保修期外维修，由收货人或其代理人按一般进口货物的报关程序办理进口报关手续。

④ 保税仓库内的寄售维修零配件申请以保修期内免税出仓的，由报税仓库经营企业办理尽快报关手续，填制进口货物报关单，"贸易方式"栏填写"无代价抵偿"，并确认免税出仓的维修件在保修期内且不超过原设备进口之日起 3 年，维修件由外商免费提供，更换下的零部件依法处理。

（2）出口报关。

保税仓库货物为转口或退运到境外而出仓的，保税仓库经营企业或其代理人按一般出口货物的报关程序办理出口报关手续，但可免缴纳出口关税，免交验出口许可证件。

（3）集中报关。

保税货物出仓批量少、批次频繁的，经海关批准可以办理定期集中报关手续。集中报关出仓的，保税仓库经营企业应当向主管海关提出书面申请，写明集中报关的商品名称、发货流向、发货频率、合理理由。

3）报关要点

① 保税仓库所存货物的储存期限为 1 年，如因特殊情况需要延长储存期限，应向主管海关申请延期，经海关批准可以延长，延长的期限最长不超过 1 年。特殊情况下，经直属海关批准，延长期限最多可达 2 年。

② 保税仓库所存货物是海关监管货物，未经海关批准并按规定办理有关手续，任何人不得出售、转让、抵押、质押、留置、移作他用或者进行其他处置。

③ 货物在仓库储存期间发生损毁或者灭失，除不可抗力原因外，保税仓库应当依法向海关缴纳损毁、灭失货物的税款，并承担相应的法律责任。

④ 保税仓库货物可以进行包装、分级分类、加刷唛码、分拆、拼装等辅助性简单作业。在保税仓库内从事上述作业必须事先向主管海关提出书面申请，获批后方可进行。

⑤ 保税仓库经营企业应于每月 5 日之前以电子数据和书面形式向主管海关申报上一个月仓库收、付、存情况，并随附有关的单证，由主管海关核销。

2. 出口监管仓库进出货物的报关程序

出口监管仓库，是指经海关批准设立，对已办结海关出口手续的货物进行存储、保税物流配送、提供流通性增值服务的海关专用监管仓库。出口监管仓库货物报关大体可以分为进仓报关、出仓报关、流转报关和更换报关。

1）进仓报关

出口货物存入出口监管仓库时，发货人或其代理人应当向主管海关办理出口报关手续，填制出口货物报关单。按照国家规定应当提交出口许可证件和缴纳出口关税的，必须提交许可证件和缴纳出口关税。

发货人或其代理人按照海关规定提交报关必需单证和仓库经营者填制的《出口监管仓库货物入仓清单》。

对经批准享受入仓即退税政策的出口监管仓库，海关在货物入仓办结出口报关手续后予以签发出口货物报关单退税证明联；对不享受入仓即退税政策的出口监管仓库，海关在货物实际离境后签发出口货物报关单退税证明联。

2）出仓报关

出口监管仓库货物出仓报关可能出现出口报关和进口报关两种情况。

（1）出口报关。

出口监管仓库货物出仓出境时，仓库经营企业或其代理人应当向主管海关申报。提交报关必需的单证，并提交仓库经营企业填制的《出口监管仓库货物出仓清单》。

入仓没有签发出口货物报关单退税证明联的，出仓离境后海关按规定签发出口货物报关单退税证明联。

（2）进口报关。

① 用于加工贸易的，由加工贸易企业或其代理人按加工贸易货物的报关程序办理进口报关手续。

【相关单证】

② 用于可以享受特定减免税的特定地区、特定企业和特定用途的，由享受特定减免税的企业或其代理人按特定减免税货物的报关程序办理进口报关手续。

③ 进入国内市场或用于境内其他方面,由收货人或其代理人按一般进口货物的报关程序办理进口报关手续。

3）流转报关

经转入、转出方所在地主管海关批准，并按照转关运输的规定办理相关手续后，出口监管仓库之间，出口监管仓库与保税区、出口加工区、保税物流园区、保税物流中心、保税仓库等特殊监管区域、专用监管场所之间可以进行货物流转。

4）更换报关

对已存入出口监管仓库因质量等原因要求更换的货物，经仓库所在地主管海关批准，可以更换货物。被更换货物出仓前，更换货物应当先行入仓，并应当与原货物的商品编码、品名、规格型号、数量和价值相同。

5）监管和报关要点

① 出口监管仓库必须专库专用，不得转租、转借给他人经营，不得下设分库。

② 出口监管仓库经营企业应当如实填写有关单证、仓库账册，真实记录并全面反映其业务活动和财务状况，编制仓库月度进、出、转、存情况表和年度财务会计报告，并定期报送主管海关。

③ 出口监管仓库所存货物的储存期限为 6 个月，如因特殊情况需要延长储存期限，应在到期之前向主管海关申请延期，经海关批准可以延长，延长的期限最长不超过 6 个月。

④ 出口监管仓库所存货物是海关监管货物，未经海关批准并按规定办理有关手续，任何人不得出售、转让、抵押、质押、留置、移作他用或者进行其他处置。

⑤ 货物在仓库储存期间发生损毁或者灭失，除不可抗力原因外，保税仓库应当依法向海关缴纳损毁、灭失货物的税款，并承担相应的法律责任。

⑥ 经主管海关同意，可以在出口监管仓库内进行品质检验、分级分类、分拣分装、印刷运输标志、改换包装等流通性增值服务。

3. 保税物流中心进出货物的报关程序

保税物流中心是指经海关批准，由中国境内一家企业法人经营，多家企业进入并从事保税仓储物流业务的海关集中监管场所。

1）保税物流中心与境外之间的进出货物报关

① 物流中心与境外之间进出的货物，应当在保税物流中心主管海关办理相关手续。保税物流中心与口岸不在同一主管海关的，经主管海关批准，可以在口岸海关办理相关手续。

② 物流中心与境外之间进出的货物,除实行出口被动配额管理和我国参加或者缔结的国际条约及国家另有明确规定的以外，不实行进出口配额、许可证件管理。

③ 从境外进入保税物流中心内的货物，凡属于规定存放范围内的货物予以保税；属于保税物流中心企业进口自用的办公用品、交通运输工具、生活消费品等，以及保税物流中心开展综合物流服务所需进口的机器、装卸设备、管理设备等，按照进口货物的有关规定和税收政策办理相关手续。

2）保税物流中心与境内之间的进出货物报关

① 保税物流中心内货物运往所在关区外，或者跨越关区提取保税物流中心内的货物，可以在保税物流中心主管海关办理进出中心的报关手续，也可以按照境内监管货物转关运输的方式办理相关手续。

② 企业根据需要经主管海关批准，可以分批进出货物，月度集中报关，但集中报关不得跨年度办理。

③ 保税物流中心与境内之间的进出货物报关按下列规定办理：

a. 保税物流中心货物出中心进入关境内的其他地区视同进口，按照货物进入境内的实际流向和实际状态办理进口报关手续；属于许可证件管理的商品，企业还应当向海关出具有效的许可证件。

b. 货物从境内进入保税物流中心视同出口，办理出口报关手续。如需缴纳出口关税的，应当按照规定纳税；属于许可证件管理的商品，还应当向海关出具有效的出口许可证件。

3）监管和报关要点

① 保税物流中心内货物保税存储期限为 2 年。确有正当理由的，经主管海关同意可以予以延期，除特殊情况外，延期不得超过 1 年。

② 物流中心经营企业不得在本中心内直接从事保税仓储物流的经营活动。

③ 从境内运入物流中心的原进口货物，境内发货人应当向海关办理出口报关手续，经主管海关验放，已经缴纳的进口关税和进口环节海关代征税，不予退还。

④ 从境内运入物流中心已办结报关手续或者从境内运入保税物流中心供中心内企业自用的国产机器设备、装卸设备、管理设备、检测检验设备等，以及转关出口货物（起运地海关在已收到物流中心主管海关确认转关货物进入物流中心的转关回执后)，海关签发出口退税报关单证明联。

⑤ 从境内运入保税物流中心的下列货物，海关不签发出口退税报关单证明联：

a. 供中心内企业自用的生活消费品、交通运输工具。

b. 供中心内企业自用的进口的机器设备、装卸设备、管理设备、检测检验设备等。

c. 物流中心之间，物流中心与出口加工区、保税物流园区、物流中心（B 型）和已实行国内货物入仓环节出口退税政策的出口监管仓库等海关特殊监管区域或者海关保税监管场所往来的货物。

⑥ 从保税物流中心进入境内用于在保修期限内免费维修有关外国产品并符合无代价抵偿货物有关规定的零部件或者用于国际航行船舶和航空器的物料或者属于国家规定可以免税的货物，免征关税和进口环节海关代征税。

⑦ 实行集中申报的进出口货物，应当适用每次货物进出口时海关接受申报之日实施的税率、汇率。

⑧ 保税仓储货物在存储期间发生损毁或者灭失的，除不可抗力外，保税物流中心经营企业应当依法向海关缴纳损毁、灭失货物的税款并承担相应的法律责任。

4. 保税物流园区进出货物的报关程序

保税物流园区是指经国务院批准，在保税区规划面积内或者毗邻保税区的特定港区内设立的，专门发展现代国际物流的海关特殊监管区域。

1）境外运入园区

境外货物到港后，园区企业及其代理人可以先提交舱单将货物直接运到园区，再提交《进境货物备案清单》向园区主管海关办理申报手续。除法律、行政法规另有规定的外，境外运入园区的货物不实行许可证件管理。

【相关单证】

境外运入园区的下列货物保税：①园区企业为开展业务所需的货物及其包装物料；②加工贸易进口货物；③转口贸易货物；④外商暂存货物；⑤供应国际航行船舶和航空器的物料、维修用零部件；⑥进口寄售货物；⑦进境检测、维修货物及其零配件；⑧看样订货的展览品、样品；⑨未办结海关手续的一般贸易货物；⑩经海关批准的其他进境货物。

境外运入园区的下列货物免税：①园区的基础设施建设项目所需的设备、物资等；②园区企业为开展业务所需机器、装卸设备、仓储设施、管理设备及其维修用消耗品、零配件及工具；③园区行政机构及其经营主体、园区企业自用合理数量的办公用品。

境外运入园区的园区行政机构及其经营主体、园区企业自用交通运输工具、生活消费品，按一般进口货物的有关规定和程序办理申报手续。

2）园区运往境外

从园区运往境外的货物，除法律、行政法规另有规定外，免征出口关税，不实行许可证件管理。

进境货物未经流通性简单加工，需原状退运出境的，园区企业可以向园区主管海关申请办理退运手续。

3）园区货物运往境内区外

园区货物运往境内区外视同进口，园区企业或者区外收货人或其代理人按照进口货物的有关规定向园区主管海关申报，海关按照货物出园区时的实际监管方式办理。

① 进入国内市场的，按一般进口货物报关，提供相关的许可证件，照章缴纳进口关税、进口环节增值税、消费税。

② 用于加工贸易的，按加工贸易保税货物报关，提供加工贸易登记手册（包括纸质的或电子的），继续保税。

③ 用于可以享受特定减免税的特定企业、特定地区或特定用途，按特定减免税货物报关，提供《进出口货物征免税证明》（简称《征免税证明》）和相应的许可证件，免缴进口关税、进口环节增值税。

【相关单证】

园区企业跨关区配送货物或者异地企业跨关区到园区提取货物的，可以在园区主管海关办理申报手续，也可以按照海关规定办理进口转关手续。

4）境内区外货物运入园区

境内区外货物运入园区视同出口，由区内企业或者区外的发货人或其代理人向园区主管海关办理出口申报手续。属于应当缴纳出口关税的商品，应当照章缴纳；属于许可证件管理的商品，应当同时向海关出具有效的许可证件。

用于办理出口退税的出口货物报关单证明联的签发手续,按照下列规定办理:

① 从区外运入园区,供区内企业开展业务的国产货物及其包装材料,由区内企业或者区外发货人及其代理人填写《出口货物报关单》,海关按照对出口货物的有关规定办理,签发出口货物报关单证明联;货物从异地转关进入园区的,起运地海关在收到园区主管海关确认转关货物已进入园区的电子回执后,签发出口货物报关单证明联。

② 从区外运入园区,供区内行政管理机构及其经营主体和区内企业使用的国产基建物资、机器、装卸设备、管理设备等,海关按照对出口货物的有关规定办理,并签发出口货物报关单证明联。

③ 从区外运入园区,供区内行政管理机构及其经营主体和区内企业使用的生活消费品、办公用品、交通运输工具等,海关不予签发出口货物报关单证明联。

④ 从区外进入园区的原进口货物、包装物料、设备、基建物资等,区外企业应当向海关提供上述货物或者物品的清单,按照出口货物的有关规定办理申报手续,海关不予签发出口货物报关单证明联,原已缴纳的关税、进口环节增值税和消费税不予退还。

5) 保税物流园区与其他特殊监管区域、保税监管场所之间往来货物

海关对于园区与海关其他特殊监管区域或者保税监管场所之间往来的货物,继续实行保税监管,不予签发出口货物报关单证明联,但货物从未实行国内货物入区、入仓环节出口退税制度的海关特殊监管区域或者保税监管场所转入园区的,按照货物实际离境的有关规定办理申报手续,由"转出地"海关签发出口货物报关单证明联。

园区与其他特殊监管区域、保税监管场所之间的货物交易、流转,不征收进出口环节和国内流通环节的有关税收。

5. 保税区进出货物的报关程序

保税区是指经国务院批准设立的,具备保税加工、保税仓库、进出口贸易和进出口商品展示等功能的海关特殊监管区域。它是我国最早出现的海关特殊监管区域类型。保税区货物报关分进出境报关和进出区报关。

1) 进出境报关

进出境报关采用报关制和备案制相结合的运行机制,即保税区与境外之间进出境货物,属自用的,采用报关制,填写进出口货物报关单;属非自用的,包括加工出口、转口、仓储和展示,采用备案制,填写进出境货物备案清单。即保税区内企业的加工贸易料件、转口贸易货物、仓储货物进出境,由收货人或其代理人填写进出境货物备案清单向海关报关;对保税区内企业进口自用合理数量的机器设备、管理设备、办公用品,以及工作人员所需自用合理数量的应税物品及货样,由收货人或其代理人填写进口货物报关单向海关报关。

为保税加工、保税仓储、转口贸易、展示而从境外进入保税区的货物可以保税。从境外进入保税区的以下货物可以免税:

① 区内生产性的基础设施建设项目所需的机器、设备和其他基建物资。

② 区内企业自用的生产、管理设备和自用合理数量的办公用品及其所需的维修零配件,生产用燃料,建设生产厂房、仓储设施所需的物资、设备,但交通车辆和生活用品除外。

③ 保税区行政管理机构自用合理数量的管理设备和办公用品及其所需的维修零配件。

2）进出区报关

进出区报关要根据不同的情况按不同的报关程序报关。

① 进区，报出口。要有《加工贸易登记手册》或者《加工贸易电子账册》，填写出口报关单，提供有关的许可证件，海关不签发出口货物报关单退税证明联。出区，报进口，按不同的流向填写不同的进口货物报关单。

② 出区进入国内市场。按一般进口货物报关，填写进口货物报关单，提供有关的许可证件。

③ 关于保税加工货物内销征税的完税价格由海关按以下规定审查确定：

a. 保税区内的加工企业内销的进口料件或者其制成品（包括残次品），以接受内销申报的同时或者大约同时进口的相同或者类似货物的进口成交价格为基础确定完税价格。

b. 保税区内的加工企业内销的进料加工制成品中，如果含有从境内采购的料件，以制成品所含有的从境外购入的料件的原进口成交价格为基础确定完税价格。料件的原进口成交价格不能确定的，以接受内销申报的同时或者大约同时进口的与料件相同或者类似货物的进口成交价格为基础确认完税价格。

c. 保税区内的加工企业内销的来料加工制成品中，如果含有从境外采购的料件，以接受内销申报的同时或者大约同时进口的与料件同时或者类似货物的进口成交价格为基础确定完税价格。

d. 保税区内的加工企业内销加工过程中产生的边角料或者副产品，以内销价格作为完税价格。

e. 保税区行政管理机构自用合理数量的管理设备和办公用品及其所需的维修零配件，予以免税。

f. 免税进入保税区的进口货物，海关按照特定减免税货物进行监管。

表 4-9 为保税区进出货物的报关程序小结。

表 4-9 保税区进出货物的报关程序

分 类	细 分	程 序	
进出境报关	与境外之间进出境货物，属自用的	报关制：填写进出口货物报关单	
	与境外之间进出境货物，属非自用的	备案制：填写进出境货物备案清单	
进出区报关	保税加工货物进出区	进区	报出口，填写出口报关单
		出区	报进口，根据货物不同流向，填写不同的进口报关单
	进出区外发加工	进区加工	凭外发加工合同向保税区海关备案，加工出区后核销
		出区加工	由区外加工企业向其所在地海关办理加工贸易备案手续，加工贸易货物出区进行报关
	设备进出区	进出区	向保税区海关备案

【知识拓展】

保税货物报关过程中常用的表格如下所列。

加工贸易货物内销申请表（样表）

深圳海关现场业务关（处）　　　　　　内销〔2016〕1 号

经营企业名称	深圳市××实业公司			加工企业名称	深圳市××加工厂		加工贸易手册号		B53××000001
序号	商品编码	货物名称	规格型号	原产地	单位	数量	单价 币制：	海关审价 币制：	总价	料件进口日期	备注
1	45000000	塑料	电视机用	美国	克	2	20	20	40	20160101	
	收发货单编号				对应结转申请表号					

办理内销业务类别：
料件或成品内销（√）　　　边角料内销（　）　　　残次品内销（　）　　　副产品内销（　）
加工设备内销（　）　　　后续补税（　）　　　其他补税（　）

经营企业签名：深圳市经久实业公司　　　　　　（盖章）

征税统计部门审核意见：   初审：　　　　　　　　　　年　月　日 复核：　　　　　　　　　　年　月　日
核销部门审核意见：   初审：　　　　　　　　　　年　月　日 复核：　　　　　　　　　　年　月　日
下厂验核处理意见：   签名：　　　　　　　　　　年　月　日

黄埔海关核销遗失"加工贸易手册"报批表

企业名称		编码		电话	
手册号		合同号		有效期	
备案进口总值			实际进口总值		
备案出口总值			实际出口总值		
进口报关单数		出口报关单数		剩余货物总值	
主管海关意见	经办人：　　　　　日期： 科长：　　　　　　日期：				

结转货物收发货单

转出企业名称				转入企业名称					
发货日期	商品名称	规格型号	数量	单位	发货人签名	发货人盖章	收货日期	收货人签名	收货人盖章
购销合同号、订单号或发票号				运输工具类别及编号					
（企业根据各自需要自行设计的栏目和内容）									

加工贸易出口成品单耗申报表

出口成品基本情况					
规范名称			其他俗称		
规格型号		商品编码		计量单位	
单位成品耗料情况					

			原材料				耗料		
序号	名称	单位	商品编码	规格型号		净耗	工艺损耗		单耗

模拟试题

【参考答案】

一、单项选择题

1. 天津某加工贸易经营企业（B类管理企业）进口12 590美元的洗涤长丝，委托河北廊坊某加工企业（A类管理企业）加工袜子后返销出口。则该异地加工贸易的银行保证金台账为（　　）。
   A. 经营企业到所在地银行设台账，半实转
   B. 加工企业到所在地银行设台账，空转
   C. 经营企业到加工企业所在地银行设台账
   D. 加工企业到经营企业所在地银行设台账，空转

2. 某实行海关B类管理的企业对外签订进口3 000美元棉花（加工贸易限制类商品）生产出口服装垫肩的加工贸易合同，合同备案的手续应当是（　　）。
   A. 不设台账，申领"登记手册"
   B. 不设台账，不申领"登记手册"
   C. 设台账，实转，申领"登记手册"
   D. 设台账，空转，申领"登记手册"

3. 对于履行加工贸易合同中产生的剩余料件、边角料、残次品、副产品等，在海关规定的下列处理方式中不需要填制报关单向海关申报的有（　　）。
   A. 销毁　　　　B. 结转　　　　C. 退运　　　　D. 放弃

4. 银行根据海关签发的（　　），对加工贸易企业设立"银行保证金台账"（　　）。
   A. 银行保证金台账通知书
   B. 设立银行保证金台账联系单
   C. 银行保证金台账核销联系单
   D. 银行保证金台账变更联系单

5. 保税物流中心不能开展的业务是（　　）。
   A. 保税存储进出口货物及其他未办结海关手续货物
   B. 维修、翻新和拆解
   C. 转口贸易和国际中转业务
   D. 对所存货物开展流通性的简单加工和增值服务

6. 保税加工货物内销，海关按规定免征缓税利息的是（　　）。
   A. 副产品　　B. 残次品　　C. 边角料　　D. 不可抗力受灾保税货物

7. 加工贸易保税货物内销时，应当在货物（　　）申报。
   A. 所在地主管海关　B. 原进境地海关　C. 指运地海关　D. 起运地海关

8. 加工贸易（　　）内销时，需要根据单损耗关系折算数量。
   A. 残次品　　B. 边角料　　C. 剩余料件　　D. 副产品

9. 经海关批准，进料加工的保税料件和国产料件之间发生串换的，串换下来的保税进口料件（　　）。
   A. 海关照章征税　B. 必须加工出口　C. 应当继续保税　D. 企业自行处理

10. 出口监管仓库所存货物的期限为（　　），特殊情况下经海关批准可延长存储期限，但延期期限最长不能超过（　　）。
    A. 2年；1年　B. 1年；1年　C. 6个月；6个月　D. 6个月；3个月

11. 保税区进境货物备案清单适用于（　　）。
    A. 保税区与境内非保税之间进出口的货物
    B. 保税区内企业从境外进口自用的机器设备
    C. 保税区从境外进口的转口货物
    D. 保税区内工作人员从境外进口的自用应税物品

12. 从境内运入保税物流中心的原进口货物，应当（　　）。
    A. 办理出口报关手续，退原进口税　　B. 办理出口报关手续，不退原进口税
    C. 办理进口报关手续，退原进口税　　D. 办理进口报关手续，不退原进口税
13. 海关对加工贸易联网企业（电子账册管理）进行盘库后，发现企业实际库存少于电子账册的核算结果，但企业提供了正当理由。对于这部分短缺，海关应（　　）。
    A. 通过正式报核审核　　B. 按照实际库存量调整电子账册的当期结余数量
    C. 按照内销处理　　D. 移交缉私部门处理

二、多项选择题

1. 按现行海关规定，下列（　　）可允许存入保税仓库。
   A. 由境内有经营权的外贸企业购买进口的进料加工业务备用料件
   B. 供应国际航行船舶的燃料和零配件
   C. 以寄售方式进口，用于进口机电产品维修业务的维修零配件
   D. 转口港澳的烟酒
2. 国产货物从境内进入（　　），海关可以签发出口货物报关单退税证明联。
   A. 保税区　　B. 保税港区　　C. 保税物流中心　　D. 保税物流园区
3. 为了简化加工贸易合同备案手续，对同时符合一定条件的合同，企业可以不需商务部门审批，直接到海关办理变更手续，这些条件是（　　）。
   A. 贸易性质不变　　B. 商品品种不变
   C. 变更金额不超过1万美元　　D. 合同延长期限不超过3个月
4. （　　）海关不予批准办理抵押手续。
   A. 不涉及进口许可证件管理的进料加工进口料件
   B. 涉及出口许可证件管理的进料加工出口成品
   C. 不涉及进口许可证件管理的来料加工进口料件
   D. 涉及出口许可证件管理的来料加工出口成品
5. 下列关于加工贸易保证金台账制度的表述，错误的是（　　）。
   A. 海南省、广西省、河北省都属于中西部地区
   B. 加工贸易企业类别分为AA、A、B、C、D共五类
   C. 商品分为禁止、限制、允许、鼓励四类
   D. 中西部地区C类企业进口允许类商品，征收税款50%的保证金
6. 保税区进境的（　　）使用进出境货物备案清单报关。
   A. 加工贸易料件　　B. 加工贸易设备　　C. 转口贸易货物　　D. 仓储货物
7. 加工贸易剩余料件如做（　　）处理，必须填制报关单报关。
   A. 内销　　B. 结转　　C. 退运　　D. 放弃
8. 保税港区可以开展（　　）业务。
   A. 对外贸易，国际采购、分销和配送　　B. 商品加工、制造
   C. 商品展示与商业零售　　D. 港口作业
9. 下列哪些选项由直属海关批准设立（　　）。
   A. 保税仓库　　B. 出口监管仓库　　C. 保税物流中心　　D. 保税区
10. 物流中心、物流园区、出口加工区、保税区货物出区到境内区外，表述正确的是（　　）。
    A. 出区报进口，海关一律按照一般进口货物照章征税并办理其他相应报关手续
    B. 出区报进口，如用于境内消费，海关按照一般进口货物报关程序照章征税，并办理相应的海关手续
    C. 出区报进口，如用于境内消费，海关按照特定减免税报关程序办理海关手续
    D. 出区报进口，如用于加工贸易，海关按照加工贸易报关程序办理海关手续

三、判断题

1. 来料加工保税进口料件不得串换。（ ）
2. 保税物流中心存放货物的期限没有限制。（ ）
3. 外发加工的成品必须运回本企业。（ ）
4. 海关特殊监管区域和保税监管场所之间进出的黄金及其制品，应办理相应的进出口准许证，并由海关实施监管。（ ）
5. 企业设立保税仓库应向仓库所在地主管海关提交书面申请，主管海关报直属海关审批，直属海关批准设立保税仓库后报海关总署备案。（ ）
6. 加工贸易电子手册是以合同为单元进行管理的，加工贸易电子手册与纸质加工贸易手册一样，实行"银行保证金台账"制度。（ ）
7. 保税加工进口料件在进口报关时，暂缓纳税，加工成品出口报关时再征税。（ ）
8. 凡是海关准予备案的加工贸易料件一律可以不办理纳税手续，保税进口。（ ）
9. 出口监管仓库存放的货物是办结出口海关手续的货物，故只能装运出口，不能出仓复进口。（ ）
10. 保税仓库可以存放未办结海关手续的所有进口货物。（ ）

项目 5

其他货物报关

【学习目标】
(1) 掌握特定减免税货物优惠证明的申领。
(2) 掌握暂准进出境货物 ATA 单证册的使用。
(3) 熟悉暂准进出境货物除正常进出口之外的其他处理方法的报核。

任务 5　特定减免税货物的报关

　　旭日公司是海南洋浦开发区一家中外合资企业，其投资项目属于《鼓励外商投资目录》。2017 年 3 月份，旭日公司与新加坡某公司签约购买一票温度变送器，货物从深圳皇岗口岸进境。4 月初，货物已到达码头，因该公司的征免税证明尚未办完，遂申请直转转关，将该温度变送器转关运输至洋浦后，该公司取得免税证明表，在洋浦海关办理了正式进口报关手续。2017 年 6 月，因设备更新，旭日公司经海关批准，将此合同项下的温度变送器转让给另一个外商投资企业伟照公司作为投资设备。

　　针对该套特定减免税设备需要办理的海关手续有哪些？

知识 14　《进出口货物征免税证明》的申领

　　1．特定地区

　　1）备案登记

　　（1）保税区。企业向保税区海关办理减免税备案登记时，应当提交企业批准证书、营业执照、企业合同、章程等，并将有关企业情况输入海关计算机系统。海关审核后准予备案的，即签发企业征免税登记手册，企业凭以办理货物减免税申请手续。

　　（2）出口加工区。企业向出口加工区海关办理减免税备案登记时，应当提交出口加工区管理委员会的批准文件、营业执照等，并将有关企业情况输入海关计算机系统。海关审核后批准建立企业设备电子账册，企业凭以办理货物减免税申请手续。

　　2）申领

　　（1）保税区。企业在进口特定减免税机器设备等货物以前，向保税区海关提交企业征免税登记手册、发票、装箱单等，并将申请进口货物的有关数据输入海关计算机系统。海关核准后签发《进出口货物征免税证明》交申请企业。

　　（2）出口加工区。企业在进口特定减免税机器设备等货物以前，向出口加工区海关提交发票、装箱单等，海关核准后在企业设备电子账册中进行登记，不核发《进出口货物征免税证明》。

　　2．特定企业

　　1）备案登记

　　特定企业主要是外商投资企业，包括外资企业、中外合资企业和中外合作企业。外商投资企业向企业主管海关办理减免税备案登记，提交商务主管部门的批准文件、营业执照、企业合同、章程等，海关审核后准予备案的，即签发《外商投资企业征免税登记手册》，企业凭以办理货物减免税申请手续。

　　2）申领

　　外商投资企业在进口特定减免税机器设备等货物以前，向主管海关提交《外商投资企业征免税登记手册》、发票、装箱单等,并将申请进口货物的有关数据输入海关计算机系统。海关核准后签发《进出口货物征免税证明》交申请企业。

3. 特定用途

1) 国内投资项目减免税申请

国内投资项目经批准以后,减免税货物进口企业应当持国务院有关部门或省、市人民政府签发的《国家鼓励发展的内外资项目确认书》、发票、装箱单等单证向项目主管直属海关提出减免税申请。海关审核后签发《进出口货物征免税证明》交申请企业。

2) 利用外资项目减免税申请

利用外资项目经批准以后,减免税货物进口企业应当持国务院有关部门或省、市人民政府签发的《国家鼓励发展的内外资项目确认书》、发票、装箱单等单证向项目主管直属海关提出减免税申请。海关审核后签发《进出口货物征免税证明》交申请企业。

3) 科教用品减免税进口申请

科教单位办理科学研究和教学用品免税进口申请时,应当持有关主管部门的批准文件,向单位所在地主管海关申请办理资格认定手续。经海关审核批准的,签发《科教用品免税登记手册》。

科教单位在进口特定减免税科教用品以前,向主管海关提交《科教用品免税登记手册》、合同等单证,并将申请进口货物的有关数据输入海关计算机系统。海关核准后签发《进出口货物征免税证明》。

4) 残疾人专用品减免税申请

残疾人在进口特定减免税专用品以前,向主管海关提交民政部门的批准文件。海关审核批准后签发《进出口货物征免税证明》。

民政部门或中国残疾人联合会所属单位批量进口残疾人专用品,应当向所在地直属海关申请,提交民政部(包括省、自治区、直辖市的民政部门)或中国残疾人联合会(包括省、自治区、直辖市的残疾人联合会)出具的证明函,海关凭以审核签发《进出口货物征免税证明》。

知识 15 《进出口货物征免税证明》的使用

减免税申请人应当在征免税证明有效期内办理有关进出口货物的通关手续。不能办理需要延期的,应当在征免税证明有效期内向海关提出申请。经海关同意后,征免税证明可以延期一次,延期时间自有效期届满之日起算不超过 6 个月。

《进出口货物征免税证明》实行一份证明只能验放一批货物的原则,即一份征免税证明上的货物只能在一个进口口岸一次性进口。如果一批特定减免税货物需要分两个口岸进口或者分两次进口的,持证人应当事先分别申领征免税证明。

特定减免税货物进口报关程序可参考一般进出口货物的报关程序中的有关内容。但是,特定减免税货物进口报关的一些具体手续与一般进出口货物的报关有所不同。

(1) 特定减免税货物进口报关时,进口货物收货人或其代理人除了向海关提交报关单及随附单证以外,还应当向海关提交《进出口货物征免税证明》。海关在审单时从计算机查阅征免税证明的电子数据,核对纸质的《进出口货物征免税证明》。

（2）特定减免税货物一般应提交进口许可证件，但对某些企业进口的某些特定减免税货物，可以免交验进口许可证件。

（3）特定减免税货物进口，填制报关单时，报关员应当特别注意报关单上"备案号"栏目的填写。"备案号"栏内填写《进出口货物征免税证明》上的 12 位编号，12 位编号写错将不能通过海关计算机逻辑审核，或者在提交纸质报关单证时无法顺利通过海关审单。

（4）特定减免税货物根据不同的品种，在海关监管期限届满后，原《进出口货物征免税证明》的申请人应当向原签发征免税证明的海关提出解除监管申请。特定减免税货物在海关监管期限以内，因特殊原因要求出售、转让、放弃或者企业破产清算的，必须向海关提出有关解除监管的申请，办理结关手续。

知识 16 解除监管

1. 监管期届满申请解除监管

特定减免税货物监管期满，原减免税申请人应当向主管海关申请解除海关对减免税进口货物的监管。主管海关经审核批准，签发《减免税进口货物解除监管证明》。至此，特定减免税进口货物办结了全部海关手续。

【相关单证】

2. 监管期内处置

特定减免税货物在海关监管期内要求解除监管的，主要是为了在国内销售、转让、放弃或者退运境外。

特定减免税货物，因特殊原因需要在海关监管期内销售、转让的，企业应当向海关办理缴纳进口税费的手续。海关按照使用时间审查确定完税价格征税后，签发解除监管证明，企业即可将原减免税货物在国内销售、转让。

企业如将货物转让给同样享受进口减免税优惠的企业，接受货物的企业应当先向主管海关申领《进出口货物征免税证明》，凭以办理货物的结转手续。

企业要求将特定减免税货物退运出境的，应当向出境地海关办理货物出口退运申报手续。出境地海关监管货物出境后，签发出口货物报关单，企业持该报关单及其他有关单证向主管海关申领解除监管证明。

企业要求放弃特定减免税货物的，应当向主管海关提出放弃货物的书面申请，经海关核准后，按照海关处理放弃货物的有关规定办理手续。海关将货物拍卖，所得款项上缴国库后签发收据，企业凭以向海关申领解除监管证明。

3. 企业破产清算中特定减免税货物的处理

破产清算、变卖、拍卖处理尚在海关监管期限内的特定减免税货物，企业应当事先向主管海关申请，主管海关审批同意并按规定征收税款后，签发解除监管证明；如该货物已经改变其进口的状态，经海关实际查验并做查验记录后，也可照此办理解除监管手续。只有在解除监管后，有关货物才可以进入破产清算、变卖、拍卖程序。对进入法律程序清算、变卖、拍卖的特定减免税货物，如属于许可证件管理的原进口时未申领许可证件的，海关凭人民法院的判决或国家法定仲裁机关的仲裁证明，免交验进口许可证件。

任务6 暂准进出境货物的报关

经批准,上海举行国际商品博览会后,展品及与展出活动有关的其他物品,在进境地海关办理转关手续后,由主办单位向展出地海关申请进口。展出期间,部分展品被境内单位购买。展出结束后,上述的展览品,除复运出境及已被留购的以外,因修建、布置展台等进口的一次性廉价物品被展览品所有人放弃;部分展览品被展览品所有人赠与境内与其有经贸往来的单位。

(1)该批进境展览品所办理的报关手续是否可用 ATA 单证册作为报关单据?
(2)对于本案例中赠与境内某单位的展览品,应如何办理报关手续?

【知识拓展】

1. 进出境展览品的范围

(1)进境展览品。进境展览品包括在展览会中展示或示范用的货物、物品,为示范展出的机器或器具所需用的物品,展览者设置临时展台的建筑材料及装饰材料,供展览品做示范宣传用的电影片、幻灯片、录像带、录音带、说明书、广告等。

(2)出境展览品。出境展览品包括国内单位赴国外举办展览会或参加外国博览会、展览会而运出境的展览品,以及与展览活动有关的宣传品、布置品、招待品及其他公用物品。与展览活动有关的小卖品、"展卖品"可以按"展览品"报关出境,不按规定期限复运进境的办理一般出口手续,交验出口许可证件,缴纳出口关税。

2. 展览品的暂准进出境期限

进口展览品的暂准进境期限是6个月,即自展览品进境之日起6个月内复运出境。如果需要延长复运出境的期限,应当向主管海关提出申请。经批准可以延长,延长期限最长不超过6个月。

出口展览品的暂准出境期限是6个月,即自展览品出境之日起6个月内复运进境。如果需要延长复运进境的期限,应当向主管海关提出申请。

知识17 使用 ATA 单证册的暂准进出境货物

1. ATA 单证册

1)ATA 单证册的含义

ATA 单证册是暂准进口单证册的简称,是指世界海关组织通过的《关于货物暂准进口的 ATA 单证册海关公约》(简称《ATA 公约》)和《货物暂准进口公约》中规定使用的,用于替代各缔约方海关暂准进出境货物报关单和税费担保的国际性通关文件。

2)ATA 单证册的格式

一份 ATA 单证册一般由8页 ATA 单证组成:一页绿色封面单证、一页黄色出口单证、一页白色进口单证、一页白色复出口单证、两页蓝色过境单证、一页黄色复进口单证、一页绿色封底。

【相关法规】

2. ATA 单证册在我国的适用范围

在我国，使用 ATA 单证册的范围仅限于展览会、交易会、会议及类似活动项下的货物，并且只接受用中文或英文填写的 ATA 单证册。除此以外的货物，我国海关不接受持 ATA 单证册办理进出口申报手续。

3. ATA 单证册使用

ATA 单证册的担保协会和出证协会一般是国际商会国际局和各国海关批准的各国国际商会。中国国际商会是我国 ATA 单证册的担保协会和出证协会。

1）正常使用

使用 ATA 单证册，首先要向出证协会提出申请，缴纳一定的手续费，并按出证协会的规定提供担保。出证协会审核后签发 ATA 单证册。持证人凭 ATA 单证册将货物在出境国（地区）暂时出境，又暂时进境到进境国（地区），进境国（地区）海关经查验签章放行。货物完成暂时进境的特定使用目的后，从进境国（地区）复运出境，又复运进境到原出境国（地区）。持证人将使用过的、经各海关签注的 ATA 单证册交还给原出证协会。ATA 单证册的整个使用过程到此结束。

2）未正常使用

未正常使用一般可能有两种情况：一是货物未按规定期限复运出境，产生了暂时进境国（地区）海关对货物征税的问题；二是 ATA 单证册持证人未遵守暂时进境国（地区）海关的有关规定，产生了暂时进境国（地区）海关对持证人罚款的问题。在这两种情况下，暂时进境国（地区）海关可以向本国担保协会提出索赔。暂时进境国（地区）担保协会垫付税款、罚款等款项后，可以向暂时出境国（地区）担保协会进行追偿；暂时出境国（地区）担保协会垫付款项后，可以向持证人追偿，持证人偿付款项后，ATA 单证册的整个使用过程到此结束。如果一个国家的出证协会和担保协会是两个不同的单位，则暂时进境国（地区）担保协会先向暂时出境国（地区）担保协会追偿，担保协会再向该国出证协会追偿。如果持证人拒绝偿付款项，则担保协会或出证协会可要求持证人的担保银行或保险公司偿付款项。如果后者也拒付，则采取法律行动。

4. 适用我国暂准进出境货物的 ATA 单证册的有效期

根据《ATA 公约》的规定，ATA 单证册的有效期最长是 1 年。但我国海关只接受展览品及相关货物使用 ATA 单证册申报进出口，因此，使用 ATA 单证册报关的货物暂时进出境期限为货物进出境之日起 6 个月。超过 6 个月的，需经直属海关批准。延期最多不得超过 3 次，每次延长期限不得超过 6 个月。

5. 适用 ATA 单证册的暂准进出境货物的申报

（1）进境申报。进境货物收货人或其代理人持 ATA 单证册向海关申报进境展览品时，先在海关核准的出证协会（即中国国际商会及其他商会）将 ATA 单证册上的内容预录入海关与商会联网的 ATA 单证册电子核销系统，然后向展览会主管海关提交纸质 ATA 单证册、提货单等单证。海关在白色进口单证上签注，并留存白色进口单证（正联），退还其存根联和 ATA 单证册其他各联给货物收货人或其代理人。

（2）出境申报。出境货物发货人或其代理人持 ATA 单证册向海关申报出境展览品时，向出境地海关提交国家主管部门的批准文件、纸质 ATA 单证册、装货单等单证。海关在绿色封面单证和黄色出口单证上签注，并留存黄色出口单证（正联），退还其存根联和 ATA 单证册其他各联给出境货物发货人或其代理人。

（3）过境申报。过境货物承运人或其代理人持 ATA 单证册向海关申报将货物通过我国转运至第三国参加展览会时，不必填制过境货物报关单。海关在两份蓝色过境单证上分别签注后，留存蓝色过境单证（正联），退还其存根联和 ATA 单证册其他各联给运输工具承运人或其代理人。

（4）担保和许可证件。持 ATA 单证向海关申请进出境展览品，无须向海关提交进出口许可证件，也无须另外再提供担保。但如果进出境展览品及相关货物受公共道德、公共安全、公共卫生、动植物检疫、濒危野生动植物保护、知识产权保护等限制的，展览品收发货人或其代理人应当向海关提交进出口许可证件。

（5）ATA 单证册印刷文字与申报文字。ATA 单证册必须使用英语或法语，如果需要，也可以同时使用第三种语言印刷。我国海关接受中文或英文填写的 ATA 单证册的申报。用英文填写的 ATA 单证册，海关可要求提供中文译本。用其他文字填写的 ATA 单证册，则必须提供忠实于原文的中文或英文译本。

（6）使用 ATA 单证册报关的暂准进出境货物的结关。持证人在规定期限内将进境展览品、出境展览品复运出境、复运进境，海关在白色复出口单证和黄色复进口单证上分别签注，留存单证（正联），退还其存根联和 ATA 单证册其他各联给持证人，正式核销"结关"。

持证人不能按规定期限将展览品复运进出境的，我国海关向担保协会即中国国际商会提出追索。

知识 18　不使用 ATA 单证册报关的展览品

进出境展览品的海关监管有使用 ATA 单证册的，也有不使用 ATA 单证册直接按展览品监管的。以下介绍不使用 ATA 单证册报关的展览品的进出境申报。

1. 进境申报

进境之前，展览会主办单位应当将举办展览会的批准文件连同展览品清单一起送展出地海关，办理登记备案手续。

展览品进境申报手续可以在展出地海关办理。从非展出地海关进口的，可以申请在进境地海关办理转关运输手续，将展览品在海关监管下从进境口岸转运至展览会举办地主管海关办理申报手续。

展览会主办单位或其代理人应当向海关提交报关单、展览品清单、提货单、发票、装箱单等。展览品中涉及检验检疫等管制的，还应当向海关提交有关许可证件。展览会主办单位或其代理人应当向海关提供担保。

海关一般在展览会举办地对展览品开箱查验。展览品开箱前，展览会主办单位或其代理人应当通知海关。海关查验时，展览品所有人或其代理人应当到场并负责搬移、开拆、封装货物。

展览会展出或使用的印刷品、音像制品及其他需要审查的物品还要经过海关的审查，才能展出或使用。对我国政治、经济、文化、道德有害的，以及侵犯知识产权的印刷品、音像制品不得展出，由海关没收、退运出境或责令更改后使用。

2．出境申报

展览品出境申报手续应当在出境地海关办理。在境外举办展览会或参加国外展览会的企业应当向海关提交国家主管部门的批准文件、报关单、展览品清单一式两份。

展览品属于应当缴纳出口关税的，向海关缴纳相当于税款的保证金；属于核用品、"核两用品"及相关技术的出口管制商品的，应当提交出口许可证。

海关对展览品开箱查验，核对展览品清单。查验完毕，海关留存一份清单，另一份封入"关封"交还给出口货物发货人或其代理人，凭以办理展览品复运进境申报手续。

3．核销结关

1）复运进出境

进境展览品按规定期限复运出境，出境展览品按规定期限复运进境后，海关分别签发报关单证明联，展览品所有人或其代理人凭以向主管海关办理核销"结关"手续。展览品未能按规定期限复运进出境的，展览会主办单位或出国举办展览会的单位应当向主管海关申请延期，在延长期内办理复运进出境手续。

2）转为正式进出口

进境展览品在展览期间被人购买的，由展览会主办单位或其代理人向海关办理进口申报、纳税手续，其中属于许可证件管理的，还应当提交进口许可证件。出口展览品在境外参加展览会后被销售的，由海关核对展览品清单后要求企业补办有关正式出口手续。

3）展览品放弃或赠送

展览会结束后，进口展览品的所有人决定将展览品放弃而交由海关处理的，由海关变卖后将款项上缴国库。有单位接受放弃展览品的，应当向海关办理进口申报、纳税手续。展览品的所有人决定将展览品赠送的，受赠人应当向海关办理进口手续，海关根据进口礼品或经贸往来赠送品的规定办理。

4）展览品毁坏、丢失、被窃

展览品因毁坏、丢失、被窃等原因而不能复运出境的，展览会主办单位或其代理人应当向海关报告。对于毁坏的展览品，海关根据毁坏程度估价征税；对于丢失或被窃的展览品，海关按照进口同类货物征收进口税。展览品因不可抗力遭受损毁或灭失的，海关根据受损情况减征或免征进口税。

知识 19　暂时进出境货物

1．暂时进出境货物的范围

【相关法规】

《关税条例》规定可以暂不缴纳税款的 10 项暂准进出境货物，除使用 ATA 单证册报关的货物，不使用 ATA 单证册报关的展览品、集装箱箱体按各自的监管方式由海关进行监管外，其余的均按《中华人民共和国海关对暂时进出境货物监管办法》进行监管，所以均属于暂时进出境货物的范围。

2．暂时进出境货物的期限

暂时进境货物应当自进境之日起6个月内复运出境，暂时出境货物应当自出境之日起6个月内复运进境。如果因特殊情况不能按规定期限复运出境或者复运进境的，应当向海关申请延期，经批准可以适当延期，延期最长不超过6个月。

3．暂时进出境货物的报关程序

暂时进出境货物进出境要经过海关的核准，属于海关行政许可范围，应当按照海关行政许可的程序办理。

1）暂时进境货物进境申报

暂时进境货物进境时，收货人或其代理人应当向海关提交主管部门允许货物为特定目的而暂时进境的批准文件、进口货物报关单、商业及货运单据等，向海关办理暂时进境申报手续。

暂时进境货物不必提交进口货物许可证件，但对国家规定需要实施检验检疫的或者为公共安全、公共卫生等实施管制措施的，仍应当提交有关的许可证件。暂时进境货物在进境时，进口货物的收货人或其代理人免予缴纳进口税，但必须向海关提供担保。

2）暂时出境货物出境申报

暂时出境货物出境，发货人或其代理人应当向海关提交主管部门允许货物为特定目的而暂时出境的批准文件、出口货物报关单、货运和商业单据等，向海关办理暂时出境申报手续。

暂时出境货物除易制毒化学品、监控化学品、消耗臭氧层物质、有关核出口、"核两用品"及相关技术的出口管制条例管制的商品以及其他国际公约管制的商品按正常出口提交有关许可证件外，无须交验许可证件。

3）核销结关

（1）复运进出境。暂时进境货物复运出境，暂时出境货物复运进境，进出口货物收、发货人或其代理人必须留存由海关签章的复运进出境的报关单，准备报核。

（2）转为正式进口。暂时进境货物因特殊情况改变特定的暂时进口目的转为正式进口，进口货物收货人或其代理人应当向海关提出申请，提交有关许可证件，办理货物正式进口的报关纳税手续。

（3）放弃。暂时进境货物在境内完成暂时进口的特定目的后，如货物所有人不准备将货物复运出境，可以向海关声明将货物放弃，海关按放弃货物的有关规定处理。

（4）核销结关。暂时进境货物复运出境，或者转为正式进口，或者放弃后，暂时出境货物复运进境，或者转为正式出口后，收发货人向海关提交经海关签注的进出口货物报关单，或者处理放弃货物的有关单据及其他有关单证，申请报核。海关经审核，情况正常的，退还保证金或办理其他担保销案手续，予以结关。

任务7 转运货物与过境货物的报关

云南国际物流公司接受缅甸玉器有限公司进口一批精美玉器1 000件,经大陆运往香港特别行政区,共价值100万元人民币。另支付境内运费2万元人民币,同时支付进出境报关手续费5 000元人民币。

该批货物经由深圳进入香港特别行政区时,需要办理哪些手续?

知识20 转运货物

1. 转运货物的定义

转运货物是指由境外起运,通过我国境内设立海关的地点换装运输工具,不通过境内陆路运输,继续运往境外的货物。

进境运输工具载运的货物必须具备下列条件之一,方可办理转运手续:

① 持有转运或联运提货单。
② 进口载货清单上注明是转运货物。
③ 持有普通提货单,但在卸货前向海关声明转运。
④ 误卸下的进口货物,经运输工具经理人提供确实证件。
⑤ 因特殊原因申请转运,获海关批准。

2. 转运货物的报关程序

1)报关程序

① 载有转运货物的运输工具进境后,承运人应当在《进口载货清单》上列明转运货物的名称、数量、起运地和到达地,并向主管海关申报进境。
② 申报经海关同意后,在海关指定的地点换装运输工具。
③ 在规定时间内运送出境。

2)监管要点

① 海关对转运货物实施监管的主要目的在于防止货物在口岸换装过程中误进口或误出口。
② 外国转运货物在中国口岸存放期间不得开拆、改换包装或进行加工。
③ 转运货物必须在3个月之内办理海关有关手续并转运出境,超出规定期限3个月仍未转运出境或办理其他海关手续的,海关将提取依法变卖处理。
④ 海关对转运的外国货物有权进行查验。

知识21 过境货物

1. 过境货物的范围

过境货物是指从境外起运,在我国境内不论是否换装运输工具,通过陆路运输继续运往境外的货物。

1)准予过境的货物

① 与我国签有过境货物协定的国家的过境货物,或同我国签有铁路联运协定的国家收发货的过境货物。

② 未与我国签有过境货物协定但经国家经贸、运输主管部门批准，并向入境地海关备案后准予过境的货物。

2）禁止过境的货物

① 来自或运往我国停止或禁止贸易的国家和地区的货物。

② 各种武器、弹药、爆炸品及军需品（通过军事途径运输的除外）。

③ 各种烈性毒药、麻醉品和鸦片、吗啡、海洛因、可卡因等毒品。

④ 我国法律、法规禁止过境的其他货物物品。

2. 海关对过境货物的监管要求

1）对过境货物监管的目的

海关对过境货物监管的目的是防止过境货物在我国境内运输过程中滞留在国内，或将我国货物混入过境货物随运出境；防止禁止过境货物从我国过境。

2）对过境货物经营人的要求

① 过境货物经营人应当持主管部门的批准文件和工商行政管理部门颁发的营业执照，向海关主管部门申请办理注册登记手续。

② 装载过境货物的运输工具应当具有海关认可的加封条件或装置。海关认为必要时，可以对过境货物及其装载装置进行加封。

③ 运输部门和过境货物经营人应当负责保护海关封志的完整，任何人不得擅自开启或损毁。

3）对过境货物监管的其他规定

① 民用爆炸品、医用麻醉品等的过境运输，应经海关总署有关部门批准后，可过境。

② 有伪报货名和国别，借以运输我国禁止过境货物的，以及其他违反我国法律、行政法规情事的，海关可依法将货物扣留处理。

③ 海关可以对过境货物实施查验。海关在查验过境货物时，经营人或承运人应当到场，负责搬移货物，开拆、封装货物。

④ 过境货物在境内发生损毁或者灭失的（不可抗力的原因造成的除外），经营人应负责向出境地海关补办进口纳税手续。

3. 过境货物的进出境报关

1）过境货物的进境报关

过境货物进境时，过境货物经营人或报关企业应当向海关递交《过境货物报关单》及海关规定的其他相关单证，办理过境手续。

过境货物经进境地海关审核无误后，进境地海关在提运单上加盖"海关监管货物"戳记，并将《过境货物报关单》和过境货物清单制作"关封"后加盖"海关监管货物"专用章，连同上述提运单一并交经营人或报关企业。

过境货物经营人或承运人应当负责将上述单证及时地交出境地海关验核。

2）过境货物的出境报关

过境货物出境时，过境货物经营人或报关企业应当及时向出境地海关申报，并递交进境地海关签发的"关封"和其他单证。经出境地海关审核有关单证、"关封"和货物后，由海关加盖放行章，在海关的监管下出境。

4. 过境货物的过境期限

过境货物的过境期限为 6 个月，因特殊原因，可以向海关申请延期，经海关同意后，可延期 3 个月。过境货物超过规定期限 3 个月仍未过境的，海关按规定依法提取变卖，变卖后的货款按有关规定处理。

【知识拓展】

ATA 白色复出口报关凭证

A.T.A CARNET VOUCHER   ATA单证册凭证

REEXPORTATION 复出口	A. HOLDER AND ADDRESS/持证人及地址	G. FOR ISSUING ASSOCIATION USE/由出证机构填写 REEXPORTATION VOUCHER No. 复出口凭证号 ....
		a) CARNET No./ 单证册号码
	B. REPRESENTED BY*/持证人代表*	b) ISSUED BY/出证机构 China Chamber of International Commerce 中国国际商会
	C. INTENDED USE OF GOODS/货物用途	c) VALID UNTIL/有效期至 ..../................/................ year month day(inclusive) 年 月 日(含当日)
	D. MEANS OF TRANSPORT*/运输方式*	FOR CUSTOMS USE ONLY/由海关填写 H. CLEARANCE ON RE-EXPORTATION/复出口结关
	E. PACKAGING DETAILS(Number，Kind，Marks, etc.)*/ 包装情况(号码、种类、标记等)*	a) The goods referred to in paragraph F.a) of the holder's declaration have been re-exported.*/持证人申报中第F条a款提及的货物已复出口* b) Action taken in respect of goods produced but not re-exported*/ 对已申报但未复出口的货物采取的措施* c) Action taken in respect of goods NOT produced and NOT intended for later re-exportation*/对未申报且以后也不准备复出口的货物采取的措施* d) Registered under reference No.:/登记号码:
	F. RE-EXPORTATION DECLARATION 复出口申报 I，duty authorized:/我，经正式授权： *a) declare that I am re-exporting the goods enumerated in the list overleaf and described in the General List under item No.(s)/ 兹申报，我将复出口背页总清单所述下列项号下货物 ------------------------------- which were temporarily imported under cover of importation voucher(s)No.(s)......of this carnet/ 上述货物已在本单证册中下述号码的进口凭证下临时进口 ------------------------------- *b) declare that goods produced against the following item No.(s) are not intended for re-exportation:/ 兹申报下列项号下已向海关申报的货物不准备复出口： *c) declare that goods of the following item No.(s) not produced，are not intended for later re-exportation:/ 兹申报下列项号项下未向海关申报的货物以后也不准备复出口 *d) in support of this declaration，present the following documents:/现提交下列文件作为申报证据： *e) confirm that the information given is true and complete/ 确认所述情况真实完整	e) The voucher must be forwarded to the Customs office at*/ 本凭证必须提交给下列海关办事处:* f) Over remarks:*/其他事项: * At/在 .... Customs Office/海关关别 ..../................ Date(year/month/day) Signature and Stamp 日期(年/月/日) 签字及盖章 Place .... Date(year/month/day) .... 地点 日期(年/月/日) Name .... 名称 Signature X .... X 签字

ATA 黄色出口和复进口存根

A.T.A CARNET/ATA 单证册   CARNET No/单证册号码

EXPORTATION / 出口

1. The goods doscnbed in the General List under item No.(s)
总清单所述下列项号项下货物 .... have been exported
已出口

2. Final date for duty-free re-importation*/免税复进口最后日期*   year /month /day 年/ 月 / 日   / /

3. Other remarks*/其他事项*

Counterfoil No./存根号

4. Customs Office 海关关别
5. Place 地点
6. Date(year/month/day) 日期(年/月/日)
7. Signature and Stamp 签字及盖章

REIMPORTATION / 复出口

1. The goods doscnbed in the General List under item No.(s)
总清单所述下列项号项下货物 ....
which were temporarily exported under cover of exportation voucher(s)No.(s) .... of this Camet have been re-imported*
即依本单证册出口凭证号   临时出口的货物已复进口*

2. Other remarks*/其他事项*

3. Customs Office 海关关别
4. Place 地点
5. Date(year/month/day) 日期(年/月/日)
6. Signature and Stamp 签字及盖章

EXPORTATION / 出口

1. The goods doscnbed in the General List under item No.(s)
总清单所述下列项号项下货物 .... have been exported
已出口

2. Final date for duty-free re-importation*/免税复进口最后日期*   year /month /day 年/ 月 / 日   / /

3. Other remarks*/其他事项*

4. Customs Office 海关关别
5. Place 地点
6. Date(year/month/day) 日期(年/月/日)
7. Signature and Stamp 签字及盖章

REIMPORTATION / 复出口

1. The goods doscnbed in the General List under item No.(s)
总清单所述下列项号项下货物 ....
which were temporarily exported under cover of exportation voucher(s)No.(s) .... of this Camet have been re-imported*
即依本单证册出口凭证号   临时出口的货物已复进口*

2. Other remarks*/其他事项*

3. Customs Office 海关关别
4. Place 地点
5. Date(year/month/day) 日期(年/月/日)
6. Signature and Stamp 签字及盖章

If applieable/ 如有

A.T.A CARNET COUNTERFOIL DO NOT REMOVE FROM THE CARNET/ATA 单证册存根，本页不得从单证册上撕下
FOR CHINA CUSTOMS USE ONLY/仅供中国海关使用

FOR USE BY CUSTOMS OF COUNTRY/CUSTOMS TERRITORY OF TEMPORARY EXPORTATION
由临时出口/关境海关填写

项目 5 其他货物报关

模拟试题

一、单项选择题

1. 某造船企业 2013 年 6 月 1 日进口减免税造船设备。经海关批准，该企业 2014 年 6 月 1 日将设备借给不享受减免税优惠的另一企业，明确 2017 年 5 月 31 日返还。则该造船企业应当按照（   ）的时间缴纳相应的税款。
   A. 8 年   B. 5 年   C. 4 年   D. 3 年

2. 下列进出口货物中，属于法定减免税范围的是（   ）。
   A. 关税完税价格在人民币 50 元以下的一票货物
   B. 无商业价值的货样、广告品
   C. 外国政府、国际组织、商业机构无偿赠送的物资
   D. 在海关放行后遭受损坏或损失的货物

3. 使用 ATA 单证册报关的展览品，暂准进出境期限为自进出境之日起（   ）。超过期限的，ATA 单证持证人可以向海关申请延期。参加展期在 24 个月以上展览会的展览品，在 18 个月延长期届满后仍需延期的，由（   ）审批。
   A. 6 个月；主管地直属海关   B. 6 个月；海关总署
   C. 12 个月；主管地直属海关   D. 12 个月；海关总署

4. 无代价抵偿进口货物进口时，必须填写进口报关单，提供原进口报关单、税款缴纳证及（   ）的检验证明。
   A. 海关   B. 进口单位   C. 使用单位   D. 国家进出口商检机构

5. 享受特定减免税优惠进口的钢材，必须按照规定用途使用，未经海关批准不得擅自出售、转让、移作他用，按照现行规定，海关对其的监管年限为（   ）。
   A. 8 年   B. 6 年   C. 5 年   D. 3 年

6. 我国政府已经部分加入《ATA 公约》和《货物暂准进口公约》，目前 ATA 单证册在我国仅适用于部分货物，按照现行的规定下列不属于 ATA 单证册适用范围的货物是（   ）。
   A. 昆明世界花园艺博览会上的进口展览品   B. 广州商品交易会上的暂准进口货物
   C. 财富论坛年会暂准进口的陈列品   D. 美国政府代表团访华人员随身携带的物品

7. 请指出下列（   ）不适用暂准进出口通关制度。
   A. 展览会期间出售的小卖品   B. 在展览会中展示或示范用的进口货物、物品
   C. 承装一般进口货物进境的外国集装箱   D. 进行新闻报道使用的设备、仪器

8. 我国 ATA 单证册的签发机构是（   ）。
   A. 海关总署   B. 中国国际商会   C. 国务院   D. 外经贸部

9. A 与 B 企业都属于享受进口减免税优惠的企业，A 企业将特定减免税货物转让给 B 企业，应由（   ）先提出申请。
   A. A 企业   B. B 企业   C. 其他企业   D. 以上答案都不对

10. 下列（   ）不属于无代价抵偿进出口货物。
    A. 进出口海关放行后，因残损、短少、品质不良或规格不符，由进出口货物的收发货人、承运人或保险公司免费补偿或者更换的与原货物相同或者与合同相符的货物
    B. 收发货人申报进出口的无代价抵偿货物，与退运出境或者退运进境的原货物不完全相同或者与合同规定不完全相符，只要"税则号列"未发生改变的货物
    C. 收发货物人申报进出口的免费补偿或更换的货物，如"税则号列"与原进出口货物的"税则号

列"不一致，但其价格相同的货物

D. 收发货物人申报进出口的无代价抵偿货物，与退运出境或者退运进境的原货物不完全相同或者与合同规定不完全相符的，"税则号列"未发生改变，但价格不同的货物

二、多项选择题

1. 下列特定减免税货物免征进口关税和进口环节增值税、消费税的是（   ）。
   A. 科教用品　　　　B. 科技开发用品　　C. 救灾捐赠物资　　D. 残疾人专用品
2. 下述符合 ATA 单证册在我国适用的表述是（   ）。
   A. 在我国，使用 ATA 单证册的范围仅限于暂准进出境货物
   B. 中国国际商会是我国 ATA 单证册的出证和担保机构
   C. ATA 单证册的有效期为 6 个月，可延期 3 次，每次不超过 6 个月
   D. 我国海关只接受用中文或英文填写的 ATA 单证册
3. 符合特定减免税货物海关监管期限的是（   ）。
   A. 船舶、飞机，8 年
   B. 机动车辆（特种车辆），6 年
   C. 机器设备、其他设备、材料，5 年
   D. 建筑材料（包括钢材、木材、胶合板、人造板、玻璃等），3 年
4. 暂准进出境货物有以下特征是（   ）。
   A. 不必缴纳进出口税费，但收发货人须向海关提供担保
   B. 免予提交进出口许可证件
   C. 应当自进境或者出境之日起 6 个月内按原状复运进出境
   D. 按货物实际使用情况办结海关手续
5. 与展出活动有关的物品也可以按展览品申报进境的是指（   ）。
   A. 为展出示范过程中被消耗的物料　　　B. 展出中免费散发的宣传印刷品
   C. 展出期间出售的小卖品　　　　　　　D. 展出期间使用的酒精饮料、燃料

三、判断题

1. 减免税货物因品质原因原装退运出境，以无代价抵偿方式进口的，不予恢复其减免税额度。
（   ）
2. 如果一批特定减免税货物从不同口岸进口，可以只办理一份《进出口货物征免税证明》。（   ）
3. 暂准进口制度是一种海关业务制度，按照该项制度，某些货物（包括运输工具）在运入关境时，可以有条件地免纳进口关税和国内税。此项货物必须在特定的期限内除因在使用中正常损耗者外，按原状复出口。
（   ）
4. 原出口货物因残损、品质不良或者规格不符，办理退运进境报关手续时，免征进口关税和代征税；出口无代价抵偿货物不征收出口税。（   ）

项目 6

报关单填制

【学习目标】
(1) 了解报关单的含义、种类及各联的用途。
(2) 熟练掌握报关单的填制内容及规范。
(3) 注重报关单前后一致原则,熟悉报关单填制中常见错误。
(4) 能够根据发票、装箱单、提单内容,熟练填制报关单。

任务8 进口报关单的填制

小王是广东省粤海货运信托有限公司的报关员,现广东达华模具有限公司(440694××××)委托广东省对外贸易集团(440191××××)进口设备一批,于2016年4月14日进口,次日由广东省粤海货运信托有限公司(440198××××)向佛山窖口海关(关区代码5184)代理报关。该货物需出示入境货物通关单(A:440130104001804),减免税证明号:Z5184A00422。请根据该项业务的商业发票和装箱单,帮小王填制《进口货物报关单》。

商业发票

```
                    WAN NEN DA ENTERPRISE CORP.
                              INVOICE
No.: DF-0212                           Date: Feb.12,2016
L/C No.                                Contract No.: GZ03-38
   For account and risk of Messrs GUANG ZHOU DA HUA MOLD CO., LTD.   广州达华模具有限公司
(广东广州)   PINGSHA VILLAGE, NEW CITY, GUANGZHOU CHINA.
   Shipped by or about _____ From TOKYO,JAPAN Via HONGKONG to GUANGZHOU, CHINA
```

B/L No.: HH010182

Marks&Nos.	Description of Goods	Quantity	Unit Price	Amount
C.CF HONG KONG P/1-4 MADE IN TAIWAN	放电加工机 DM-350 放电加工机 DM-488 放电加工机 CNC-520 法定计量单位:台 INSURANCE 0.3%	SET 2 1 1	USD 14,860.68 10,156.25 13,281.25	USD(CFR GUANGZHOU) 29,721.36 10,156.25 13,281.25
	TOTAL:	4 SETS		USD53,158.86
	SAY TOTAL US.FIFTY-THREE THOUSAND ONE HUNDRED FIFTY-EIGHT AND CENTS EIGHT-SIX ONLY.			

WAN NEN DA ENTERPRISE CORP.JAPAN

装箱单

WAN NEN DA ENTERPRISE CORP.
PACKING LIST

No.: CF-0308   Date: Feb. 12, 2016
For account and risk of Messrs GUANGZHOU DA HUA MOLD CO., LTD. PINGSHA VILLAGE, NEW CITY, GUANGZHOU, CHINA.
Shipped by WAN NEN DA LIMITED   per _____
Sailing on or about _____   From TOKYO,JAPAN   Via HONGKONG
To GUANGZHOU,CHINA   Vessel DAHEA   Voyage No. 048
                                                                B/L No.: HH010182

Marks & Nos.	Description of Goods	Quantity SET	Net Weight KGS	Gross Weight KGS
C.C.F	放电加工机 DM-350	2	6,600	7,000
HONGKONG	放电加工机 DM-488	1	3,610	4,050
P/NO.1-4	放电加工机 CNC-520	1	4,210	4,530
MADE IN TAIWAN				
2 CONTAINER（40′）				
CONTAINER No.: YMLU 8899222 TAREWGT 4,800KGS				
YMLU 8899223 TAREWGT 4,800KGS				
TATAL:4 PALLET		4 SET	14,420	15,580

WAN NEN DA ENTERPRISE CORP.JAPAN

 任务9 出口报关单的填制

小张是河南华阳木业有限公司（410193××××）的报关员，公司于2016年1月18日将计划出口的多层胶合板（法定计量单位：立方米/千克）装入重2 600千克的集装箱运抵青岛码头，并于次日向青岛港海关办理该批货物的出口报关手续。请根据该项业务的商业发票和装箱单，帮小张填制《出口货物报关单》。

商业发票

HUAYANG WOOD PRODUCTS CO., LTD.
COMMERCIAL INVOICE

Messrs: Date: JAN.08, 2016
Compass Wood Products LTD.   Invoice No.:ET14
Tel:0031-655790332   Paymnet By:T/T
Contract No.:070458   To: ROTTERDAM,NETHERLANDS
Shipped From :QINGDAO PORT, CHINA

Shipping Marks	Commodities & Descriptions	Quantity	Unit Price（USD/M2）	Total Value
N/M	SOLID MULTILAYERS PLYWOOD（UNFINISHED）18MM×540MM×1,400MM GRADE:BCD	1,664PCS	EUR13.00	EUR21,632.00
Freight				EUR1,566/1*20
Total		1,664PCS		EUR23,198.00

CFR ROTTERDAM,NETHERLANDS

装箱单

```
                HUAYANG WOOD PRODUCTS CO., LTD.
                        PACKING    LIST
Messrs:                                 Date:JAN.08, 2016
Compass Wood Products LTD.              Invoice No.:ET14
Tel:0031-655790332                      Paymnet By:T/T
Contract                                No.:070458
To: ROTTERDAM, NETHERLANDS
Shipped From: QINGDAO PORT, CHINA
```

Shipping Marks	COMMODITY & SPECIFICATION					
N/M	SOLID MULTILAYERS PLYWOOD（UNFINISHED）					
Package No.	SPECIFI-CATION	GRADE	N.W./TOTAL	QUANTITY	G.W./TOTAL	SPECIES
1-16	18MM×540MM×1,400MM	BCD	906KGS/14,496KGS	1,664PCS	921KGS/14,736KGS	SOLID MULTILAYERS PAYWOOD（UNFINISHED）
Total: CONTAINER;16PACKAGES; N.W.:14,496KGS; G.W.:14,736KGS QUANTITY:1,664PCS; CONTENTS:22.64CBM						

知识22 报关单

1. 进出口货物报关单的含义

进出口货物报关单是指进出口货物的收发货人或其代理人，按照海关规定的格式对进出口货物的实际情况做出书面申明，以此要求海关对其货物按适用的海关制度办理通关手续的法律文书。

2. 进出口货物报关单的种类

（1）按进出口流向，可以分为进口货物报关单和出口货物报关单。

（2）按载体表现形式，可以分为纸质报关单和电子数据报关单。

（3）按使用性质，可以分为表6-1所列的几种。

表6-1 进出口货物报关单按使用性质分类

性 质	颜 色
一般贸易及其他贸易进出口货物报关单	白色
进料加工进出口货物报关单	粉红色
来料加工及补偿贸易进出口货物报关单	浅绿色
外商投资企业进出口货物报关单	浅蓝色
出口货物退税报关单	黄色

（4）按用途，可以分为以下几种：

① 报关单录入凭单。指申报单位按海关规定的格式填写的凭单，用作报关单预录入的依据。

② 预录入报关单。指预录入公司录入、打印，并联网将录入数据传送到海关，由申报单

位向海关办理申报手续的报关单。

③ 电子数据报关单。指申报单位通过电子计算机系统，按照《报关单填制规范》的要求，向海关申报的电子报文形式的报关单及事后打印、补交备核的纸质报关单。

④ 报关单证明联。指海关在核实货物实际进出境后按报关单格式提供的证明，用作企业向税务、外汇管理部门办理有关手续的证明文件包括进出口货物报关单出口退税证明联；出口货物报关单收汇核销联；进口货物报关单付汇核销联。

3. 进出口货物报关单各联的用途

纸质进口货物报关单一式四联，分别是海关作业联、企业留存联、海关核销联与进口付汇证明联。纸质出口货物报关单一式五联，分别是海关作业联、企业留存联、海关核销联、出口收汇证明联和出口退税证明联。

海关作业联、企业留存联是报关员配合海关查验、缴纳税费、提取或装运货物的重要单据，也是海关查验货物、征收税费、编制海关统计，以及处理其他海关事务的重要凭证。

收付汇证明联是海关对已经实际进出境的货物所签发的证明文件，是银行和国家外汇管理部门办理售汇、付汇和收汇及核销手续的重要凭证之一。

海关核销联是指口岸海关对已实际申报出口或进口的货物所签发的证明文件，是海关办理加工贸易合同核销、结案手续的重要凭证。

出口退税证明联是海关对已实际申报出口并已装运离境的货物所签发的证明文件，是国家税务部门办理出口退税手续的重要凭证。对不属于退税范围的货物，海关不签发该联。

4. 进出口货物报关单的法律效力

根据《海关法》规定，进出口货物收、发货人应向海关如实申报，交验进出口许可证件和有关单证。

进出口报关单在对外贸易活动中具有十分重要的法律效力，因此，申报人对所填报的进出口报关单的真实性和准确性承担法律责任。

电子数据报关单与纸质报关单具有同等法律效力。

知识 23 进出口报关单填制规范

报关员无论是采用电子报关单，还是纸质报关单向海关申报，都应当按照《中华人民共和国海关进出口货物申报管理规定》和《报关单填制规范》的要求，完整、准确及有效地填制进出口货物报关单。下面以 H2000 通关系统为主介绍进出口货物报关单各栏目的填制规范。

【相关法规】

1. 预录入编号

预录入编号是指申报单位或预录入单位对该单位填制录入的报关单的编号，用于该单位与海关之间引用其申报后尚未批准放行的报关单。预录入编号规则由接受申报的海关决定。

2. 海关编号

海关编号是指海关接受申报时给予报关单的编号。一份报关单对应一个海关编号。

海关编号为18位，其中第1~4位为接受申报海关的编号（海关规定的《关区代码表》中相应海关代码），第5~8位为接受申报的公历年份，第9位为进出口标志（"1"为进口，"0"为出口；集中申报清单"I"为进口，"E"为出口），后9位为顺序标号。在海关H883/EDI通关系统向H2000通关系统过渡期间，后9位的编号规则同H883/EDI通关系统的要求，即第1~2位为接受申报海关代码的后2位，第3位为海关接受申报公历年份4位数的最后1位，后6位为顺序编号。

3. 进口口岸/出口口岸

进（出）口口岸是指货物实际进（出）我国关境口岸海关的名称。

本栏目应根据货物实际进（出）境的口岸海关选择《关区代码表》中相应的口岸海关名称及代码填报。

关区名称指直属海关、隶属海关或者海关监管场所的中文名称。关区代码由四位数字组成，前两位为直属海关关别代码，后两位为隶属海关或海关监管场所的代码。例如，货物由天津新港口岸进境，应填报"新港海关"+"0202"。

按转关运输方式监管的跨关区深加工结转货物，出口报关单填报转出地海关名称及代码，进口报关单填报转入地海关名称及代码。

在不同海关特殊监管区域或保税监管场所之间调拨、转让的货物，填报对方特殊监管区域或保税监管场所所在的海关名称及代码。

无实际进出境的货物，或无法确定进出口口岸的货物，填报接受申报的海关名称及代码。

4. 备案号

备案号指进出口企业在海关办理加工贸易合同备案或征、减、免税审批备案等手续时，海关给予《进料加工登记手册》《来料加工及中小型补偿贸易登记手册》《外商投资企业履行产品出口合同进口料件及加工出口成品登记手册》（以下均简称《登记手册》）《征免税证明》或其他有关备案审批文件的编号。

一份报关单只允许填报一个备案号，具体填报要求如下：

（1）加工贸易合同项下货物，除少量低价值辅料按规定不使用《登记手册》外，必须在报关单《备案号》栏目填报《登记手册》的12位编号。

加工贸易成品凭《征免税证明》转为享受减免税进口的货物，进口报关单填报《征免税证明》编号，出口报关单填报《登记手册》编号。

加工贸易合同的备案号长度为12位，其中，第1位是标记代码（A为进口备料手册，B为来料加工手册，C为进料加工手册，D为进口设备手册）；第2~5位为关区代码（手册备案主管海关，如中山海关5720，香洲办事处5730等）；第6位是年份；第7位是合同性质（1为国营，2为合作，3为合资，4为独资）；第8~12位为手册顺序号。

加工贸易备案号的标记代码必须与"贸易方式"及"征免性质"栏目相协调，例如：贸易方式为"来料加工"，其"征免方式"必须是"来料加工"，备案号的标记代码必须为"B"。

（2）凡涉及减免税备案审批的报关单，本栏目填报"征免税证明"编号，不得为空。

《征免税证明》备案号长度为12位，其中，第1位是标记代码Z；第2~3位是直属海关关区代码（本关为57）；第4~5位是分关关区代码；第6位是审批年份；第7位是归档标志（A为外商投资，B为国内投资，C为科教用品，D为国批减免，E为内部暂定，F为远洋渔业，G为其他）；第8~12位是顺序号。

（3）本关区自行开发的进口批文管理子系统，本栏目填报 P 字头的备案号，进口批文备案号为 10 位数，其中，第 1 位是批文标记代码 P；第 2~3 位是年份；第 4~5 位是备案海关关区代码；第 6~10 位是顺序号。

（4）无备案审批文件的报关单，本栏目免于填报。

5．进口日期/出口日期

进口日期指运载所申报进口货物的运输工具申报进境的日期。本栏目填报的日期必须与相应的运输工具进境日期一致。出口日期指运载所申报出口货物的运输工具办结出境手续的日期。本栏目供海关打印报关单证明联用，预录入报关单及 EDI 报关单均免于填报。无实际进出口的报关单填报办理申报手续的日期。本栏目为 8 位数，顺序为年 4 位，月、日各 2 位。

集中申报的报关单，进出口日期以海关接受报关单申报的日期为准。

无实际进出境的报关单，以海关接受申报的日期为准。

6．申报日期

申报日期是指海关接受进出口货物的收发货人或其代理人向海关申报数据的日期。本栏目为 8 位数，顺序为年 4 位，月、日各 2 位。

7．经营单位

经营单位指对外签订并执行进出口贸易合同的中国境内企业或单位。本栏目应填报经营单位名称及经营单位编码。

经营单位编码是指进出口企业在所在地主管海关办理注册登记手续时，海关给企业设置的注册登记编码。

1）经营单位编码（由 10 位数组成）规则

（1）第 1~4 位为行政区域代码，其中第 1~2 位表示省（自治区、直辖市），如北京市为"11"，广东省为"44"。第 3~4 位表示省辖市（地区、省直辖行政单位），包括省会城市、计划单列城市、沿海开放城市，如北京市为"1100"，广东省珠海市为"4404"，广东省其他未列名地区为"4490"。

（2）第 5 位表示市内经济区域（1 为经济特区，2 为经济技术开发区，3 为高新技术开发区，4 为保税区，9 为其他未列名地区），如珠海经济特区为"44041"，珠海市其他地区为"44049"，中山市高新技术开发区为"44203"，中山市其他地区为"44209"。

（3）第 6 位表示企业性质［1 为国有企业（包括外贸专业公司、工贸公司及其他有进出口经营权的国有企业），2 为中外合作企业，3 为中外合资企业，4 为外商独资企业，5 为有进出口经营权的集体企业，6 为有进出口经营权的个体企业，8 为有报关权而无进出口经营权的企业，9 为其他（包括外商企业驻华机构和临时有外贸经营权的企业，外国驻华使领馆等机构）］。

（4）第 7~10 位为顺序号。

对已在海关注册，有进出口经营权的企业（包括三资企业），由主管海关分别设置代码，使每个企业有一个在全国范围内唯一的、始终不变的代码标识。

2）特殊情况下确定经营单位的原则

（1）援助、赠送、捐赠的货物，填报直接接受货物的单位。

（2）进出口企业之间相互代理进出口，或没有进出口经营权的企业委托有进出口经营权的企业代理进出口的填报代理方。

（3）外商投资企业委托外贸企业进口投资设备、物品的，填报外商投资企业。

8. 运输方式

运输方式指载运货物进出关境所使用的运输工具的分类。报关单中的运输方式包括实际运输方式和海关规定的特殊运输方式，前者指货物实际进出境的运输方式，按进出境所使用的运输工具分类；后者指货物无实际进出境的运输方式，按货物在境内的流向分类。特殊情况下运输方式的填报原则是：①非邮政方式进出口的快递货物，按实际运输方式填报；②进出境旅客随身携带的货物，按旅客所乘运输工具填报；③进口转关运输货物按载运货物抵达进境地的运输工具填报，出口转关运输货物，按载运货物驶离出境地的运输工具填报；④无实际进出境的，根据实际情况选择填报《运输方式代码表》中运输方式"0"（非保税区运入保税区和保税区退区）、"1"（境内存入出口监管仓库和出口监管仓库退仓）、"7"（保税区运往境内非保税区）、"8"（保税仓库转内销）或"9"（其他运输）。

9. 运输工具名称

运输工具名称指载运货物进出境的运输工具的名称或运输工具编号。本栏目填制内容应与运输部门向海关申报的载货清单所列相应内容一致。一份报关单只允许填报一个运输工具名称。具体填报要求如下：

（1）江海运输填报船舶呼号（来往港澳小型船舶为监管簿编号＋/＋航次号），对来往港澳的定期轮班，目前暂不按此规定填报。

（2）汽车运输填报该跨境运输车辆的国内行驶车牌号＋/＋进出境日期（8位数字，即"年年年年月月日日"，下同）。

（3）铁路运输填报"车次（或车厢号）"＋"/"＋"进出境日期"。

（4）航空运输填报"航班号"＋"进出境日期"＋"/"＋"总运单号"。

（5）邮政运输填报"邮政包裹单号"＋"/"＋"进出境日期"。

（6）进口转关运输填报转关标志"@"及转关运输申报单编号，出口转关运输只需填报转关运输标志"@"（本关区内转关不列入此范围）。

（7）其他运输填报具体运输方式名称，如管道、驮畜等。

（8）无实际进出境的加工贸易报关单按以下要求填报：加工贸易深加工结转及料件结转货物，应先办理结转进口报关，并在结转出口报关单本栏目填报转入方关区代码（两位）及进口报关单号，即"转入××（关区代码）××××××××（进口报关单号）"。按转关运输货物办理结转手续的，按上述（6）规定填报。加工贸易成品凭《征免税证明》转为享受减免税进口货物的，应先办理进口报关手续，并在出口报关单本栏目填报进口方关区代码（两位）及进口报关单号。上述规定以外无实际进出境的，本栏目为空。

10. 提运单号

提运单号是指进出口货物提单或运单的编号。本栏目填报的内容应与运输部门向海关申报的载货清单所列相应内容一致。一份报关单只允许填报一个提运单号，一票货物对应多个提运单时，应分单填报。具体填报要求如下：

（1）江海运输填报进口提单号或出口运单号。

（2）铁路运输填报运单号。

（3）汽车运输免于填报。
（4）航空运输填报分运单号，无分运单的填报总运单号。
（5）邮政运输填报邮运包裹单号。
（6）无实际进出境的，本栏目为空。

11. 收货单位/发货单位

1）收货单位

收货单位指已知的进口货物在境内的最终消费、使用单位，包括：①自行从境外进口货物的单位；②委托有外贸进出口经营权的企业进口货物的单位。

2）发货单位

发货单位指出口货物在境内的生产或销售单位，包括：①自行出口货物的单位；②委托有外贸进出口经营权的企业出口货物的单位。

本栏目应填报收、发货单位的中文名称或其海关注册编码。加工贸易报关单的收、发货单位按规定向海关办理注册登记手续并取得海关给企业设置的注册登记编码，注册编码为10位数，前5位分类与经营单位注册编码定义一致，第6位为加工企业性质（A为国营、B为集体、C为私营），后4位为顺序号，填写报关单时应与《登记手册》的"货主单位"一致。

12. 贸易方式

【相关代码】

本栏目应根据实际情况，并按海关规定的《贸易方式代码表》选择填报相应的贸易方式简称或代码。一份报关单只允许填报一种贸易方式。

加工贸易报关单特殊情况下填报要求如下：

（1）少量低值辅料（即5 000美元以下，78种以内的低值辅料）按规定不使用《登记手册》的，辅料进口报关单填报"低值辅料"。使用《登记手册》的，按《登记手册》上的贸易方式填报。

（2）三资企业按内外销比例为加工内销产品而进口的料件或进口供加工内销产品的料件，进口报关单填报"一般贸易"。三资企业为加工出口产品全部使用国内料件的出口合同，成品出口报关单填报"一般贸易"。

（3）加工贸易料件结转或深加工结转货物，按批准的贸易方式填报。

（4）加工贸易料件转内销货物（及按料件补办进口手续的转内销成品）应填制进口报关单，本栏目填报"（来料或进料）料件内销"，加工贸易成品凭《征免税证明》转为享受减免税进口货物的，应分别填制进、出口报关单，本栏目填报"（来料或进料）成品减免"。

（5）加工贸易出口成品因故退运进口，分别按不同贸易方式填报"来料成品退运"（4400）或"进料成品退运"（4600）。

（6）加工贸易出口成品因故退运进口后复出口，以及复运出境的原进口料件退换后复运进口的，按《登记手册》备案的贸易方式填报。

（7）备料《登记手册》中的料件结转入加工出口《登记手册》的，进出口报关单均填报为"进料余料结转"。

（8）保税工厂加工贸易进出口货物，根据《登记手册》填报相应的来料或进料加工贸易方式。

13. 征税比例/结汇方式

征税比例仅用于"非对口合同进料加工"贸易方式下（代码"0715"）进口料件的进口报关单，填报海关规定的实际应征税比率，如5%填报5，15%填报15。出口报关单应填报结汇方式，即出口货物的发货人或其代理人收结外汇的方式。本栏目应按海关规定的《结汇方式代码表》选择填报相应的结汇方式名称或代码。

【相关代码】

14. 许可证号

许可证号是指商务配额许可证事务局、驻各地特派员办事处，以及各省、自治区、直辖市、计划单列市及商务部授权的其他省会城市商务厅（局）、外经贸委（厅、局）签发的进出口许可证编号。

进出口许可证管理的商品，申报时应当将相关证件编号（不包括证件代码）填报在报关单本栏目。非许可证管理商品本栏为空。一份报关单只允许填报一个许可证号。

15. 起运国（地区）/运抵国（地区）

起运国（地区）指进口货物起始发出直接运抵我国的国家（地区），或者在运输中转国（地区）未发生任何商业性交易的情况下运抵我国的国家（地区）。运抵国（地区）指出口货物离开我国关境直接运抵的国家（地区），或者在运输中转国（地区）未发生任何商业性交易的情况下最后运抵的国家（地区）。

本栏目应按海关规定的《国别（地区）代码表》选择填报相应的起运国（地区）或运抵国（地区）中文名称或代码。无实际进出境的，本栏目填报"中国"（代码"142"）。

【相关代码】

16. 装货港/指运港

装货港指进口货物在运抵我国关境前的最后一个境外装运港。

指运港指出口货物运往境外的最终目的港。出口货物最终目的港不可预知的，指运港可按尽可能预知的目的港填报。

本栏目应根据实际情况按海关规定的《港口航线代码表》选择填报相应的港口中文名称或代码。无实际进出境的货物填报"中国境内"（代码"142"）。

【相关代码】

17. 境内目的地/境内货源地

境内目的地指已知的进口货物在我国关境内的消费、使用地区或最终运抵地。

境内货源地指出口货物在我国关境内的产地或原始发货地（包括供货地点）。

本栏目应根据进口货物的收货单位、出口货物生产厂家或发货单位所属国内地区，按海关规定的《国内地区代码表》选择填报相应的国内地区名称或代码。

进口货物最终使用单位无法确定的，填报货物进口时预知的最终收货单位所在地；出口货物产地难以确定的，填报最早发运该出口货物的单位所在地。

【相关代码】

18. 批准文号

进口报关单本栏目用于填报《进口付汇核销单》编号。目前不必填报,今后将与外管局协商后制定填报管理规定。出口报关单本栏目用于填报《出口收汇核销单》编号。

19. 成交方式

【相关代码】

本栏目应根据实际成交价格条款按海关规定的《成交方式代码表》选择填报相应的成交方式代码。无实际进出境的,进口填报 CIF 价,出口填报 FOB 价。

20. 运费

进出口报关单所列的运费是指进口货物运抵我国境内输入地点起卸前的运输费用,出口货物运至我国境内输出地点装载后的运输费用。

本栏目用于成交价格中不包含运费的进口货物或成交价格中含有运费的出口货物,应填报该份报关单所含全部货物的国际运输费用。本栏可按运费单价、总价或运费率 3 种方式之一填报,同时注明运费标记,并按海关规定的《货币代码表》选择填报相应的币种代码。运费标记"1"表示运费率,"2"表示每吨货物的运费单价,"3"表示运费总价。例如,5%的运费率填报为 5;24 美元的运费单价填报为 502/24/2;7 000 美元的运费总价填报为 502/7 000/3。

21. 保费

【相关代码】

进出口报关单所列的保费是指进出口货物在国际运输过程中,由被保险人付给保险人的保险费用。其中,进口货物保费是指货物运抵我国境内输入地点起卸前的保险费用,出口货物保费是指货物运至我国境内输出地点装载后的保险费用。

本栏目用于成交价格中不包含保险费的进口货物或成交价格中含有保险费的出口货物,应填报该份报关单所含全部货物国际运输的保险费用。可按保险费总价或保险费率两种方式之一填报,同时注明保险费标记,并按海关规定的《货币代码表》选择填报相应的币种代码。运保费合并计算的,运保费填报在运费栏中。保险费标记"1"表示保险费率,"3"表示保险费总价。例如,3‰的保险费率填报为 0.3;10 000 港元保险费总价填报为 110/10 000/3。

22. 杂费

杂费是指成交价格以外的、按照《关税条例》等相关规定应计入完税价格或应从完税价格中扣除的费用,如手续费、佣金、折扣费等。本栏可按杂费总价或杂费率两种方式之一填报,同时注明杂费标记,并按海关规定的《货币代码表》选择填报相应的币种代码。应计入完税价格的杂费填报为正值或正率,应从完税价格中扣除的杂费填报为负值或负率。杂费标记"1"表示杂费率,"3"表示杂费总价。例如,应计入完税价格 1.5%的杂费率填报为 1.5;应从完税价格中扣除 1%的回扣率填报为 –1;应计入完税价格的 500 英镑杂费总价填报为 303/500/3。

23. 合同协议号

合同协议号是指在进出口贸易中,买卖双方或数方当事人根据国际贸易惯例或国家有关法律、法规，自愿按照一定条件买卖某种商品签订的合同（包括协议或订单）的编号。

本栏目应填报进（出）口货物合同（协议）全部字头和号码。

24. 件数

件数是指有外包装的单件进出口货物的实际件数，货物可以单独计数的一个包装称为一件。报关单"件数"栏不得为空，件数应该大于或等于 1，不得填报"0"。舱单件数为集装箱的，填报集装箱个数；舱单件数为托盘的，填报托盘数。散装、裸装货物填报"1"。

25. 包装种类

本栏目应根据进（出）口货物的实际外包装种类，按海关规定的《包装种类代码表》选择填报相应的包装种类代码。一般情况下，应以装箱单或提运单据所反映的货物处于运输状态时最外层包装或称运输包装作为"包装种类"向海关申报，并相应计算件数。

【相关代码】

26. 毛重（千克）

毛重是指货物及其包装材料的重量之和。本栏目填报进（出）口货物实际毛重，计量单位为千克，不足 1 千克的填报为 1。

27. 净重（千克）

净重是指货物的毛重减去外包装材料后的重量，即商品本身的实际重量。本栏目填报进（出）口货物的实际净重，计量单位为千克，不足 1 千克的填报为 1。

28. 集装箱号

集装箱号是在每个集装箱箱体两侧标示的全球唯一的编号。该栏目应该填写"集装箱号"＋"/"＋"规格"＋"/"＋"自重"，多个集装箱的，第一个集装箱号等信息填报在"集装箱号"栏，其他依次按相同的格式填在"标记唛码及备注"栏中。例如，一个 20 尺的集装箱，箱号为"TEXU3605231"，自重是 2 275 千克，则集装箱号栏填报格式为"TEXU3605231/20/2275"。非集装箱货物本栏目填报"0"（不能为空）。

29. 随附单据

随附单据是指随进（出）口货物报关单一并向海关递交的除商业、货运单证及"许可证号"栏填报的进出口许可证以外的监管证件。

本栏目应按海关规定的《监管证件名称代码表》选择填报相应证件的代码，如某项商品提示需要两种同类型，但发证机关级别不同的监管证件，录入实际进货时企业提供的、已在海关备案的监管证件代码。

【相关代码】

30. 用途/生产厂家

进口货物填报用途，应根据进口货物的实际用途按海关规定的《用途代码表》选择填报相应的用途代码：01 为一般贸易进口货物；03 为三资企业以一般贸易进口货物；04 为企业进口的设备、办公用品；05 为加工企业加工出口成品而进口的原料、零部件等和出口成品；06 为借用的设备、办公用品，到期归还；07 为征收

【相关代码】

保证金的进出口货物;08 为境外客商免费提供进口或国内客商免费提供出口的货物;09 为外商作价提供进口货物;10 为货样、广告品;11 为除以上所列以外的其他进出口货物;13 为"以产顶进"。生产厂家指出口货物的境内生产企业。本栏目供必要时手工填写。

31. 标记唛码及备注

本栏目上部用于打印以下内容:
(1) 标记唛码中除图形以外的文字、数字。
(2) 受外商投资企业委托代理其进口投资设备、物品的外贸企业名称。
(3) 加工贸易结转货物及凭《征免税证明》转内销货物,其对应的备案号应填报在本栏目,即"转至(自)××××××××××手册"。
(4) 其他申报时必须说明的事项。

本栏目下部供填报随附单据栏中监管证件的编号,具体填报要求为"监管证件代码"+":"+"监管证件号码"。一份报关单多个监管证件的,连续填写。

一票货物多个集装箱的,在本栏目打印其余的集装箱号(最多 160 字节,其余集装箱号手工抄写)。

32. 项号

项号是指所申报货物在报关单中的商品排列序号及该项商品在加工贸易手册、征免税证明等备案单证中顺序编号。

本栏目分两行填报及打印。第一行打印报关单中的商品排列序号;第二行专用于加工贸易等已备案的货物,填报和打印该项货物在《登记手册》中的项号。

加工贸易合同项下进出口货物,必须填报与《登记手册》一致的商品项号,所填报项号用于核销对应项号下的料件或成品数量。特殊情况下的填报要求如下:

(1) 深加工结转货物,分别按照《登记手册》中的进口料件项号和出口成品项号填报。
(2) 料件结转货物,出口报关单按照转出《登记手册》中进口料件的项号填报;进口报关单按照转进《登记手册》中进口料件的项号填报。
(3) 料件复出货物,出口报关单按照《登记手册》中进口料件的项号填报。
(4) 成品退运货物,退运进境报关单和复运出境报关单按照《登记手册》原出口成品的项号填报。
(5) 加工贸易料件转内销货物(及按料件补办进口手续的转内销成品)应填制进口报关单,本栏目填报《登记手册》进口料件的项号。
(6) 加工贸易成品凭《征免税证明》转为享受减免税进口货物的,应先办理进口报关手续。进口报关单本栏填报《征免税证明》中的项号,出口报关单本栏目填报《登记手册》原出口成品项号,进、出口报关单货物数量应一致。

33. 商品编号

商品编号是指按海关规定的商品分类编码规则确定的进(出)口货物的商品编号。加工贸易《登记手册》中商品编号与实际商品编号不符的,应按实际商品编号填报。

34. 商品名称、规格型号

本栏目分两行填报及打印。第一行打印进（出）口货物规范的中文商品名称；第二行打印规格型号，必要时可加注原文。具体填报要求是：①商品名称及规格型号应据实填报，并与所提供的商业发票相符；②商品名称应当规范，规格型号应当足够详细，以能满足海关归类、审价及监管的要求为准，禁止、限制进出口等实施特殊管制的商品，其名称必须与交验的批准证件上的商品名称相符；③加工贸易等已备案的货物，本栏目填报录入的内容必须与备案登记中同项号下货物的名称与规格型号一致。

35. 原产国（地区）/最终目的国（地区）

原产国（地区）指进口货物的生产、开采或加工制造国家（地区）。

最终目的国（地区）指已知的出口货物最终实际消费、使用或进一步加工制造国家（地区）。

本栏目应按海关规定的《国别（地区）代码表》选择填报相应的国家（地区）名称或代码。

加工贸易报关单特殊情况下的填报要求如下：

（1）料件结转货物，出口报关单填报"中国"（代码"142"），进口报关单填报原料件生产国。

（2）深加工结转货物，进出口报关单均填报"中国"（代码"142"）。

（3）料件复运出境货物，填报实际最终目的国；加工出口成品因故退运境内的，填报"中国"（代码"142"），复运出境时填报实际最终目的国。

36. 数量及单位

报关单上的"数量及单位"栏指进（出）口商品的成交数量及计量单位。本栏目分3行填报及打印，具体填报要求如下：

（1）进出口货物必须按海关法定计量单位填报。法定第一计量单位及数量打印在本栏目第一行。

（2）凡海关列明第二计量单位的，必须报明该商品第二计量单位及数量，打印在本栏目第二行。无第二计量单位的，本栏目第二行为空。

（3）成交计量单位与海关法定计量单位不一致时，还需填报成交计量单位及数量，打印在商品名称、规格型号栏下方（第三行）。成交计量单位与海关法定计量单位一致时，本栏目第三行为空；加工贸易等已备案的货物，成交计量单位必须与备案登记中同项号下货物的计量单位一致，不相同时必须修改备案或转换一致后填报。

37. 单价

单价是指进出口货物实际成交的商品单位价格的金额部分。

本栏目应填报同一项号下进（出）口货物实际成交的商品单位价格的数字部分。无实际成交价格的，本栏目填报货值。

38. 总价

总价是指进出口货物实际成交的商品总价的金额部分。

本栏目应填报同一项号下进（出）口货物实际成交的商品总价的数字部分。无实际成交价格的，本栏目填报货值。

39. 币制

币制是指进（出）口货物实际成交价格的计价货币的名称。

本栏目应根据实际成交情况按海关规定的《货币代码表》选择填报相应的货币名称或代码，如《货币代码表》中无实际成交币种，需转换后填报。

40. 征免

征免是指海关对进（出）口货物进行征税、减税、免税或特案处理的实际操作方式。

本栏目应按照海关核发的《征免税证明》或有关政策规定，对报关单所列每项商品选择填报海关规定的《征减免税方式代码表》中相应的征减免税方式。

加工贸易报关单应根据《登记手册》中备案的征免规定填报。

【相关代码】

41. 税费征收情况

本栏目供海关批注进（出）口货物税费征收及减免情况。

42. 录入员

本栏目用于预录入和 EDI 报关单，打印录入人员的姓名。

43. 录入单位

本栏目用于预录入和 EDI 报关单，打印录入单位名称。

44. 填制日期

填制日期是指报关单的填制日期。预录入和 EDI 报关单由计算机自动打印。本栏目为 8 位数，顺序为年 4 位，月、日各 2 位。

45. 申报单位

本栏目指报关单左下方与填报申报单位有关情况的总栏目。申报单位指对申报内容的真实性直接向海关负责的企业或单位。自理报关的，应填报进（出）口货物的经营单位名称及代码；委托代理报关的，应填报经海关批准的专业或代理报关企业名称及代码。本栏目还包括报关单位地址、邮编和电话等分项目，由申报单位的报关员填报。

46. 海关审单批注栏

本栏目指供海关内部作业时签注的总栏目，由海关关员手工填写在预录入报关单上。其中"放行"栏填写海关对接受申报的进出口货物做出放行决定的日期。

【拓展知识】

一、单项选择题

1. 海关规定的出口货物的出口日期是指（　　）。
   A. 运载货物的运输工具办结处境手续的日期
   B. 向海关申报货物出口的日期

【参考答案】

C. 运载货物的运输工具申报出境的日期

D. 所申报货物运离海关监管场地或仓库的日期

2. 天津某进出口公司与新加坡某公司签订一份进口黄金首饰的合同,货物从船川至中国香港,再从中国香港换装火车运到中国大陆(该货在日本发生商业性交易),申报该报关单的"起运国(地区)"栏应填报为( )。

    A. 日本   B. 新加坡   C. 中国   D. 中国香港

3. 某进出口公司向某国出口 500 吨散装小麦。该批小麦分装在一条船的三个船舱内。出口报关单上的"件数"和"包装种类"两栏的正确填报应是( )。

    A. 件数为 500,包装种类为"吨"   B. 件数为 1,包装种类为"船"

    C. 件数为 3,包装种类为"船舱"   D. 件数为 1,包装种类为"散装"

4. 我国某进出口公司从香港购进一批日产 SONY 电视机,其中显像管为韩国生产,集成电路板由新加坡生产,其他零件均为马来西亚生产。最后由韩国组装成整。某进出口公司向海关申报进口该批电视机时,"原产地"栏应填报( )。

    A. 日本   B. 韩国   C. 新加坡   D. 马来西亚

5. 联合国救灾协调员办事处在美国市场采购原产于加拿大的冰雪救灾物资无偿助我国,该批物资在洛杉矶装船,在日本东京中转后运抵我国,这种情况进口报关"起运国(地区)"栏应填报为( )。

    A. 日本   B. 加拿大   C. 美国   D. 联合国

6. 海关规定进口货物的进口日期是指( )。

    A. 申报货物办结海关进口手续的日期

    B. 向海关申报货物进口的日期

    C. 运载货物的运输工具申报进境的日期

    D. 所申报货物进入海关监管场地或仓库的日期

7. 英国生产的产品,中国某公司自新加坡购买,从新加坡起运经中国香港转运至中国大陆,填写报关单时起运地为( )。

    A. 英国   B. 新加坡   C. 中国香港   D. 不用填

8. 汕头某合资企业使用投资总额内资金委托广东省机械设备进出口公司与美国司签约进口工程机械,并委托汕头外运公司代理报关,在填制进口报关单时,"收货单位"栏目应填报为( )。

    A. 汕头某合资企业   B. 广东省机械设备进出口公司

    C. 美国某公司   D. 汕头外运公司

9. 海关规定对在海关注册登记的企业给予 10 位数代码编号,称为"经营单位代码"。在下列选项中指出 10 位数代码的正确组成规定是( )。

    A. 地区代码、企业性质代码和顺序代码

    B. 企业详细地址代码、特殊地区代码、企业性质代码和顺序代码

    C. 企业所在省、直辖市代码特殊地区代码、企业性质代码和顺序代码

    D. 企业的属地行政区代码、经济区代码、企业性质代码和企业顺序代码

10. 大连某中日合资企业委托辽宁省机械设备进出口公司与日本三菱重工签约进１工程机械,并委托大连外运公司代理报关,在填制进口报关单时,"经营单位"应为( )。

    A. 大连某中日合资企业   B. 辽宁省机械设备进出口公司

    C. 日本三菱重工   D. 大连外运公司

二、多项选择题

1. 一份报关单所申报的货物,( )不同的,应分开填报。

    A. 商品编号   B. 计量单位   C. 原产国   D. 币制

2. (　　)不属于物权凭证。
   A. 提货单　　　　B. 提单　　　　C. 海运单　　　　D. 航空运单
3. 在国际贸易中,以重量计算商品数量时,通常采用的计量单位包括(　　)。
   A. 千克　　　　B. 公吨　　　　C. 盎司　　　　D. 加仑
4. 报关单"征免性质"栏应填报为"其他法定"的有(　　)。
   A. 因故退还的境外进口货物
   B. 起卸后海关放行前,因不可抗力遭受损坏的货物
   C. 非按全额货值征税的进口货物
   D. 我国参加的国际条约规定减征、免征关税的货物、物品
5. 报关单是有报关员按照海关规定格式填制的申报单,包括进出口货物报关单或者带有进出口货物报关单性质的单证。下列属于报关单证的是(　　)。
   A. 进出境货物备案清单　　　　　　B. ATA单证册
   C. 过境货物报关单　　　　　　　　D. 进出境展览品清单
6. 下列进出口货物申报时应在报关单"贸易方式"栏填报"一般贸易"的是(　　)。
   A. 个体工商业者经批准进口的小型生产工具
   B. 外商投资企业进口供加工内销产品的料件
   C. 国内经营租赁业务的企业进口自用的设备
   D. 补偿贸易业务中收取外汇的出口产品
7. 进出口报关单"备案号"栏是用于填写进出口企业在海关办理加工贸易合同案或征免税审批等手续时,海关给予的备案审批文件的编号,下列属于该范围的是(　　)。
   A. 加工贸易登记手册的编号
   B. 出入出口加工区的保税货物的电子账册的编号
   C. 进出口货物征免税证明的编号
   D. 实行原产地证书联网管理的原产地证书的编号
8. 下列关于运输方式填写规范的表述,属于正确的是(　　)。
   A. 非邮政方式进出口的快递货物,按实际运输方式填报
   B. 进出境旅客携带的货物,按旅客所乘坐的运输工具填报
   C. 转关运输货物,按载运货物抵达进境地的运输工具填报
   D. 出口加工区与区外之间进出的货物,填报"出口加工区"
9. 下列关于报关单的"经营单位"栏的填报,属于正确的有(　　)。
   A. 援助、赠送非捐赠货物,填报直接接受货物的单位
   B. 进出口企业之间相互代理进出口,填报代理方
   C. 外商投资企业委托外贸企业进口投资设备、物品的,填报外商投资企业
   D. 签订和执行合同如为两个单位,填报执行合同的单位

三、判断题

1. 原产地证书并不是确定货物是否适用优惠原产地规则的唯一标准,海关通过查验货物可确认原产地。
   (　　)
2. 进出口货物的海关统计价格分别按照美元和人民币统计。(　　)
3. 航空运单可以转让。(　　)
4. 提货单是提取货物的凭证,其作用与提单完全相同。(　　)
5. 在国际多式联运中,货运运输使用一份全程多式联运单据,并按单一运费率记收全程运费。该单据不可转让。(　　)
6. 形式发票是在贸易合同订立前开立的,主要用于进口方向当局申请批汇或进口许可证,不能用于托收和议付。(　　)

7. 对于一张报关单多份提运单的货物，其报关单的填写可以是：其中一份提运单填写在报关单的"提运单号"栏，其余的填写在报关单的"备注"栏。（ ）

8. 某化工进出口公司下属某厂以进料加工贸易方式进口一批原料，经海运抵港后，进口报关单的"备案号"栏应填报为该货物的加工贸易手册的编号。（ ）

9. 某企业出口一批货物，该批货物从广州顺德海关（关区代码5150）申报，再转关到深圳蛇口海关（关区代码5304），由蛇口海关监管出境。申报时，报关单的"出口口岸"栏应填广州的"顺德海关5150"。（ ）

10. 某企业经海关批准，把一批货物用汽车从保税区运往非保税区，向海关申报时，其报关单"运输方式"栏应填"汽车运输"。（ ）

11. 某服装进出口公司下属的服装加工厂以来料加工的方式进口一批布料，该布料从香港用汽车运抵目的地后，其进口报关单的"随附单据"栏应填报该货物的《加工贸易登记手册》编号。（ ）

12. 一批出口物资从中国广州内港码头装船运往中国香港，再从中国香港换船转运至美国纽约，后再转运至加拿大的渥太华，报关单"指运港"应填报"加拿大"。（ ）

13. 江苏某进出口公司出口一批电器至香港甲公司，再由甲公司转售给英国乙公司并转运至英国。"运抵国（地区）"应填报"中国香港"，"最终目的国（地区）"应填报"英国"。（ ）

14. 联合国世界卫生组织向我国提供援助1台德国产的医疗仪器。德国受联合国的委托将该批货物送往我国。在这种情况下，在进口报关单上"起运国（地区）"栏应填报为"联合国"，原产国（地区）栏应填报为"德国"。（ ）

15. 中国仪器进出口公司从日本松下公司购买的分属3个合同的6种不同规格的精密仪器同船一并运达。由于这些货物品种单一且数量不大，申报时可以用一份进口货物报关单准确、真实、齐全、清楚地填报。（ ）

模块 3　进出口商品归类与报关核算

项目 7

进出口商品归类

【学习目标】

（1）了解进出口商品归类的含义、意义。
（2）熟练掌握进出口商品归类的六大规则。
（3）熟悉进出口商品归类的基本步骤。
（4）能够根据不同商品找出相应的商品编码和税则号，确定海关监管条件。

任务1 商品归类操作

湖州歌剧院建设工程中需要配置一套闭路电视监控系统，经过公开招投标，德国博视明电子技术有限公司中标。湖州歌剧院委托浙江新贸进出口有限公司代理进口，三方签订了合同，合同金额20.6万欧元。这套闭路电视监控系统不仅是一个系统控制器，还包括摄像机、监视器、录像机、视频分配器等多个独立功能的机器。一个月后，货物将会如期到岗。新贸进出口有限公司委托湖州虎桥货代公司办理商品归类和确定海关监管条件。假如你是虎桥货代公司负责该项业务的报关员，请完成以下任务：

（1）要对商品有所认知，到网站对上述产品进行查找，并且将每个产品的图片下载下来。

（2）套用商品归类六大规则，找出上述产品的商品编码。

（3）查找上述商品相应的税号。

（4）确定海关监管条件。

知识1 《商品名称及编码协调制度》介绍

1.《商品名称及编码协调制度》概述

【相关法规】

《商品名称及编码协调制度》简称《协调制度》，又称"HS"（The Harmonized Commodity Description and Coding System 的简称），是指在原海关合作理事会商品分类目录和国际贸易标准分类目录的基础上，协调国际上多种商品分类目录而制定的一部多用途的国际贸易商品分类目录。在现实工作中，为了适用于海关监管、海关征税及海关统计，需要按照进出口商品的性质、用途、功能或加工程度等将商品准确地归入 HS 中与之对应的类别和编号。

商品编码是科学、系统的国际贸易商品分类体系，适用于国际贸易有关的多方面的需要，如海关、统计、贸易、运输、生产等，是国际贸易商品分类的一种"标准语言"。

税则归类就是按照税则规定，将每项具体进出口商品按其特性在税则中找出其最适合的某一个税号，以便确定其适合的税率，计算关税税负。税则归类一般按以下步骤进行：

（1）了解需要归类的具体进出口商品的构成、材料属性、成分组成、特性、用途和功能。

（2）查找有关商品在税则中拟归的类、章及税号。对于原材料性质的货品，应首先考虑按其属性归类；对于制成品，应首先考虑按其用途归类。

（3）将考虑采用的有关类、章及税号进行比较，筛选出最为合适的税号。在比较、筛选时，首先看类、章注释有无具体描述归类对象或其类似品，已具体描述的按类、章的规定办理；其次是查阅《HS 注释》，确切地了解有关类、章及税号范围。

（4）通过以上方法也难以确定的税则归类商品，可运用归类总规则的有关条款来确定其税号。

2.《商品名称及编码协调制度》的产生

在国际贸易中，各主权国家对进出本国的商品征收税金，需要对商品进行分类，政府为了解进出口贸易情况，也需要借助于商品目录进行统计，因此，许多国家不同程度地开发了对进出口商品的分类和编码工作。最早的商品目录极为简单，仅是将商品名称按笔画多少或字母顺序列成表。由于各国的商品目录在商品名称、目录结构和分类方法等方面存在种种差别，所以产生的统计资料的可比性很差，给贸易商造成很大不便。这客观上要求对贸易活动必须有系统、科学的分类，必须有国际通用性，才能适应国际贸易的发展。为此，从21世纪初期，国际上就开始探索如何制定一个国际统一的商品分类目录，经过几十年的努力，制定了两套国际通用的分类编码标准。

1948年，联合国统计委员会制定了《国际贸易标准分类》（Standard International Trade Classification，SITC）。欧洲经济委员会（欧洲海关同盟）于1950年12月15日在布鲁塞尔签订了《海关税则分类目录公约》，1972年修订后改名为《海关合作理事会税则商品分类目录》（Customs Co-operation Council Nomenclature，CCCN）。SITC和CCCN的产生对简化国际贸易程序，提高工作效率起到了积极的推动作用，但两套编码同时存在仍不能避免商品在国际贸易往来中因分类方法不同而需重新对应分类、命名和编码。这些都阻碍了信息的传递，降低了贸易效率，增加了贸易成本，不同体系的贸易统计资料难以进行比较分析；同时也给利用计算机等现代化手段来处理外贸单证及信息带来很大困难。因此，从1973年5月开始，海关合作理事会成立了协调制度临时委员会，以CCCN和SITC为基础，以满足海关进出口管理、关税征收和对外贸易统计，以及生产、运输、贸易等方面的需要为目的，着手编制一套国际通用的协调统一商品分类的目录。约60多个国家和20多个国际组织参与了新目录的编制工作。经过十多年的努力，终于在1983年6月海关合作理事会第61届会议上通过了《商品名称及编码协调制度国际公约》（简称《协调制度国际公约》）及其附件HS，以HS编码"协调"涵盖了CCCN和SITC两大分类编码体系，于1988年1月1日正式实施。这样，世界各国在国际贸易领域中所采用的商品分类和编码体系有史以来第一次得到了统一。

3.《商品名称及编码协调制度》的结构

1）HS是一部科学、系统的国际贸易商品分类体系

HS的总体结构包括三大部分：归类规则；类、章及子目注释；按顺序编排的目与子目编码及条文。这三部分是HS的法律性条文，具有严格的法律效力和严密的逻辑性。

（1）为了保证国际上对HS使用和解释的一致性，使得某一特定商品能够始终如一地归入一个唯一编码，HS首先列明六条归类总规则，规定了使用HS对商品进行分类时必须遵守的分类原则和方法。

（2）HS的许多类和章在开头均列有注释（类注、章注或子目注释），严格界定了归入该类或该章中的商品范围，阐述HS中专用术语的定义或区分某些商品的技术标准及界限。

（3）HS采用六位数编码，把全部国际贸易商品分为21类、97章（其中第77章为保留章）。章下再分为品目和子目。商品编码的前两位数代表"章"，第3、4位数代表"品目"。第5、6位数代表"子目"。1996年版HS有5 113个六位数子目。在HS中，"类"基本上是按经济部门划分的，如食品、饮料和烟酒在第四类，化学工业及其相关工业产品在第六类，

纺织原料及制品在第十一类，机电设备在第十六类，运输设备在第十七类，武器、弹药在第十九类等。

2）HS"章"分类基本采取的两种办法

（1）按商品原材料的属性分类，相同原料的产品一般归入同一章。章内按产品的加工程度从原料到成品顺序排列。如第 52 章棉花，按原棉—已梳棉—棉纱—棉布顺序排列。

（2）按商品的用途或性能分类。制造业的许多产品很难按其原料分类，尤其是可用多种材料制作的产品或由混合材料制成的产品（如第 64 章鞋、第 65 章帽、第 95 章玩具等）及机电仪产品等，HS 按其功能或用途分为不同的章，而不考虑其使用何种原料，章内再按原料或加工程序排列出目或子目。HS 的各章均列有名为"其他"的子目，使任何进出口商品都能在这个分类体系中找到自己适当的位置。

4.《商品名称及编码协调制度》的特点

由于 HS 是一个以国际公约进行约束管理和统一执行的国际商品分类目录，其宗旨是便于国际贸易，便于统计资料，特别是国际贸易统计资料的收集、对比与分析，减少国际贸易往来中因分类制度不同，重新命名、分类及编码而引起的费用，便于数据的传输和贸易单证的统一。因此，同国际上以往主要的商品分类目录相比，HS 有以下突出特点：

（1）HS 是一部多功能、多用途的商品分类目录。HS 是国际上多个商品分类目录协调的产物，是各国专家长期努力的结晶。正如 HS 公约所阐明，HS 的编制充分考虑了与贸易有关各方面的需要，是国际贸易商品分类的一种"标准语言"。

（2）HS 是世界上最广泛采用的商品分类目录。世界上已有 150 多个国家使用 HS，全球贸易总量 90%以上的货物都是以 HS 分类的。

（3）作为一个国际上政府间公约的附件，国际上有专门的机构、人员进行维护和管理，HS 委员会决定，每 4～6 年对 HS 做一次全面审议和修订。目前，《协调制度国际公约》成员国实施的是 2012 年版 HS。

5.《商品名称及编码协调制度》的主要优点

HS 是一部完整、系统、通用、准确的国际贸易商品分类体系。所谓"完整"是由于它将目前世界上国际贸易主要品种都分类列出，同时，为了适应各国征税、统计等商品目录全向型的要求和将来技术发展的需要，它还在各类、章列有起"兜底"作用的"其他"项目，使任何进出口商品，即使是目前无法预计的新产品，都能在这个体系中找到自己适当的位置。

（1）"系统"。是因为它的分类原则既遵循了一定的科学原理和规则，将商品按人们所了解的生产部类、自然属性和用途来分类排列，又照顾了商业习惯和实际操作的可行性，把一些进出口量较大而又难以分类的商品，如灯具、活动房屋等专列项目，因而容易理解、易于归类和方便查找。

（2）"通用"。一方面指它在国际上有相当大的影响，已为上百个国家使用，这些国家的海关税则及外贸统计商品目录的项目可以相互对应转换，具有可比性；另一方面，它既适于作海关税则目录，又适于作对外贸易统计目录，还可供国际运输、生产部门作为商品目录使用，其通用性超过以往任何一个商品分类目录。

（3）"准确"。则是指它的各个项目范围清楚明了，绝不交叉重复。由于它的项目除了靠目录条文本身说明外，还有归类总规则、章注、类注和一系列的辅助刊物加以说明限定，使得其项目范围准确无误。

除了 HS 本身的优点外，它作为一个国际上政府间公约的附件，国际上有专门的机构、人员进行维护和管理，技术上的问题还可利用世界上各国专家的力量帮助解决，各国也可通过制定或修订 HS 争取本国的经济利益，施加本国的影响。

当然，由于 HS 制定时发达国家参与程度较发展中国家深入，反映的商品以欧美等国家的为多。又由于其是国际上互相协调的产物，有些商品的分类显得不够科学、合理，但可以因势利导，通过增加本国子目等办法来使 HS 中国化，为我国经济利益服务。

6．HS 编码和海关商品编码的区别

（1）制定的主体不同。HS 由世界海关组织制定；海关编码则由各国海关制定。

（2）位数不同。HS 只有 6 位；海关编码则各异，我国是 8 位。

（3）使用范围不同。HS 只是指导、协调性的，而海关编码是海关管理实际进出口操作用的。但是在实际操作中，各国海关又以 HS 为基础，并依照世界海关组织（World Customs Organization，WCO）的相关原则确定各自的海关编码。因此，在一定范围内，尤其在绝大多数操作中，都是把两者等同称呼。

知识 2 《商品名称及编码协调制度》归类总规则

归类总规则是为保证每一个商品，甚至是层出不穷的新商品都能始终归入同一个品目或子目，避免商品归类的争议而制定的商品归类应遵循的原则。归类总规则位于 HS 的部首，共由 6 条构成，它们是指导并保证商品归类统一的法律依据。值得注意的是，归类总规则的使用顺序为规则一优先于规则二，规则二优先于规则三，必须顺序使用。下面，逐一介绍这 6 条归类总规则。

1．规则一

类、章及分章的标题，仅为查找方便而设。具有法律效力的归类，应按品目条文和有关类注或章注确定，如品目、类注或章注无其他规定，按以下规则确定。

规则解释：第一句"类、章及分章的标题，仅为查找方便而设"。

要将数以万计的商品归入编码表中的几千个子目之内并非易事，为便于查找编码，《协调制度》将一类或一章商品加以概括并冠以标题。由于现实中的商品种类繁多，通常情况下一类或一章标题很难准确地对本类、章商品加以概括，所以类、章及分章的标题仅为查找方便而设，不具有法律效力。换句话说，类章中的商品并非全部都符合标题中的描述。例如：第十五类的标题为"贱金属及其制品"，但许多贱金属制品并不归入该类，如铜纽扣归入第 96 章"杂项制品"；贱金属制的机械设备归入第 84 章"核反应堆、锅炉、机器、机械器具及其零件"；第 22 章的标题为"饮料、酒及醋"，但是通常被认为是饮料的瓶装蒸馏饮用水却不归入该章，而应归入第 28 章"无机化学品"，类似的例子还很多。

第二句前半句"具有法律效力的归类，应按品目条文和有关类注或章注确定"。这里有两层含义：第一，具有法律效力的商品归类，是按品目名称和有关类注或章注确定商品编码；第二，许多商品可直接按目录规定进行归类。

这里介绍一下类注、章注（简称"注释"）的作用。注释的作用在于限定品目、类、章商品的准确范围，常用的方法如下：

（1）以定义形式来界定类、章或品目的商品范围及对某些商品的定义做出解释。例如，第 72 章章注一（五）将不锈钢定义为：按重量计含碳量在 1.2% 及以下，含铬量在 10.5% 及以上的合金钢，不论是否含有其他元素。而中国大百科全书"机械工程"手册中规定：不锈钢含铬量不小于12%。显然两者规定不相同，但作为 HS 归类的法律依据是前者。

（2）列举典型例子的方法。例如，第 12 章章注一列举了归入品目 1207 的主要包括油料作物的果实；再如，25 章章注四列举了归入品目 2530 的主要商品。

（3）用详列具体商品名称来定义品目的商品范围。例如，第 30 章章注四定义了编码 3006 的商品范围由 11 个方面的商品组成（详见编码第 30 章章注四）。

（4）用排他条款列举若干不能归入某一类、章或编码的商品。例如，第 1 章注释：本章包括所有活动物，但下列各项除外……这样的例子在类注、章注中还有很多。

某些注释综合运用上述几种注释方法。例如，有的注释既作了定义，又列举了一系列商品包括在内，或列出除外的商品，这样能使含义更加明确。例如，第 40 章章注四，关于"合成橡胶"的定义。

第二句后半句"如品目、类注或章注无其他规定"，旨在明确品目条文及与其相关的类、章注释是最重要的。换言之，它们是在确定归类时应首先考虑的规定。例如，第 31 章的注释规定该章某些编码仅包括某些货品，因此，这些编码就不能够根据规则二（二）扩大为包括该章注释规定不包括的商品。这里需要注意的是，不能因为品目条文不明确，不论类注、章注有无规定，就按规则二归类，而必须是在品目条文、类注、章注都无其他规定的条件下才能按规则二归类。

2．规则二

（一）品目所列货品，应包括该项货品的不完整品或未制成品，只要在进口或出口时该项不完整品或未制成品具有完整品或制成品的基本特征；还应包括该项货品的完整品或制成品（或按本款可作为完整品或制成品归类的货品）在进口或出口时的未组装件或拆散件。

（二）品目中所列材料或物质，应视为包括该种材料或物质与其他材料或物质混合或组合的物品。品目所列某种材料或物质构成的货品，应视为包括全部或部分由该种材料或物质构成的货品。由一种以上材料或物质构成的货品，应按规则三归类。

规则解释： 下面先解释一下不完整品、未制成品的概念。

（1）不完整品是指某个商品还不完整，缺少某些零部件，但却具有完整品的基本特征。例如，缺少一个轮胎或倒车镜等零部件的汽车，仍应按完整的汽车归类，并不因为缺少了一个轮胎而不叫作汽车；缺少键盘的便携式计算机仍应按完整的便携式计算机归类等。如没有这项规则，则需将每缺一个零部件的商品单列一个子目，一是难以列全，二是很烦琐且浪费目录资源。

（2）未制成品是指已具备了成品的形状特征，但还不能直接使用，需经进一步加工才能使用的商品。例如，已具有钥匙形状的铜制钥匙坯片。

（3）因运输、包装、加工贸易等原因，进口时未组装件或拆散的货品。例如，机电产品的成套散件，此类成套散件只需要简单组装即可成为完整成品。

规则二第一部分的意思归纳起来有两点：第一，扩大编码上列名商品的范围，不仅包括该商品的完整品或制成品，还包括它的非完整品、非制成品及整机的拆散件；第二，该规则的使用是有条件的，即不完整品或未制成品一定要具有完整品（整机）的基本特征，拆散件必须是完整品的成套散件。需要注意的是，规则二的第一部分不适用于第一至第六类的商品（第 38 章及以前的各章）。

规则二第二部分有两层意思：第一，品目中所列某种材料包括了该种材料的混合物或组合物，也是对品目商品范围的扩大；第二，其适用条件是加进去的东西或组合起来的东西不能失去原商品的特征，即混合或组合后的商品不存在看起来可归入两个及以上品目的问题。例如，加糖的牛奶，还应按牛奶归类，添加了糖的牛奶并未改变牛奶的特性，所以决不会产生是按糖归类还是按牛奶归类的疑问。而添加了花椒粉的盐则改变了盐的特性，使之属性从盐改变为调味品。

3. 规则三

当货品按规则二（二）或由于其他原因看起来可归入两个或两个以上品目时，应按以下规则归类：

（一）列名比较具体的品目，优先于列名一般的品目。但是，如果两个或两个以上品目都仅述及混合或组合货品所含的某部分材料或物质，或零售的成套货品中的某些货品，即使其中某个品目对该货品描述得更为全面、详细，这些货品在有关品目的列名应视为同样具体。

（二）混合物、不同材料构成或不同部件组成的组合物及零售的成套货品，如果不能按规则三（一）归类时，在本款可适用的条件下，应按构成货品基本特征的材料或部件归类。

（三）货品不能按规则三（一）或（二）归类时，应按号列顺序归入其可归入的最末一个品目。

规则解释："当货品按规则二（二）或其他任何原因看起来可归入两个或两个以上品目时，应按以下规则归类"，这是规则三运用的前提。规则三有3条，可概括为具体列名、基本特征、从后归类。

这3条规定应按照其在本规则的先后次序加以运用。据此，只有在不能按照规则三（一）归类时，才能运用规则三（二）；不能按照规则三（一）和三（二）归类时，才能运用规则三（三）。规则三（一）讲的是当一个商品涉及两个或两个以上品目时，哪个品目相对于商品表述更为具体，就归入哪个品目。但是，如果两个或两个以上品目都仅述及混合或组合货品所含的某部分材料或物质，或零售的成套货品中的某些货品，即使其中每个品目对该货品描述得更为全面、详细，这些货品在有关品目的列名应视为同样具体。要想制定几条规定来确定哪个列名更具体是困难的，但作为一般原则可作如下理解：

（1）商品的具体名称与商品的类别名称相比，商品的具体名称较为具体。例如，紧身胸衣是一种女内衣，有两个编码可归，一个是6208女内衣，另一个是6212妇女紧身胸衣，前一个是类名称，后一个是具体商品名称，故应归入62123000。例如，两个税号属同一类商品，可根据它的功能（用途）进行深度比较，哪个功能（用途）更为接近，就应视为更具体。

（2）如果一个品目所列名称更为明确地包括某一货品，则该品目要比所列名称不完全包括该货品的其他品目更为具体。

但是，如果两个或两个以上品目都仅述及混合或组合货品所含的某部分材料或物质，或零售成套货品中的某些货品，即使其中某个品目比其他品目对该货品描述得更为全面、详细，这些货品在有关品目的列名应视为同样具体。在这种情况下，货品应按规则三（二）或（三）的规定进行归类。下面对规则三（二）解释如下：

（1）本款归类原则。适用条件为：①混合物；②不同材料的组合货品；③不同部件的组合货品；④零售的成套货品。

此外，还必须注意只有在不能按照规则三（一）归类时，才能运用本款。也只有在可适用本款规定的条件下,货品才可按构成货品基本特征的材料或部件归类。

(2)不同货品确定其基本特征的因素有所不同,一般来说确定商品的主要特征可根据商品的外观形态、使用方式、主要用途、购买目的、价值比例、贸易习惯、商业习惯、生活习惯等诸多因素进行综合考虑分析来确定。

(3)本款所称"零售的成套货品",是指同时符合以下3个条件的货品:①至少由两种看起来可归入不同编码的不同物品构成的;②为了适应某一项活动的特别需要而将几件产品或物品包装在一起的;③其包装形式适于直接销售给用户而货物无须重新包装的。

规则三(三)只能用于不能按规则三(一)或三(二)归类的货品。它规定商品应归入同样值得考虑的品目中的顺序排列为最后的品目内,但相互比较的编码或品目只能同级比较,也就是说如果看起来一个商品可以归入两个或两个以上品目时,比较起来每个品目都同样具体,那么就按在商品编码表中位置靠后的那个品目进行归类。

4. 规则四

根据上述规则无法归类的货品,应归入与其最相类似的品目。

规则解释:这条规则所述的"最相类似"是指名称、功能、用途或结构上的相似,实际操作中往往难以统一认识。

一般来说,这条规则不常使用,尤其在 HS 编码中,每个品目都下设有"其他"子目,不少章节单独列出"未列名货品的品目"(如编码 8479、8543、9031 等)来收容未考虑到的商品。因此,规则四实际使用频率很低。本条规则的使用方法如下:待归商品→列出最相类似的商品的归类品目→从中选择一个最适合的品目。

5. 规则五

除上述规则外,本规则适用于下列货品的归类:

(一)制成特殊形状仅适用于盛装某个或某套物品并适合长期使用的,如照相机套、乐器盒、枪套、绘图仪器盒、项链盒及类似容器,如果与所装物品同时进口或出口,并通常与所装物品一同出售的,应与所装物品一并归类。但本款不适用于本身构成整个货品基本特征的容器。

(二)除规则五(一)规定的以外,与所装货品同时进口或出口的包装材料或包装容器,如果通常是用来包装这类货品的,应与所装货品一并归类。但明显可重复使用的包装材料和包装容器可不受本款限制。

规则解释:规则五是一条关于包装物品归类的专门条款。规则五(一)仅适用于同时符合以下各条规定的容器。

(1)制成特定形状或形式,专门盛装某一物品或某套物品的,即专门按所要盛装的物品进行设计的,有些容器还制成所装物品的特殊形状。

(2)适合长期使用的,即容器的使用期限与所盛装某一物品使用期限是相称的,在物品不使用期间,这些容器还起保护作用。

(3)与所装物品一同报验的。

(4)通常与所装物品一同出售的。

(5)包装物本身并不构成整个货品的基本特征的。

规则五(一)不适用于本身构成整个商品基本特征的容器。例如,装有茶叶的银质茶叶罐，银罐本身价值昂贵，远远超出茶叶的价格，并已构成整个货品的基本特征，因此应按银制品归入税目71141100；又如装有糖果的成套装饰性瓷碗应按瓷碗归类而不是按糖果归类。

规则五（二）实际上是对规则五（一）规定的补充。当包装材料或包装容器不符合规则五（一）条件时，如果通常是用来包装某类货品的，则应与所装货品一同归类。但本款不适用于明显可以重复使用的包装材料或包装容器，例如，装有压缩液化气体的钢瓶应按钢铁制品和液化气分别归类。

6. 规则六

货品在某一品目项下各子目的法定归类，应按子目条文或有关的子目注释，以及以上各条规则来确定，但子目的比较只能在同一数级上进行。除 HS 条文另有规定的以外，有关的类注、章注也适用于本规则。

规则解释：

本规则是关于子目应当如何确定的一条原则，子目归类首先按子目条文和子目注释确定；如果按子目条文和子目注释还无法确定归类，则上述各规则的原则同样适用于子目的确定；除条文另有规定的以外，有关的类注、章注也适用于子目的确定。

在具体确定子目时，还应当注意以下两点：

（1）确定子目时，一定要按先确定一级子目，再二级子目，然后三级子目，最后四级子目的顺序进行。

（2）确定子目时，应遵循"同级比较"的原则，即一级子目与一级子目比较，二级子目与二级子目比较，以此类推。

知识3　进出口商品编码归类技巧

《海关法》将为海关管理的不同目的而对进出口货物进行的归类统一称为商品归类。这种对进出口货物进行类别划分的行为也被称为海关进出口商品归类。海关进出口商品归类是海关监管、海关征税及海关统计的基础。

目前《协调制度国际公约》的缔约方海关所采用的商品归类方法都必须严格遵守 HS 中所列原则，使用这一国际贸易商品分类的"标准语言"。因此，商品归类是一项非常严肃的活动，也是任何报关人在报关实践中不能自由发挥的活动。但应该理解，HS 的原则性是有其具体内容的，这些具体内容表现在《归类总规则》及《中华人民共和国海关进出口税则》（简称《税则》）中的各类类注释、各章章注释和子目注释及各品目、子目条文中。这就要求报关人必须能够深刻理解 HS 所述内容的根本含义，同时能够灵活应用这些规则规定，对每一种进出口商品正确归类。

【相关法规】

实践证明，正确归类的实现必须有其相适应的条件：

（1）真正理解 HS 的条文含义及相互关系。

（2）科学认知归类商品。对商品的科学认知是指从理性的角度对商品的成分、用途、特性、加工方式、加工深度、包装方式等相关知识的认识。

（3）把对商品特征的理解与 HS 的原则规定结合起来。这是商品归类的一大难点。例如，自行车用的打气筒，经过对其分析可以得知，打气筒的工作原理是利用人力压缩空气，其构造特征是一种直线运动的活塞式气泵，因此，将其归入"移动或脚踏式压缩气泵"：税号 8414.2000。

从而可以得知，对某一种商品进行归类时，必须按照归类总规则的规定，将其"变"成与税则品目、子目条文相适应的"语言"，不妨将这种语言称为"商品归类语言"。将所需归类的商品进行"语言化"的过程是商品归类的前期必须实施的过程。"商品归类语言"及"商品标识符号"的正确选择就是商品归类的正确实践。

根据 HS 中所包含的《归类总规则》的规定，各类的类注释及各章的章注释内容和部分章中的子目注释内容，以及其特定意义，下文将提供一种新的归类方法，可称为"简易归类方法"。为便于记忆，现将该方式总结为以下口诀：

> 有列名归列名；
> 没有列名归用途；
> 没有用途归成分；
> 没有成分归类别；
> 不同成分比多少；
> 相同成分要从后。

下面将对口诀中前三种归类方式的特定含义、采用顺序、使用技巧及应用实例进行介绍。

1. 有列名归列名

所谓"有列名"是指《税则》中税（品）目条文或者子目条文中列名具体或比较具体的商品名称，即商品表现出的特征与商品归类的语言基本吻合，例如：①已冲洗并已配音的供教学用的 35 毫米电影胶片（税号 3706.1010）；②规格及形状适于安装在船舶舷窗上的安全玻璃（税号 7007.1110）；③功率为 80 瓦的吊扇（税号 8414.5110）。

这其中包括《归类总规则》规则二（一）所示的"在进出口时具有完整品或制成品的基本特征的，该项商品的不完整品或未制成品"，例如：①已剪裁成形未缝制的机织面料分指手套（税号 6216.0000）；②缺少鞍座的山地自行车（税号 8712.0030）；③未喷漆的自行车架（税号 8714.9100）；④缺少螺钉的塑料制眼镜架（税号 9003.1100）。

还有这些商品的拆散件及成套散件（SKD—成套部件，CKD—成套散件），例如：①高速摄影机成套散件（税号 9007.1910）；②机动游览船成套部件（税号 8901.1010）；③尚未焊接装配的成套心电图记录仪（税号 9018.1100）。

还包括《归类总规则》规则二（二）所示的"某种材料或物质与其他材料或物质混合或组合的物品，但不得改变原来材料或物质构成货品的基本特征的"，例如：①加碘的食用盐（税号 2501.0011）；②加糖的牛奶（税号 0402.9900）；③加有着色剂的砂糖（税号 1701.9910）；④皮革制分指手套、口上镶有兔毛皮装缒条（税号 4203.2990）。

通过上述例子，不难理解"有列名"即是由品目条文及子目条文所组合而成的商品名称，已完整或者基本描绘出进行归类的进出口商品的特征。显示出的商品列名与实际商品已经具体。由此，根据《归类总规则》规则三（一）所示，列名比较具体的税（品）目优先于列名一般的税（品）目，即本文所称的列名优先的原则。列名优先的原则是进出口商品归类的第一原则，也是首选的归类方法。

因此，在进行商品归类练习时，首先要根据所归类商品的特征，如商品的主要成分、加工方式、规格、用途、等级、包装方式、功能作用等进行综合分析，再根据分析结果找出其相适合的品目，最后以"列名优先"的原则进行归类。

【例 7-1】"纯棉妇女用针织紧身胸衣"归类步骤如下：
（1）商品分析。
成分：纯棉
用途：妇女用
加工方式：针织
品名：紧身胸衣
（2）品目归类。根据对成分及加工方式的分析，一般会轻易地将该项商品归入第 61 章：针织或钩编的服装及衣着附件。但仔细阅读第 61 章章注释二（一）可以发现本章不包括 62.12 品目的商品。62.12 品目条文：胸罩、束腰带、紧身胸衣、吊裤带、吊袜带……因此，可以初步将"紧身胸衣"归入 62.12 品目。
（3）简易方法适用。根据"列名优先"的原则，查看 62.12 品目中所包含的子目 6212.3090，可以看出，该税号符合所需归类商品的特定意义。因此，"纯棉妇女用针织紧身胸衣"应归入税号 6212.3090。

【例 7-2】"合成金刚石制镗刀"归类步骤如下：
（1）商品分析。
材料：合成金刚石
加工方式：将合成金刚石制成的镗刀刀头镶嵌在镗床用的镗刀杆上
品名：镗床用镗刀
（2）品目归类。根据材料、加工方式及用途分析得知，该商品不属于镗床的配件、附件，因此不能归入品目 84.66。根据该商品的加工方式得知，其是将合成金刚石制成的镗刀刀头镶嵌在合金钢的刀杆上而成的，因此，初步归入第 82 章比较适合。查阅第 82 章注释一（三）。本章仅包括带有用下列材料制成的刀片、工作刃、工作面或其他工作部件的物品：装于金属、硬质合金或金属陶瓷底座上的宝石或半宝石（天然、合成或再造），更加确信应归入本章。继续查阅本章品目 82.07 条文：……及机床（如镗孔）的可互换工具等。由于镗刀属于镗床可互换的刀具，所以应将其归入本品目。
（3）简易方法适用。根据"列名优先"的原则，8207.6010 子目条文：带有合成金刚石镗孔工具。应将该商品归入此税号。

【例 7-3】"葵花子油渣饼"归类步骤如下：
（1）商品分析。
成分：葵花子
商品特征：葵花子油渣饼，即葵花子榨油后所剩残渣压成的饼状货品
品名：油渣饼
（2）品目归类。根据该商品的特点，葵花子油渣饼显然仅是由葵花子经榨取油后所剩的残渣构成。葵花子中其他有用成分并未提取，因此，其油渣仍具有利用价值。通观《税则》，第 23 章标题为：食品工业的残渣及废料……而葵花子榨取葵花油的加工过程也符合食品工业的范畴。因此，可初步将"油渣饼"归入本章。查阅本章各品目，品目 23.06 所示：品目 25.04 或 25.05 以外的提炼植物油所得的油渣饼及其他固体残渣……因此，"葵花子油渣饼"应归入本品目。
（3）简易方法适用。根据"列名优先"的原则，子目 2306.3000 条文为葵花子的油渣饼，即应将其归入本税号。

【例 7-4】"制刷用山羊毛"归类步骤如下：
（1）商品分析。
用途：制刷用（非纺织用）

特点：该山羊毛应为较粗、较硬的毛，且不适于他用，属于较低档的山羊毛

品名：山羊羊毛

（2）品目归类。根据对该商品的分析可以得知，制刷用的山羊羊毛一定属于动物性产品，由于该山羊毛较粗、较硬，虽然经过清洗、整理、梳理、挑选等加工，但也不适合用作纺织材料。因此，不可归入第十一类的纺织原料，只适宜归入第 5 章：其他动物产品。先按序查找本章各品目条文所述内容，品目 05.02：……及其他制刷用兽毛……可知，该品目已包括了制刷用的兽毛，并且山羊亦属兽类。因此，应将"制刷用山羊毛"归入品目 05.02。

（3）简易方法适用。根据"列名优先"的原则，应在本品目中继续确认与之相适的子目。

在子目 0502.1030 下的"一杠"（第五位）后的"三杠"（第七位）子目为：獾毛及其他制刷用兽毛，因此，应将其归入税号 0502.9011。

2. 没有列名归用途

所谓"没有列名"，是指所需归类商品的语言不能与《税则》中品目、子目条文所列名的内容相吻合。在这种情况下，应将归类方法顺序转为第二种——按用途归类的方法，即按照该商品的主要用途进行归类。该归类方法应从对商品的用途分析入手，使之产生《税则》所认可的语言。这种方法特别适用所归类商品已构成商品的基本特征的各类商品，如动植物类、机器、电气、仪器仪表类。例如，第 1 章：活动物，如所归类的商品是马戏团表演用的马，分析商品得知，虽然马戏团的马肯定是活动物，理该归入第 1 章，但由于第 1 章所述马的用途仅限定在种用或食用、服役马，而马戏团的马其用途在于表演，所以不能将该种活动物——马戏团的马归入第 1 章，而应根据其章注归入第 95 章，税号 9508.1000。

【例 7-5】"盥洗用醋（美容盥洗用，带香味）"归类步骤如下：

（1）商品分析。

成分：醋、香味剂

用途：盥洗用

（2）品目归类。根据成分和用途，该种醋可能会被归入税号 2209.0000。其为醋及用醋制得的醋代用品。根据海关总署关税征管司、全国海关进出口商品归类中心编写的《海关进出口税则——统计目录、商品及品目注释》：醋及其代用品可用于食物的调味和腌制……也可用调味香料增加香味。同时注明：本品目不包括品目 33.04 的"盥洗用醋"。显然，其应当归入品目 33.04。

（3）简易方法适用。查阅品目 33.04 条文，并没有具体的"盥洗用醋"列名。此时，应当按照没有列名归用途的方法进行归类。根据该商品最大的用途特征为：盥洗用，也就是保护皮肤用，将其归入"护肤品"，即税号 3304.9900。

【例 7-6】"松香水"归类步骤如下：

（1）商品分析。

成分：松香、酒精

加工方式：将松香溶解在酒精中

用途：焊接电路板的助焊剂

商品特征：液态

（2）品目归类。通过对其成分、加工方式及用途的分析得知，该商品是由两种化学物质混合而成的。其成品不但已完全改变了两种物质的原始状态，而且也没有标明各自的含量。该商品的主要作用是在电路板焊接时起到辅助作用。通观《税则》，应将其归入第 38 章：杂项化学品类。第 38 章所包含的品目中有两个品目与之相关：38.06 品目：松香和树脂酸及其衍生物，松香精及松香油；再熔胶；38.10 品目……；焊接用的焊剂及其他辅助剂。……38.06 品目所包含的松香、松香精、松香油是以各自的商品状态存在的，而

且其各自的用途也均与焊接无关；因此，不能将"松香水"归入该品目。不言而喻，应将其归入品目 38.10。

（3）简易方法适用。根据没有列名归用途的归类方法，在品目 38.10 中查找相适应的子目，"松香水"归入税号 3810.9000。

【例 7-7】"含有中草药的牙膏"归类步骤如下：

（1）商品分析。

成分：含有中草药的原药或者提取的有效成分

特征：比普通牙膏增加了护齿、洁齿功能

（2）品目归类。通过对该商品的分析可以得知，虽然该种牙膏比普通牙膏增加了中草药的成分，但是其主要的成分及其功能并没有发生改变，仍然为护齿、洁齿品。因此，尽管该种牙膏增加了中草药的成分，也不可能具备医疗功能，则不能将其归入药品类，只能根据其基本的用途归入相应品目。第 33 章：……芳香料制品及化妆盥洗品。牙膏应属于"盥洗品"类，所以应在该章查找出相应的品目。品目 33.06：口腔及牙齿清洁剂……牙膏应属于"牙齿清洁剂"类，所以应归入该品目。

（3）简易方法适用。虽然，品目 33.06 显示为：口腔及牙齿清洁剂……但是，在其所包含的子目中并没有明确列名"含有中草药的牙膏"，根据没有列名归用途的归类方法，在品目 33.06 中查找相适应的子目，"含有中草药的牙膏"归入税号 3306.1010。不能根据该商品的"成分"，将其错误地归入第 30 章。

【例 7-8】"汽车水温表"归类步骤如下：

（1）商品分析。

用途：测量汽车冷却循环水温度专用的仪表

商品特征：在汽车显著位置采用指针方式显示变化的温度

（2）品目归类。根据对仪表的分析得知，该仪表的安装目的是显示汽车冷却循环水的变化温度，使用范围为各种汽车。很显然，该仪表是安装在车身上的仪表，因此，初学者很容易将其归入汽车的零配件中。但是，通过对该商品的分析得知，该商品自身的特征已完整地表现出温度仪表的基本特征，其主要功能是测量体温度并显示出对应的温度值，已经属于通用性仪表。因此，不可将其归入汽车的零配件中。通观《税则》，第 90 章……计量、检验、医疗或外科用仪器及设备……，"汽车水温表"属于仪表范畴，所以，应当归入本章。查找本章各品目，品目 90.25：……温度计、高温计……，因此，应将其归入本品目。

（3）简易方法适用。"汽车水温表"在《税则》90.25 品目或其他品目中均没有具体列名，根据没有列名归用途的归类方法，以该商品的主要用途、功能特征，在品目 90.25 中查找相适应的子目，"汽车水温表"归入税号 9025.1100。根据商品特征和用途，不得将其归入第 87 章。

3. 没有用途归成分

成分一般是指化合物或组合物中所含有物质（元素或化合物）的种类。"没有用途归成分"的归类方法是指当某种商品的归类语言无法与《税则》相吻合，既没有具体列名，并且用途特征也不明显时，应顺序按其主要"成分"归类。也就是要按照《归类总规则》二（二）、三（二）所示规则进行归类，并且应当按照"列名""用途""成分"归类方法的先后次序归类。

按照"成分"归类时，应充分理解《归类总规则》中关于材料或物质的定义。"税（品）目中所列材料或物质，应视为包括该种材料或物质与其他材料或物质混合或组合的物品。税（品）目中所列某种材料或物质构成的货品，应视为包括全部或部分由该种材料或物质构成的货品"；"混合物，不同材料构成或不同部件组成的组合物及零售的成套货品，如果不能按照规则三（一）归类时，在本款可适用的条件下，应按构成货品基本特征的材料或部件归类"。

在实际操作中，可以按照成分归类的商品基本分为以下两大类：

（1）由某种材料制的商品。例如，针叶木制、阔叶木制、钢铁制、铝制、铜制、塑料制、纸制、化学纤维制、天然动物纤维制、天然植物纤维制等。对于这一类的商品，应当理解为完全由该类物质加工而成，或以该类物质占有绝对比例的物质构成。如木制门窗、钢铁制螺母、塑料制螺母、铝制牛奶桶、化纤制香烟过滤嘴等。

（2）按重量计含有某种材料与其他材料混合的制成品。例如：①女式针织毛衣（按重量计，含羊毛70%、兔毛20%、腈纶10%）；②含铅99.9%、含银0.01%、含其他金属0.09%的精炼铝；③按重量计含棉90%、含化学短纤维10%的棉纱线。

但是，在运用该方法归类时，不可打乱"列名""用途""成分"三者的先后次序，而应按序使用。也就是在"列名""用途"的归类方法无法找到正确答案时，才能使用按"成分"的方法归类，而不可将按"成分"的归类方法优先于其他两种方法使用。例如，塑料制中国象棋，若未按先后次序选择使用归类方法，而优先选择按材料归类，即会产生错误的商品归类语言，误将其归入第39章——塑料制品。正确方法应按"列名优先"的原则，将其归入税号9504.9030。又如，不锈钢制外科手术用锯，经对其分析得知，该商品的最大特征是外科手术时所使用的锯。其虽然从结构上与普通钳工所使用的锯相同，但从其加工工艺材料的选择上又不同于普通钳工锯。若按序列一，"列名优先"的原则进行选择时，很可能会归入税号8202.1000。但是，税号8202.1000条文显示的是"金属制的手工锯"，与需要归类的商品不相吻合，也就是子目条文与商品归类语言不相吻合。若按序列三，"归成分"的方法进行选择时，仍会将其错误归入税号8202.1000。若按序列二，"归用途"的方法进行选择时，会将其正确归入税号9018.9090。从而可知，简易商品归类方法的适用，必须按照"列名""用途""成分"的先后顺序进行，千万不可颠倒；否则，将无法产生正确的归类，也就是无法产生子目条文与商品归类相吻合的语言。

【例7-9】"一次性纸制厨师帽"归类步骤如下：

（1）商品分析。

成分：纸

特征：一次性使用

品目：厨师帽

（2）品目归类。通过对商品的分析得知，该项商品是由纸制成的，并且是供厨师一次性使用的专用帽子。通观《税则》得知，《税则》中包含各种帽类的章分别是：第48章的"纸制衣着附件"、第63章的"旧帽类"、第68章的"石棉制的帽类"及第95章的"玩偶帽类或狂欢节用的帽类"。"一次性纸制厨师帽"在以上各章均无具体列名，所以，不能依第一顺序"列名优先"的方法归类。依次按第二顺序"按用途"归类。由于该商品的用途特征仅为"厨师用的帽子"，虽然已经显示出该商品的专用性特征，但其中缺少"成分"内容，所以并未完全表达出需要归类的商品全部定义，也就是归类语言不完整。再依次按第三顺序"按成分"归类。该商品的成分为纸，这时商品归类语言可以表述为：用纸制成的厨师用的帽子。需要归类的商品是"一次性纸制厨师帽"。"一次性纸制厨师帽"与"用纸制成的厨师用的帽子"之间的区别仅仅在于是否是一次性使用。一次性使用或者多次性使用只是使用方法问题，并且《归类总规则》中并没有关于商品进出口后使用方式的限定，因此，应当忽略不计。根据"一次性纸制厨师帽"的特定含义可知，该帽子应该是与厨师的职业服装同时使用的，因此，应将其归入纸制的衣着附件类。根据第48章章注释二（十一）：本章不包括第64章或第65章的物品。这时可以在第48章查找与之相适应的品目，品目48.18：衣服及衣着附件。因此，"一次性纸制厨师帽"应该归入该品目。

（3）简易方法适用。根据"列名""用途""成分"的先后顺序，"一次性纸制厨师帽"应该以其成分归类，归入纸制品类。查找品目48.18，"一次性纸制厨师帽"应归入税号4818.5000。

【例7-10】"混纺毛华达呢（按重量计含精梳羊毛95%、涤纶短纤纤维5%、每平方米重185g）"归类步骤如下：

（1）商品分析。

成分：精梳羊毛95%、涤纶短纤纤维5%

规格：每平方米重185g

品名：混纺毛华达呢

（2）品目归类。通过对商品的分析得知，该商品的主要成分是天然动物纤维——精梳羊毛，化学纤维——涤纶短纤纤维仅占次要成分。对于纺织品的归类非常适宜按"成分"进行归类的方法，也就是纺织品或者纺织制成品的归类，应以其成分或原材料为主要归类依据，然后再选择与之相适应的章、品、子目进行归类。根据"混纺毛华达呢"的主要成分是精梳羊毛的这一特征，应将其归入第51章：羊毛、动物细毛或粗毛；马毛纱线及其机织物。然后，选择品目51.12：精梳羊毛或精梳动物毛的机织物。

（3）简易方法适用。采用按"成分"归类的方法，依据对商品的上述分析及初步品目归类的结果，然后，根据该商品的规格特征——每平方米重185克，成分特征——精梳羊毛95%、涤纶短纤纤维5%，查阅品目51.12，可以发现与该商品有关的子目有：其一，一杠子目：按重量计羊毛或动物细毛含量在85%及以上；其二，该一杠子目下的二杠子目：每平方米重量不超过200克。从表面上看，"混纺毛华达呢（按重量计含精梳羊毛95%、涤纶短纤纤维5%、每平方米重185克）"应归入税号5112.1100。但是，可以通过如下分析得知该答案是错误的。上述"一杠子目"所包含的内容有：①按重量计羊毛或动物细毛含量在85%及以上，并且与其他纺织材料（但化学纤维长丝、短纤除外，因为其均有本身的"一杠子目"权码进行限定）的机织物；②每平方米重量不超过200克或其他克重。因为，根据《归类总规则》的规定，该"一杠子目"权码所限定的内容不能取缔其他两个"一杠子目"权码所限定的内容。同时，根据列名具体优先于列名一般的归类原则，子目5112.3000：其他，主要或仅与化学纤维短纤混纺，明显具体于子目5112.1000。因此，上述答案是错误的，而应将其正确归入税号5112.3000。

【知识拓展】

快速记忆商品编码顺口溜

自然世界动植矿，一二五类在取样；　三类四类口中物，矿产物料翻翻五；
化工原料挺复杂，打开六类仔细查；　塑料制品放第七，橡胶聚合脂烷烯；
八类生皮合成革，箱包容套皮毛造；　九类木秸草制品，框板柳条样样行；
十类木桨纤维素，报刊书籍纸品做；　十一税则是大类，纺织原料服装堆；
鞋帽伞杖属十二，人发羽毛大半归；　水泥石料写十三，玻璃石棉云母粘；
贵金珠宝十四见，硬币珍珠同类现；　十五查找贱金属，金属陶瓷工具物；
电子设备不含表，机器电器十六找；　光学仪器十八类，手表乐器别忘了；
武器弹药特别类，单记十九少劳累；　杂项制品口袋相，家具文具灯具亮；
玩具游戏活动房，体育器械二十讲；　二十一类物品贵，艺术收藏古物类；
余下运输工具栏，放在十七谈一谈；　商品归类实在难，记住大类第一环。

模拟试题

一、单项选择题

1. 根据（　　）的规定，一个纸盒内装一个手机的商品，应该按照手机归类。
   A. 归类总规则三（一）　　　　　　B. 归类总规则三（二）
   C. 归类总规则五（一）　　　　　　D. 归类总规则五（二）

【参考答案】

2. 请指出下列叙述中错误的是（　　）。
   A. 《税则》的类、章及分章的标题，仅为查找方便设立
   B. 归类总规则一规定，具有法律效力的商品归类，应按品目条文和有关类注或章注确定
   C. 子目的比较只能在同一数级上进行
   D. 当税目条文、类注和章注没有专门规定，而商品归类不能确定时，按与该商品最相类似的商品归类

3. 下列叙述正确的是（　　）。
   A. 在进行商品归类时，列名比较具体的税目优先于一般税目
   B. 在进行商品归类时，混合物可以按照其中的一种成分进行归类
   C. 在进行商品归类时，商品的包装容器应该单独进行税则归类
   D. 从后归类原则是商品归类时优先采用的原则

4. 对商品进行归类时，品目条文所列的商品，应包括该项商品的非完整品或未制成品，只要在进口或出口时这些非完整品或未制成品具有完整品或制成品的（　　）。
   A. 基本功能　　　　B. 相同用途　　　　C. 基本特征　　　　D. 核心组成部件

5. 在进行商品税则分类时，对看起来可归入两个或以上税号的商品，在税目条文和注释均无规定时，其归类次序为（　　）。
   A. 基本特征、最相类似、具体列名、从后归类
   B. 具体列名、基本特征、从后归类、最相类似
   C. 最相类似、具体列名、基本特征、从后归类
   D. 具体列名、最相类似、基本特征、从后归类

6. 解决商品归类的具有法律效力的依据有归类总规则、类注、章注、子目注释，它们的优先顺序应为（　　）。
   A. 子目注释—章注—类注—归类总规则
   B. 归类总规则—类注—章注—子目注释
   C. 类注—章注—子目注释—归类总规则
   D. 子目注释—归类总规则—类注—章注

二、判断题

1. 在进行商品归类时，当子目注释与类注或章注不一致时，按类注或章注确定。（　　）
2. 按归类总规则二的规定，鲜牛奶归 0401，如加入适量的糖即为混合物，这种混合物没有改变 0401 鲜牛奶的基本性质，仍归入 0401。（　　）
3. 报关员向海关申报进出口商品名称时可用方言，如将拖拉机申报为铁牛等。（　　）
4. 《协调制度国际公约》规定，缔约各国可以自第七位起增列本国细目以维护本国的利益。（　　）
5. 《协调制度》商品目录，将进出口商品分为 21 类 97 章。（　　）
6. 归类总规则一规定，具有法律效力的归类，应按品目条文和有关类注或章注确定，如品目条文、类注或章注无其他规定，按以下规则确定。这条规则也适用于各级子目。（　　）

项目 8

进出口税费计算

【学习目标】
(1) 掌握关税、进口环节税费的含义、征收范围和计算方法并能够熟练计算。
(2) 掌握进出口完税价格的审定原则、估计方法及汇率的适用。
(3) 熟悉进出口货物原产地确定原则、方法及税率适用的规定。

任务2 进口税费的计算

杭州市宏远公司是外商独资企业,该公司向其境外的分公司订购进口设备200套(经查属于自动许可证管理、法定检验的商品),该企业向海关出具的发票价格为CIF50 000美元/台,但在该货物进口的同期,海关掌握的相同型号的设备的进口成交价为CIF60 000美元/台。另外,货物进口后该企业在境内将设备售出,并将所得价款的10%(8 000美元/台)返还给境外的分公司。

经查该设备适用的税率为复合税,其中CIF50 000美元/台以下(含CIF50 000美元/台)的关税税率为单一从价税,CIF50 000美元/台以上的关税税率为124 200元人民币/台再加上5%的从价税,且当期汇率为1美元兑6.58元人民币。

宏远公司委托汉德报关行来完成这票进口报关业务,请汉德预先计算出海关应征的税款以便宏远有所准备。小王是汉德报关行的报关员,经理将这件事交给他来处理。他面临的工作任务包括以下几个方面:

(1)判断该设备是不是一般进出口货物,要不要征税。
(2)如果要征税,计算该进口设备的完税价格。
(3)计算出该企业应该缴纳的税款。

【知识拓展】

计算进口税费的一般程序如下:
(1)按照归类原则确定税则归类,将应税货物归入恰当的税目税号。
(2)根据原产地规则,确定应税货物所适用的税率。
(3)根据完税价格审定办法和规定,确定应税货物的完税价格。
(4)根据汇率适用原则,将外币折算成人民币。
(5)按照计算公式,正确计算应征税款。

任务3 出口税费的计算

2016年某进出口公司出口锌砂300吨到日本,经海关审定成交价格为FOB上海600美元/吨。锌砂的出口关税税率为30%,经国家批准准予减按5%的税率出口。要求计算应纳出口税额(适用汇率为1美元兑6.58元人民币)。

计算过程:
(1)税则归类,归入税号2608.0000。
(2)该出口货物适用的关税税率为30%。
(3)计算完税价格。
出口成交价格折算成人民币:(300×600)美元×6.58元/美元=1 184 400元

出口货物完税价格 = FOB 价格 ÷（1 + 出口关税税率）
= 1 184 400 元 ÷（1 + 30%）
≈ 911 076.92 元

（4）计算应纳出口关税税额。

应纳出口关税税额 = 出口货物完税价格 × 出口税税率
= 911 076.92 元 × 5% ≈ 45 553.85 元

【知识拓展】

计算出口税费的一般程序如下：
（1）按照商品归类原则确定税则归类，将应税货物归入恰当的税目税号。
（2）根据税率适用原则，确定应税货物所适用的税率。
（3）根据完税价格审定办法，确定应税货物的 FOB 价格。
（4）根据汇率适用原则，将以外币计价的 FOB 价格折算成人民币。
（5）按照计算公式计算应征出口关税税款。

知识 4　关税的含义及种类

关税是海关代表国家，按照国家制定的关税政策和公布实施的税法及进出口规则，对进出关境的货物和物品向纳税义务人征收的一种流转税。关税的征收主体是国家，由海关代表国家向纳税义务人征收，其征收对象是进出关境的货物和物品，纳税义务人则包括进口货物的收货人、出口货物的发货人及进出关境物品的所有人。

1．进口关税

1）从征收的主次程度来看，进口关税有正税和附加税之分

正税即按《税则》中的进口税率征收的关税。

进口附加税是由于一些特定需要对进口货物除征收关税正税之外另行征收的一种进口税。进口附加税一般具有临时性的特点，包括反倾销税、反补贴税、保障性关税、特别关税（报复性关税）等。世界贸易组织不准其成员方在一般情况下随意征收进口附加税，只有符合世界贸易组织反倾销、反补贴条例规定的反倾销税、反补贴税才可以征收。

反倾销税是为抵制外国商品倾销进口，保护国内相关产业而征收的一种进口附加税，即在倾销商品进口时除征收进口关税外，另外加征反倾销税。根据我国的《反倾销和反补贴条例》的规定，反倾销税额不超出倾销差额其计算公式为

反倾销税额 = 完税价格 × 适用的反倾销税率

2）从征收方法来看，进口关税可分为从价税、从量税、复合税和滑准税

（1）从价税。以货物、物品的价格作为计税标准，以应征税额占货物价格的百分比为税率，价格和税额成正比例关系。这是包括中国在内的大多数国家使用的主要计税标准。其计算公式为

从价税应征税额 = 进口货物的完税价格 × 进口从价关税税率

（2）从量税。以货物和物品的计量单位如重量、数量、容量等作为计税标准，

【相关法规】

以每一计量单位的应征税额征收的关税。其计算公式为

$$从量税应征税额 = 进口货物数量 \times 单位税额$$

我国目前对冻整鸡及鸡产品、石油原油、啤酒、胶卷等类进口商品征收从量关税。

（3）复合税。在海关税则中，一个税目中的商品同时使用从价、从量两种标准计税，计税时按两者之和作为应征税额征收的关税。从价、从量两种计税标准各有优、缺点，两者混合使用可以取长补短，有利于关税作用的发挥。我国对录像机、摄像机、非家用型摄录一体机、部分数字照相机等进口商品征收复合关税。其计算公式为

$$进口复合关税税额 = 进口货物的完税价格 \times 进口从价关税税率 + 进口货物数量 \times 单位税额$$

（4）滑准税。是指在海关税则中，预先按产品的价格高低分档制定若干不同的税率，然后根据进口商品价格的变动而增减进口税率的一种关税。当商品价格上涨时采用较低税率，当商品价格下跌时则采用较高税率，其目的是使该种商品的国内市场价格保持稳定。目前，我国对关税配额外进口的一定数量的棉花实行滑准税。

2. 出口关税

出口关税是指海关以出境货物、物品为课税对象所征收的关税。为鼓励出口，世界各国一般不征收出口税或仅对少数商品征收出口税。征收出口关税的主要目的是限制、调控某些商品的过度、无序出口，特别是防止本国一些重要自然资源和原材料的无序出口。其计算公式为

$$应征出口关税税额 = 出口货物完税价格 \times 出口关税税率$$

其中，出口货物完税价格 = FOB ÷（1 + 出口关税税率），即出口货物是以 FOB 价成交的，应以该价格扣除出口关税后作为完税价格；如果以其他价格成交的，应换算成 FOB 价后按上述公式计算。

2006 年，我国海关对鳗鱼苗、铅矿砂、锌矿砂等 90 个税目的出口商品按法定出口税率征收关税。根据《关税条例》的规定，适用出口税率的出口货物有暂定税率的，应当适用暂定税率。另外，根据实际情况，我国还在一定时期内对部分出口商品临时开征出口暂定关税，或者在不同阶段实行不同的出口暂定关税税率或者加征特别出口关税。

知识 5　进口环节税的含义及种类

进口货物、物品在办理海关手续放行后，进入国内流通领域，与国内货物同等对待，所以应缴纳应征的国内税。进口货物、物品的一些国内税依法由海关在进口环节征收。目前，由海关征收的进口环节税主要有消费税和增值税两种。另外，按规定，船舶吨税也由海关代征。

1. 消费税

1）含义

消费税是以消费品或消费行为的流转额作为课税对象而征收的一种流转税。我国开征消费税的目的是调节我国的消费结构，引导消费方向，它是在对货物普遍征收增值税的基础上，选择少数消费品再予征收的税。

2）征收范围

消费税的征收范围仅限于少数消费品，大体可分为以下四种类型：

（1）一些过度消费会对人的身体健康、社会秩序、生态环境等方面造成危害的特殊消费品。如烟、酒、酒精、鞭炮、焰火等。

（2）奢侈品、非生活必需品。如贵重首饰及珠宝玉石、化妆品等。

（3）高能耗的高档消费品。如小轿车、气缸容量250毫升以上的摩托车等。

（4）不可再生和替代的资源类消费品。如汽油、柴油等。

为促进环保节能，我国决定在2015年2月1日起新增对电池（铅蓄电池除外）、涂料征收进口环节消费税，在2016年1月1日起对铅蓄电池征收进口环节消费税。

3）计算公式

我国消费税采用从价、从量的方法计征。

（1）从价征收：我国从价征收消费税采用价内税计算方法，即计税价格的组成中包括了消费税税额。其计算公式为

$$应纳税额 = 消费税组成计税价格 \times 消费税税率$$

$$消费税组成计税价格 = 进口货物完税价格 + 关税税额 + 消费税税额$$
$$= （进口货物完税价格 + 关税税额） \div （1 - 消费税税率）$$

（2）从量征收。其计算公式为

$$应纳税额 = 应税消费品数量 \times 单位税额$$

（3）实行从量从价定率定额征收。其计算公式为

$$应纳税额 = 应税消费品数量 \times 单位税额 + 消费税组成计税价格 \times 消费税税率$$

2．增值税

1）含义

增值税是以商品的生产、流通和劳务服务各个环节所创造的新增价值为课税对象的一种流转税。进口环节增值税由海关依法向进口货物的法人或自然人征收。进口环节增值税税率的调整，以及增值税的免税、减税项目由国务院规定，任何地区、部门均不得规定免税、减税项目。进口环节增值税的起征点为人民币50元，低于50元的免征。

2）征收范围和税率

我国增值税的征收采取基本税率再加一档低税率的征收模式。适用基本税率（17%）的范围包括纳税人销售或者进口除适用低税率的货物以外的货物，以及提供加工、修理修配劳务。适用低税率（13%）的范围是指纳税人销售或者进口下列货物：

（1）粮食、食用植物油。

（2）自来水、暖气、冷气、热水、煤气、石油液化气、天然气、沼气、居民用煤炭制品。

（3）图书、报纸、杂志。

（4）饲料、化肥、农药、农机、农膜。

（5）国务院规定的其他货物。

3）计算公式

进口环节的增值税以组成价格作为计税价格，征税时不得抵扣任何税额。其计算公式为

$$增值税组成价格 = 进口货物完税价格 + 关税税额 + 消费税税额$$

$$应纳增值税税额 = 增值税组成价格 \times 增值税税率$$

3．船舶吨税

1）含义

船舶吨税（简称吨税）是由海关在设关口岸对进出、停靠我国港口的国际航行船舶征收

的一种使用税。征收船舶吨税的目的是用于航道设施的建设。

2）税率

根据《船舶吨税暂行办法》的规定，凡征收了船舶吨税的船舶不再征收车船税，对已经征收车船使用税的船舶，不再征收船舶吨税。

船舶吨税分为优惠税率和普通税率两种。凡与我国签订互惠协议的国家或地区适用船舶吨税优惠税率，未签订互惠协议的国家或地区适用船舶吨税普通税率。我国现行的船舶吨税税率见表8-1。

表 8-1 我国现行的船舶吨税税率表

船舶种类		净吨位	一般吨税/（元/吨）		优惠吨税/（元/吨）	
			90天	30天	90天	30天
机动船舶	轮船、汽船、拖船	500吨及以下	3.15	1.50	2.25	1.20
		501～1 500吨	4.65	2.25	3.30	1.65
		1 501～3 000吨	7.05	3.45	4.95	2.55
		3 001～10 000吨	8.10	3.90	5.85	3.00
		10 001吨以上	9.30	4.65	6.60	3.30
非机动船舶	各种人力驾驶船、驳船、帆船	30吨及以下	1.50	0.60	1.05	0.45
		31～150吨	1.65	0.90	1.35	0.60
		151吨以上	2.10	1.05	1.50	0.90

3）征收范围

根据现行办法规定，应征吨税的船舶有以下几种：

（1）在我国港口行驶的外国籍船舶。

（2）外商租用（程租除外）的中国籍船舶。

（3）中外合营海运企业自有或租用的中、外国籍船舶。

（4）我国租用的外国籍国际航行船舶。

另外，根据规定，香港、澳门特别行政区为单独关税区。对于香港、澳门特别行政区海关已征收船舶吨税的外国籍船舶，进入内地港口时，仍应照章征收船舶吨税。

4）计算方法

（1）吨位的计算。

国际上丈量吨位按照船舱的结构是封闭式或开放式来分别计算，有大、小吨位之分，封闭式为大吨位，开放式为小吨位。装货多时用大吨位，装货少时用小吨位。按照我国现行规定，凡同时持有大、小吨位两种吨位证书的船舶，不论实际装货情况，一律按大吨位计征吨税。船舶吨税按净吨位计征。净吨位计算公式为

$$净吨位 = 船舶的有效容积 \times 吨/立方米$$

船舶净吨位的尾数，按四舍五入原则，0.5吨以下的免征尾数，0.5吨以上的按1吨计算。不及1吨的小型船舶，除经海关总署特准免征者外，一律按1吨计征。

（2）吨税的征收。

船舶吨税起征日为"船舶直接抵口之日"，即进口船舶应自申报进口之日起征收。如进境后驶达锚地的，以船舶抵达锚地之日起计算；进境后直接靠泊的，以靠泊之日起计算。

船舶吨税的征收方法分为90天期缴纳和30天期缴纳两种，并分别确定税额，缴纳期限由纳税义务人在申请完税时自行选择。吨税的计算公式为

$$应纳船舶吨税税额 = 注册净吨位 \times 船舶吨税税率（元/净吨）$$

知识 6 进出口货物完税价格的审定

进出口货物完税价格是海关对进出口货物征收从价税时审查估定的应税价格,是凭以计征进出口货物关税及进口环节代征税税额的基础。我国加入世界贸易组织后,对进口货物海关审价的法律法规已与国际通行规则衔接。目前,我国海关审价的法律依据包括《海关法》《关税条例》,以及海关总署颁布实施的《审价办法》《征管办法》等。

1. 一般进口货物完税价格的审定

海关确定进口货物完税价格有进口货物成交价格法、相同货物成交价格法、类似货物成交价格法、倒扣价格法、计算价格法、合理方法共六种估价方法。上述估价方法应当依次采用,但如果进口货物纳税义务人提出要求,并提供相关资料,经海关同意,可以颠倒倒扣价格法和计算价格法的适用次序。

1)进口货物成交价格法

(1)成交价格的含义。

进口货物的成交价格是指卖方向我国境内销售该货物时买方为进口该货物向卖方实付、应付的,并按有关规定调整后的价款总额,包括直接支付的价款和间接支付的价款。成交价格不完全等同于贸易中实际发生的发票价格,需要按有关规定进行调整。

(2)成交价格的调整因素。

① 计入因素。图 8.1 所示项目若由买方支付,必须计入完税价格。

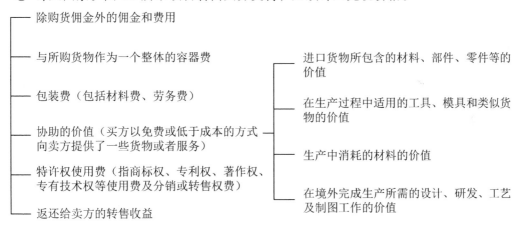

图 8.1 须计入完税价格的项目

② 扣减因素。进口货物的价款中单独列明的下列税收、费用不计入该货物的完税价格,如图 8.2 所示。

(3)成交价格的条件。

① 买方对进口货物的处置和使用不受限制。有下列情形之一的,视为对买方处置或者使用进口货物进行了限制:进口货物只能用于展示或者免费赠送的;进口货物只能销售给指定第三方的;进口货物加工为成品后只能销售给卖方或者指定第三方的;其他经海关审查,认定买方对进口货物的处置或者使用受到限制的。

但是,以下三种限制并不影响成交价格的成立:国内法律、行政法规规定的限制;对货物转售地域的限制;对货物价格无实质影响的限制。

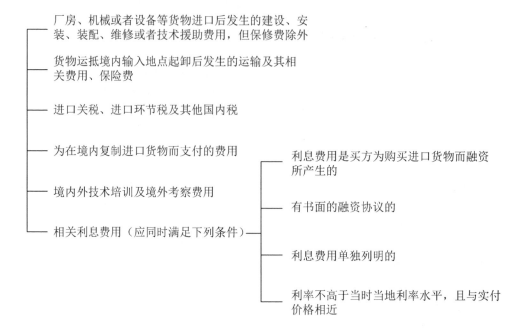

图 8.2 单独列出可不计入完税价格的税收、费用

② 进口货物的价格不应受到某些条件或因素的影响而导致该货物的价格无法确定。

③ 卖方不得直接或间接从买方获得因转售、处置或使用进口货物而产生的任何收益，除非上述收益能够被合理确定。

④ 买卖双方之间没有特殊关系，或虽有特殊关系但不影响成交价格。

根据规定，有下列情形之一的，应当认定买卖双方有特殊关系：买卖双方为同一家族成员；买卖双方互为商业上的高级职员或者董事；一方直接或者间接地受另一方控制；买卖双方都共同直接或者间接地受第三方控制；买卖双方共同直接或者间接地控制第三方；一方直接或者间接地拥有、控制或者持有对方5%以上（含5%）公开发行的有表决权的股票或者股份；一方是另一方的雇员、高级职员或者董事；买卖双方是同一合伙的成员。

需要注意的是，买卖双方有特殊关系这个事实本身并不能构成海关拒绝成交价格的理由，只要纳税义务人能证明其成交价格与同时或者大约同时发生的下列任何一款价格相近的，视为特殊关系未对进口货物的成交价格产生影响：向境内无特殊关系的买方出售的相同或者类似进口货物的成交价格；按照倒扣价格估价方法所确定的相同或者类似进口货物的完税价格；按照计算价格估价方法所确定的相同或者类似进口货物的完税价格。

2）相同及类似进口货物成交价格法

相同及类似进口货物成交价格法，即以与被估货物同时或大约同时向我国境内销售的相同货物及类似货物的成交价格为基础，审查确定进口货物完税价格的方法。

（1）相同货物和类似货物。

相同货物指与进口货物在同一国家或者地区生产的，在物理性质、质量和信誉等所有方面都相同的货物，但是表面的微小差异允许存在。

类似货物指与进口货物在同一国家或者地区生产的，虽然不是在所有方面都相同，但是却具有相似的特征、相似的组成材料、相同的功能，并且在商业中可以互换的货物。

（2）相同或类似货物的时间要素。

时间要素是指相同或类似货物必须与进口货物同时或大约同时进口，其中的"同时或大约同时"指在海关接受申报之日的前后各45天以内。

（3）价格调整。

在运用这两种估价方法时，首先应使用和进口货物处于相同商业水平、大致相同数量的相同或类似货物的成交价格，只有在上述条件不满足时，才可采用以不同商业水平和不同数量销售的相同或类似进口货物的价格，但不能将上述价格直接作为进口货物的价格，还须对由此而产生的价格方面的差异做出调整。这些调整都必须建立在客观量化的数据资料的基础上。

3）倒扣价格法

倒扣价格法即以进口货物、相同或类似进口货物在境内第一环节的销售价格为基础，扣除境内发生的有关费用来估定完税价格。"第一环节"是指有关货物进口后进行的第一次转售，且转售者与境内买方之间不能有特殊关系。

（1）适用倒扣价格法的条件。

① 在被估货物进口时或大约同时，将该货物、相同或类似进口货物在境内销售的价格。"进口时或大约同时"为在进口货物接受申报之日的前后各45天以内，这一时间可以延长至接受货物申报之日前后90天内。

② 按照该货物进口时的状态销售的价格；如果没有按进口时的状态销售的价格，可以使用经过加工后在境内销售的价格作为倒扣的基础。

③ 在境内第一环节销售的价格。

④ 向境内无特殊关系方销售的价格。

⑤ 按照该价格销售的货物合计销售总量最大。

（2）倒扣价格法的倒扣项目。

① 该货物的同级或同种类货物在境内第一环节销售时通常支付的佣金、利润和一般费用。

② 货物运抵境内输入地点之后的运输及其相关费用、保险费。

③ 进口关税、进口环节代征税及其他国内税。

④ 加工增值额，如果以货物经过加工后在境内转售的价格作为倒扣价格的基础，则必须扣除上述加工增值部分。

4）计算价格法

计算价格法既不是以成交价格，也不是以在境内的转售价格作为基础，它是以发生在生产国或地区的生产成本作为基础的价格。

采用计算价格法时，进口货物的完税价格由下列各项目的总和构成。

（1）生产该货物所使用的料件成本和加工费用。"料件成本"是指生产被估货物的原料成本，包括原材料的采购价值，以及原材料投入实际生产之前发生的各类费用。"加工费用"是指将原材料加工为制成品过程中发生的生产费用，包括人工成本、装配费用及有关间接成本。

（2）向境内销售同等级或者同种类货物通常的利润和一般费用（包括直接费用和间接费用）。

（3）货物运抵我国境内输入地点起卸前的运输及其相关费用、保险费。

5）合理方法

合理方法是指当海关不能根据成交价格估价法、相同货物成交价格估价法、类似货物成交价格估价法、倒扣价格估价法和计算价格估价法确定完税价格时，根据公平、统一、客观的估价原则，以客观量化的数据资料为基础审查确定进口货物完税价格的估价方法。

在运用合理方法估价时，禁止使用以下六种价格：

（1）境内生产的货物在境内的销售价格。

（2）在两种价格中较高的价格。
（3）依据货物在出口地市场的销售价格。
（4）以计算价格法规定之外的价值或者费用计算的相同或者类似货物的价格。
（5）依据出口到第三国或地区货物的销售价格。
（6）依据最低限价或武断、虚构的价格。

2. 出口货物完税价格的审定

1）出口货物的完税价格和成交价格

出口货物的成交价格是指该货物出口销售时，卖方为出口该货物向买方直接收取和间接收取的价款总额。

出口货物的完税价格由海关以该货物的成交价格为基础审查确定，包括货物运至我国境内输出地点装载前的运输及其相关费用、保险费。但出口关税、在货物价款中单独列明的货物运至我国境内输出地点装载后的运费及其相关费用、保险费，以及在货物价款中单独列明由卖方承担的佣金应该扣除。

2）出口货物其他估价方法

出口货物的成交价格不能确定的，海关经了解有关情况，并与纳税义务人进行价格磋商后，依次以下列价格审查确定该货物的完税价格：

（1）同时或者大约同时向同一国家或者地区出口的相同货物的成交价格。
（2）同时或者大约同时向同一国家或者地区出口的类似货物的成交价格。
（3）根据境内生产相同或者类似货物的成本、利润和一般费用（包括直接费用和间接费用）、境内发生的运输及其相关费用、保险费计算所得的价格。
（4）按照合理方法估定的价格。出口货物完税价格的计算公式为

$$出口货物完税价格 = FOB（中国境内口岸） - 出口关税$$

$$= FOB（中国境内口岸） \div (1 + 出口关税税率)$$

3. 特殊进口货物完税价格的审定

（1）进口料件或者其制成品一般估价方法。

由于种种原因，部分加工贸易进口料件或者其制成品不能按有关合同、协议约定复出口，经海关批准转为内销，需依法对其实施估价后征收进口税款。对加工贸易进口货物估价的核心问题有两个：一是按制成品征税还是按料件征税，二是征税的环节是在进口环节还是在内销环节。具体情况见表 8-2。

表 8-2　对加工贸易进口货物估计的几种情况

加工方式	征税环节	估价方法
进料加工	料件进口（不予保税）	以料件原进口成交价格为基础审查确定完税价格
	料件内销	以料件原进口成交价格为基础审查确定完税价格
	制成品（包括残次品）内销	以制成品所含料件原进口成交价格为基础审查确定完税价格；料件原进口成交价格不能确定的，海关以接受内销申报的同时或者大约同时进口的与料件相同或者类似的货物的进口成交价格为基础审查确定完税价格
来料加工	料件或者其制成品（包括残次品）内销	以接受内销申报的同时或者大约同时进口的与料件相同或者类似的货物的进口成交价格为基础审查确定完税价格
	边角料或者副产品	以海关审查确定的内销价格作为完税价格

（2）出口加工区内加工企业内销制成品估价方法（见表8-3）。

表8-3 内销制成品估价方法

内销类型	估价方法	备注
制成品（包括残次品）内销	以接受内销申报同时或者大约同时进口的相同或者类似货物的进口成交价格为基础审查确定完税价格	按照上述规定不能确定的，由海关按照合理的方法审查确定
边角料或者副产品内销	以海关审查确定的内销价格作为完税价格	

（3）保税区内加工企业内销进口料件或者其制成品估价方法（见表8-4）。

表8-4 内销进口料件或者其制成品估价方法

内销类型	估价方法
进口料件或其制成品（包括残次品）内销	以接受内销申报的同时或者大约同时进口的相同或者类似货物的进口成交价格为基础审查确定完税价格
进料加工制成品内销	含有从境内采购的料件，海关以制成品所含从境外购入的料件原进口成交价格为基础审查确定完税价格；料件成交价格不能确定的，以接受内销申报的同时或者大约同时相同或者类似货物的进口成交价格为基础确定完税价格
来料加工制成品内销	如果含有从境内采购的料件，海关以接受内销申报的同时或者大约同时进口的与制成品所含从境外购入的料件相同或者类似货物的进口成交价格为基础审查确定完税价格
边角料或者副产品内销	以海关审查确定的内销价格作为完税价格

（4）从保税区、出口加工区、保税物流园区、保税物流中心等区域、场所进入境内需要征税的货物的估价方法。

海关参照一般进口货物完税价格审定的有关规定，以从上述区域、场所进入境内的销售价格为基础审查确定完税价格，加工贸易进口料件及其制成品除外。销售价格中未应计入包括上述区域、场所发生的仓储、运输及其他相关费用。

（5）特殊进境货物的估价方法（见表8-5）。

表8-5 特殊进境货物的估价方法

进境货物类型	估价方法
出境修理复运进境货物	在海关规定的期限内复运进境的，以境外修理费和料件费审查确定完税价格
	超过海关规定期限的，按一般进口货物完税价格的规定审查确定完税价格
出境加工复运进境货物	在海关规定的期限内复运进境的，以境外修理费和料件费审查确定完税价格
	超过海关规定期限的，按照审定一般进口货物完税价格的规定审查确定完税价格
暂时进境货物	按一般进口货物完税价格的规定审查确定完税价格
	经海关批准留购的暂时进境货物，以海关审查确定的留购价格作为完税价格

（6）租赁进口货物的估价方法。

① 以租金方式对外支付的租赁货物，在租赁期间以海关审定的该货物的租金作为完税价格，利息予以计入。

② 留购的租赁货物以海关审定的留购价格作为完税价格。

③ 纳税义务人申请一次性缴纳税款的，可以选择申请按照规定估价方法确定完税价格，或者按照海关审查确定的租金总额作为完税价格。

(7)减免税货物的估价方法。

特定减免税货物在监管年限内不能擅自出售、转让、移作他用,如果有特殊情况,经过海关批准可以出售、转让、移作他用,须向海关办理纳税手续。减税或免税进口的货物需予征税时,海关以审定的该货物原进口时的价格,扣除折旧部分价值作为完税价格,其计算公式为

$$完税价格 = 海关审定的该货物原进口时的价格 \times \left(1 - \frac{征税时实际已进口的月数}{监管年限 \times 12}\right)$$

式中,"征税时实际已进口的月数",不足1个月但超过15日的,按照1个月计算;不超过15日的,不予计算。

(8)无成交价格货物的估价方法。

以易货贸易、寄售、捐赠、赠送等不存在成交价格的方式进口的货物,总体而言都不适用成交价格法,海关与纳税义务人进行价格磋商后,依照前述相同货物成交价格估价法、类似货物成交价格估价法、倒扣价格估价法、计算价格估价法及合理方法审查确定完税价格。

(9)软件介质的估价方法。

进口载有专供数据处理设备用软件的介质,具有下列情形之一的,以介质本身的价值或者成本为基础审查确定完税价格:

① 介质本身的价值或者成本与所载软件的价值分列。

② 介质本身的价值或者成本与所载软件的价值虽未分列,但是纳税义务人能够提供介质本身的价值或者成本的证明文件,或者能提供所载软件价值的证明文件。

含有美术、摄影、声音、录像、影视、游戏、电子出版物的介质不适用上述规定。

4. 海关估价中的价格质疑程序和价格磋商程序

1)价格质疑程序

【相关单证】

在确定完税价格过程中,海关对申报价格的真实性或准确性有疑问,或有理由认为买卖双方的特殊关系可能影响到成交价格时,向纳税义务人或者其代理人制发《海关价格质疑通知书》,将质疑的理由书面告知纳税义务人或者其代理人。纳税义务人或者其代理人应该在收到价格质疑通知书5个工作日(最迟可申请延期至10个工作日)内向海关提供相关证据资料。

2)价格磋商程序

价格磋商是指海关在使用除成交价格以外的估价方法时(没有成交价格或明显不符合成交价格条件的情况可直接进入价格磋商程序),在保守商业秘密的基础上,与纳税义务人交换彼此掌握的用于确定完税价格的数据资料的行为。

【相关单证】

在进行价格磋商时,纳税义务人需自收到《海关价格磋商通知书》之日起5个工作日内与海关进行价格磋商。如果未在规定的时限内与海关进行磋商的,视为其放弃价格磋商的权利,海关可以直接按照《审价办法》规定的方法审查确定进出口货物的完税价格。

3)免除价格质疑程序和价格磋商程序的情况

对符合下列情形之一的,经纳税义务人书面申请,海关可以不进行价格质疑

或价格磋商，依法审查确定进出口货物的完税价格：

① 同一合同项下分批进出口的货物，海关对其中一批货物已经实施估价的。

② 进出口货物的完税价格在人民币 10 万元以下或者关税及进口环节代征税总额在人民币 2 万元以下的。

③ 进出口货物属于危险品、鲜活品、易腐品、易失效品、废品、旧品等的。

知识 7　进出口税费缴纳和退补

1. 缴纳方式

缴纳方式是指纳税人在何时何地以何种方式向海关缴纳税款。20 世纪 50 年代初期，我国海关对进出口货物一律采取口岸纳税的方式，随后，随着国营外贸公司对外贸易的迅速发展，进出口货物主要集中在国营外贸公司经营，为简化手续，曾一度采取集中纳税的方式。目前，随着我国经济的发展和海关通关作业改革，纳税方式主要以进出口地纳税为主，也有部分企业经海关批准采取属地纳税方式。

1）进出口地纳税

进出口地纳税是指货物在设有海关的进出口地纳税。进出口货物进（出）口时纳税人必须向海关申报，海关按照规定的程序查验、放行，纳税人按照规定缴纳税款或办理进出口手续。

2）属地纳税

属地纳税是指进出口货物应缴纳的税款由纳税人所在地主管海关征收，纳税人在所在地缴纳税款。

2. 缴纳凭证

1）进出口关税和进口环节税的缴纳凭证

（1）缴纳凭证。

海关征收进出口货物关税和进口货物进口环节税时，应向纳税人或其代理人填发《海关专用缴款书》（含关税、进口环节税）。纳税人或其代理人持凭《海关专用缴款书》向银行缴纳税款。

海关填发的《海关专用缴款书》第一联为"收据"，由国库收款签章后交缴款单位或缴纳人；第二联为"付款凭证"，由缴库单位开户银行作付出凭证；第三联为"收款凭证"，由收款国库作收入凭证；第四联为"回执"，由国库盖章后退回海关财务部门；第五联为"报查"，关税由国库收款后将退回海关，进口环节税送当地税务机关；第六联为"存根"，由填发单位存查。

进出口货物收货人或其代理人缴纳税款后，应将盖有"收讫"章的《海关专用缴款书》第一联送签发海关验核，海关凭予办理有关手续。

（2）退补税凭证。

① 退税凭证。海关退还已征收的关税和进口环节税时，应填发《收入退还书》（海关专用），同时通知原纳税人或其代理人。海关将《收入退还书》（海关专用）送交指定银行划拨款。

《收入退还书》（海关专用）第一联为"收账通知"，交收款单位；第二联为"付

【相关单证】

款凭证",由退款国库作付出凭证;第三联为"收款凭证",由收款单位开户银行作收入凭证;第四联为"付款通知",同国库随收入统计表送退库海关;第五联为"报查凭证",由国库将进口环节税联送当地税务机关,关税联送退库海关;第六联为"存根",由填发海关存查。

② 补税凭证。海关补征进出口货物关税和进口环节税时,应向纳税人填发《海关专用缴款书》(含关税、进口环节税)。纳税人持凭《海关专用缴款书》向指定银行或开户银行缴纳税款。进口货物收货人或其代理人缴纳税款后,应将盖有"收讫"章的《海关专用缴款书》第一联送签发海关验核,海关凭以办理有关手续。

2)监管手续费的缴纳凭证

海关征收监管手续费时,应向收货人或其代理人填发《海关行政事业收费专用票据》。

《海关行政事业收费专用票据》的第一联为"存根",由签发专用票据的部门与收款部门核对账目用;第二联为"收据",缴款单位缴费后留存;第三联为"记账",收款部门记账用;第四联为"经办部门存查",由签发专用票据的部门存查。收货人或其代理人应持《海关行政事业收费专用票据》到海关指定的部门或指定的银行办理缴款手续。

进口货物收货人或其代理人缴纳监管手续费后,应将盖有"收讫"章的《海关行政事业收费专用票据》交给签发海关,海关凭以核销并办理有关手续。

3)滞报金的缴纳凭证

对应征收滞报金的进口货物,海关在收货人未缴纳滞报金之前不予放行。转关运输货物如在进境地产生滞报由进境地海关征收滞报金,如在指运地产生滞报则由指运地海关征收滞报金。

海关征收进口货物滞报金时,应向收货人填发《海关行政事业收费专用票据》。收货人持凭《海关行政事业收费专用票据》向海关指定部门或指定银行办理缴款手续。

《海关行政事业收费专用票据》的第一联为"存根",是签发专用票据的部门与收款部门核对账目用;第二联为"收据",是缴费后交缴款单位的;第三联为"记账",是收款部门记账用;第四联为"经办部门存查",是签发专用票据的部门存查。收货人持《海关行政事业收费专用票据》到海关指定的部门或指定的银行办理缴款手续。

进口货物收货人或其代理人缴纳滞报金后,应将盖有"收讫"章的《海关行政事业收费专用票据》交给货物申报进口的海关,海关凭以核销并办理有关手续。

3. 强制执行

根据《海关法》规定,纳税人或其代理人应当在海关规定的缴款期限内缴纳税款(费),逾期缴纳的由海关依法征收滞纳金。纳税人、担保人超过 3 个月仍未缴纳税款的,海关可以依法采取强制措施扣缴。强制措施主要有强制扣缴和变价抵扣两种。

1)强制扣缴

强制扣缴是指海关依法自行或向人民法院申请采取从纳税(费)人的开户银行或者其他金融机构的存款中将相当于纳税人应纳税款的款项强制划拨入国家金库的措施。即书面通知其开户银行或者其他金融机构从其存款中扣缴税款。

2)变价抵扣

变价抵扣是指如果纳税人的银行账户中没有存款或存款不足以强制扣缴时,海关可以将未放行的应税货物依法变卖,以销售货物所得价款抵缴应纳税款。如果该货物已经放行,海关可以将该纳税人的其他价值相当于应纳税款的货物或其他财产依法变卖,以变卖所得价款抵缴应纳税款。

强制扣缴和变价抵扣的税款含纳税人未缴纳的税款滞纳金。

4. 税款的退补

进出口关税和进口环节税的退补主要有两个方面的原因：一种是由于进出口人的申报或提供的报关单证不实、不清，货物经海关征税放行后再补办减免手续，或原进口减免税货物因故需要移作他用，或者转让、出售等造成的；另一种是海关因工作差错、政策规定本身不明确等造成的。进出口关税和进口环节税的退补税也是一项重要的工作，必须本着"严肃退补"的原则，严格依法办理。

1）退税的范围、期限及要求

退税是指纳税义务人或其代理人缴纳税款后，由海关依法退还误征、溢征和其他应退还的款项的行为。

（1）退税的适用范围。

① 因海关误征，致使纳税人多缴税款的。

② 海关核准免验进口的货物，纳税人按申报内容完税后发现短卸，经海关审查认可的。

③ 已征出口税的货物，因故未装运出口，申请退关，经海关查验属实的。

④ 按特定减免税政策规定可予减免税的进出口货物，因各种原因在货物进出口时已予以征税，从缴纳税款之日起3个月内补交减免税证明的。

⑤ 进口货物在完税之后、放行以前发现因境外运输途中或者起卸时遭受损坏、损失的，以及起卸后海关放行前因不可抗力遭受损坏、损失的和海关查验时发现非因保管不慎造成的破漏、损坏或腐烂的。

⑥ 进口货物纳税放行后，奉令特准退税的。

（2）退税的期限及要求。

纳税人在缴纳税款后发现有以上退税情形的，应在缴纳税款之日起1年内，向海关申请退税，逾期海关不予受理。

按海关规定，退税必须在原征税海关办理。办理退税时，纳税义务人应填写退税申请表，连同原盖有银行收款章的税款缴纳收据正本及其他必要单证（合同、发票等）送海关审核，海关同意后，应按原征税或者补税之日所实施的税率计算退税额。

2）补税的范围、适用税率及期限

补税是指由海关依法追征或补征的海关短征和纳税人短缴或漏缴的税款的行政行为。

（1）补税的范围及适用税率。

① 因税则归类原因造成短征税款的，按以下原则补税。

a. 凡在《税则》中有具体列名的商品，在税则的类注释、章注释、子目注释、税目结构和《税则注释》中已明确归类的商品，及海关总署或海关商品归类分中心已制发文件（包括归类决定）并对外公开或向进出口货物的收发货人或其代理人明确归类的商品，如因进出口货物的收发货人或其代理人申报的归类错误造成少征或漏征税款的，海关应自缴纳税款或者货物放行之日起3年内予以追征。

b. 非收发货人或其代理人原因造成少征或漏征税款的，海关应自缴纳税款或者货物放行之日起1年内予以追征。

c. 海关总署改变已做出的归类决定造成执行税率不同时，所涉及商品的原征税款不予调整。如有特殊情况需要调整税款的，应报海关总署核批。

② 按照特定减免税办法批准予以减免税的进口货物，后因情况改变，经海关批准转让或出售需补税时，应按其原进口日所实施的税率并按照货物的监管年限折旧补税。

减免税货物的监管年限为：

a. 船舶、飞机及建筑材料—8年。
b. 机动车辆和家用电器—6年。
c. 机器设备和其他物品—5年。

折旧补税的计算公式为

$$折旧补税 = 货物完税价格 \times (1 - 实际使用月份 \div 监管年限)$$

③ 属于保税性质的来料加工、进料加工的进口料件，如经批准转为内销的，应按向海关申报转内销当天的税率补税，并补征缓税利息。缓税利息的计算从该合同第一批料件进口之日至内销之日。

④ 暂时进口货物转为正式进口需补税时，应按其转为正式进口之日所实施的税则税率征税。

⑤ 对于未经批准擅自转为内销的来（进）料加工的进口料件及暂时进口货物擅自处理的，按海关查获之日所实施的税则税率补税，并补征缓税利息。缓税利息的计算从该合同第一批料件进口之日至查获之日。

⑥ 由于完税价格的审定或其他工作差错而需补征税款的，应按原征税日期实施的税则税率补税。

⑦ 溢卸、误卸货物事后确定需征税的，应按其原申报进口日期所实施的税则税率补税。如原进口日期无法查明时，可按确定补税当天所实施的税则税率征税。

⑧ 海关查获的走私进口货物需补税时，应按查获日期所实施的税则税率补税。

（2）补税的期限及要求。

进出口货物完税后，由于海关方面的原因造成少征或者漏征税款，海关应当自缴纳税款或者货物放行之日起1年内，向收发货人或者其代理人补征。

知识8 进出口货物原产地的确定与税率适用

1. 进出口货物原产地的确定

在国际贸易中，原产地这个概念是指货物生产的国家（地区），就是货物的"国籍"。确定进出口货物的"国籍"之所以重要，是因为进口货物"国籍"直接确定了其依照进口国的贸易政策所适用的关税和非关税待遇。

1）原产地规则的类别

从是否适用优惠贸易协定来划分，原产地规则分为两大类：一类为优惠原产地规则，另一类为非优惠原产地规则。

（1）优惠原产地规则。优惠原产地规则是指一国为了实施国别优惠政策而制定的法律、行政法规，是以优惠贸易协定，通过双边、多边协定形式或者是由本国自主形式制定的一些特殊原产地认定标准，因此，也称为协定原产地规则。优惠原产地规则具有很强的排他性，优惠范围以原产地为受惠国（地区）的进口产品为限，其目的是促进协议方之间的贸易发展。

（2）非优惠原产地规则。非优惠原产地规则是一国根据实施其海关税则和其他贸易措施的需要，由本国立法自主制定的，因此也称为自主原产地规则。

2）原产地认定标准

在认定货物的原产地时，会出现以下两种情况：一种是货物完全是在一个国家（地区）获得或生产制造，另一种是货物由两个或两个以上国家（地区）生产或制造。无论是优惠原产地规则还是非优惠原产地规则，都要确定这两种货物的原产地认定标准。

（1）优惠原产地认定标准。

① 完全获得标准。完全获得即从优惠贸易协定成员国或者地区（以下简称"成员国或者地区"）直接运输进口的货物是完全在该成员国或者地区获得或者生产的。

a. 在该成员国或者地区境内收获、采摘或者采集的植物产品。
b. 在该成员国或者地区境内出生并饲养的活动物。
c. 该成员国或者地区领土或者领海开采、提取的矿产品。
d. 该成员国或者地区活动物所得产品。
e. 该成员国或者地区狩猎或捕捞所得残品。
f. 海上捕捞所得产品及该国船只在海上得到的其他产品。
g. 该成员国或者地区加工船完全使用上述 f 项的产品加工制得产品。
h. 在该国领水以外的海洋积土或底土开采的产品，只要该国对这些海洋积土或底土拥有单独开发权。
i. 在该国收集并只适用于原材料回收的、在制造或加工过程中得到的废碎料件及废旧物品。
j. 在该国完全使用上述 a~i 项的产品生产而制得的货物。

② 区域价值成分标准。区域价值成分是指出口货物船上交货价格（FOB）扣除该货物生产过程中该成员国或者地区非原产材料价格后，所余价款在出口货物船上交货价格中所占的百分比。不同协定框架下的优惠原产地规则中的区域价值成分标准各有不同。我国签署的各项优惠贸易协定主要的区域价值成分标准见表 8-6。

表 8-6　各项优惠贸易协定主要的区域价值成分标准

协定名称	其他成员方	价值标准
《亚太贸易协定》	孟加拉国、印度、老挝、韩国、斯里兰卡	非成员国原产的原材料等总价值不超过该货物的 55%。原产于孟加拉国的货物，非成员国的原材料不超 65%
《中国—东盟合作框架协议》	印度尼西亚、马来西亚、菲律宾、新加坡、泰国、文莱、越南、老挝、缅甸、柬埔寨	非中国—东盟自由贸易区原产的材料、零件不超过 60%，并且最后的工序是在成员方境内完成
CEPA*	中国香港、澳门	中国香港、澳门的产品的增值标准为 30% 及以上
《中巴自贸协定》	巴基斯坦	制成品中原产于中国、巴基斯坦的成分累计不低于 40%
《中智自贸协定》	智利	非成员国的原产材料小于 60%
中国对最不发达国家特别优惠关税待遇		受惠国对非该原材料进行制造、加工后的增值部分不小于所得货物价值的占 40%

* CEPA 为《内地与香港/澳门关于建立更紧密经贸关系安排》（Closer Economic Partnership Arrangement）的缩写。

③ 直接运输标准。"直接运输"是指优惠贸易协定项下进口货物从该协定成员国或者地区直接运输至中国境内，途中未经过该协定成员国或者地区以外的其他国家或者地区。

不同协定框架下的优惠原产地规则中的直接运输标准各有不同，见表 8-7。

表 8-7 不同协定下的直接运输标准

协定名称	直接运输标准
《亚太贸易协定》	货物运输未经任何非成员国境内；货物运输途中经过非成员国，但仅由于地理原因或者运输需要，货物未在这些国家（地区）消费、使用、交易
《中国—东盟合作框架协议》	未经任何非自由贸易区成员国（地区）境内；经过非自由贸易区成员境内，但满足：仅由于地理原因，未进行贸易或消费，除装卸或者为保持产品良好状态而进行的加工外未经其他加工
CEPA	香港 CEPA 项下的香港原产进口货物应当从香港直接运输至内地口岸；澳门 CEPA 项下的进口货物不能从香港以外的地区或者国家转运
中国对最不发达国家特别优惠关税待遇	未经过中国和该受惠国以外的其他国家（地区）；如货物经过其他国家（地区）运输至我国境内的，需满足：仅由于地理原因或者运输需要，且在经过其他国家（地区）时未做除装卸和为使货物保持良好状态或者运输所必需的处理以外的其他处理，同时未进行贸易或者消费的

（2）非优惠原产地认定标准。

① 完全获得标准。完全在一个国家（地区）获得的货物，以该国（地区）为原产地；两个以上国家（地区）参与生产的货物，以最后完成实质性改变的国家（地区）为原产地。

② 实质性改变标准。两个及两个以上国家（地区）参与生产或制造的货物，以最后完成实质性改变的国家（地区）为原产地。以税则归类改变为基本标准，税则归类不能反映实质性改变的，以从价百分比、制造或者加工工序等为补充标准。

a. 税则归类改变。指产品经加工后，在《进出口税则》中四位数一级的税则归类已经改变。

b. 制造或者加工工序。指在某一国家（地区）进行的赋予制造、加工后所得货物基本特征的主要工序。

c. 从价百分比。是指一个国家（地区）对非该国（地区）原产材料进行制造、加工后的增值部分，占所得货物价值的 30% 及其以上。

2. 进出口税率的适用

进口税则分设最惠国税率、协定税率、特惠税率、普通税率、关税配额税率等税率。对进口货物在一定期限内可以实行暂定税率。根据我国加入世界贸易组织承诺的关税减让义务，经 2007 年调整后我国的进口关税总水平为 9.8%。

1）进出口税率适用原则

对于同时适用多种税率的进口货物，在选择适用的税率时，基本的原则是"从低计征"，特殊情况除外。以下是同时有两种及以上税率可适用的进口货物最终适用的税率汇总表，见表 8-8。

表 8-8 同时有两种及以上税率可适用的进口货物最终适用的税率汇总表

进口货物可选用的税率	税率适用的规定
同时适用最惠国税率、进口暂定税率	应当适用暂定税率
同时适用协定税率、特惠税率、进口暂定税率	应当从低适用税率
同时适用国家优惠政策、进口暂定税率	按国家优惠政策进口暂定税率商品时，以优惠政策计算确定的税率与暂定税率两者取低计征关税，但不得在暂定税率基础上再进行减免

续表

进口货物可选用的税率	税率适用的规定
适用普通税率的进口货物,存在进口暂定税率	适用普通税率的进口货物,不适用暂定税率
适用关税配额税率、其他税率	关税配额内的,适用关税配额税率;关税配额外的,适用其他税率
同时适用 ITA 税率*、其他税率	适用 ITA 税率
反倾销税关税、反补贴税、保障措施关税、报复性关税	适用反倾销税率、反补贴税率、保障措施税率、报复性关税税率

*ITA 税率是世界贸易组织的重要成果之一,是关于取消信息技术产品的关税及其他税费的一项专门协议。

对于出口货物,在计算出口关税时,出口暂定税率优先于出口税率执行。

2)进出口税率适用的时间

《关税条例》规定,进出口货物应当适用海关接受该货物申报进口或者出口之日实施的税率。在实际运用时应区分以下不同情况,见表 8-9。

表 8-9 不同货物类别的税率适用时间

货物类别	税率适用时间
进出口货物	海关接受该货物申报进口或者出口之日实施的税率
进口货物到达前,经海关核准先行申报的	装载该货物的运输工具申报进境之日实施的税率
进口转关运输货物	适用指运地海关接受该货物申报进口之日实施的税率;货物运抵指运地前,经海关核准先行申报的,应当适用装载该货物的运输工具抵达指运地之日实施的税率
出口转关运输货物	适用起运地海关接受该货物申报出口之日实施的税率
经海关批准,实行集中申报的进出口货物	适用每次货物进出口时海关接受该货物申报之日实施的税率
由海关依法变卖的进口货物	适用装载该货物的运输工具申报进境之日实施的税率
因纳税人违反规定需要追征税款的进出口货物	适用违反规定的行为发生之日实施的税率;行为发生之日不能确定的,适用海关发现该行为之日实施的税率
已申报进境并放行有下列情形需缴税款的:①保税货物经批准不复运出境的;②保税仓储货物转入国内市场销售的;③减免税货物经批准转让或者移作他用的;④可暂不缴纳税款的暂时进出境货物,经批准不复运出境或者进境的;⑤租赁进口货物,分期缴纳税款的	适用海关接受纳税义务人再次填写报关单申报办理纳税及有关手续之日实施的税率

【知识拓展】

进口货物完税价格中的运输及其相关费用、保险费的计算

1. 运费的计算标准

进口货物的运费按照实际支付的费用计算。如果进口货物的运费无法确定,海关按照该货物的实际运输成本或者该货物进口同期运输行业公布的运费率计算运费。运输工具作为进口货物,利用自身动力进境的,海关在审查确定完税价格时,不再另行计入运费。

2. 保险费的计算标准

进口货物的保险费按照实际支付的费用计算。如果进口货物的保险费无法确定或者未实际

【拓展知识】

【拓展知识】

发生，海关按照"货价加运费"两者总额的3‰计算保险费，其计算公式为

$$保险费 = （货价 + 运费）× 3‰$$

3. 邮运货物运费计算标准

邮运进口的货物以邮费作为运输及其相关费用、保险费。邮运进口货物主要是指快件，而超过一定价值的快件应按货物管理，所以同样存在运保费的问题，而邮运进口货物，其邮费即为运保费。

4. 边境口岸运费计算标准

以境外边境口岸价格条件成交的铁路或者公路运输进口货物，海关应当按照境外边境口岸价格的1%计算运输及其相关费用、保险费。这里所称的"边境口岸"是指与我国接壤的国家或地区的边境口岸。

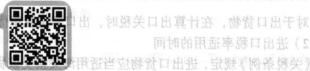

【参考答案】

一、单项选择题

1. 非优惠原产地认定标准中"实质性改变标准"，其基本标准是（　　）。
   A. 税则归类改变　　B. 从价百分比　　C. 制造、加工工序　　D. 完全获得标准
2. 某企业从国外购进一台精密数控机床，合同约定该机床只能用于展示。海关在审定其完税价格时，不能采用（　　）。
   A. 进口货物成交价格法　　　　　　B. 类似货物成交价格法
   C. 计算价格法　　　　　　　　　　D. 合理方法
3. 某企业已一般贸易方式进口一台机器设备，申报价格10万美元，海关对其准确性产生怀疑，采用成交价格法进行价格调整。其审价程序应为（　　）。
   A. 先进行价格质疑，再进行价格磋商　　B. 只进行价格质疑，无需进行价格磋商
   C. 无需进行价格质疑，直接进行价格磋商　D. 无需进行价格质疑和磋商，直接确定完税价格
4. 海关确定一般进口货物完税价格应当依次采用：①进口货物成交价格法、②相同货物成交价格法、③类似货物成交价格法、④倒扣价格法、⑤计算价格法、⑥合理方法。其中，经纳税义务人申请，海关可以颠倒（　　）的适用次序。
   A. ①和②③　　B. ②和③　　C. ④和⑤　　D. ④⑤和⑥
5. 如果出口货物的销售价格中包含了出口关税，则出口货物的完税价格的计算公式为（　　）。
   A. FOB（中国境内口岸）/1+出口关税税率　B. FOB（中国境内口岸）/1-出口关税税率
   C. CIF（中国境外口岸）/1+出口关税税率　D. CIF（中国境外口岸）/1-出口关税税率
6. 以下关于税率适用的原则，表述错误的是（　　）。
   A. 适用最惠国税率的进口货物有暂定税率的，应当适用暂定税率
   B. 适用协定税率的进口货物有暂定税率的，应当从低适用税率
   C. 适用特惠税率的进口货物有暂定税率的，应当适用特惠税率
   D. 适用普通税率的进口货物有暂定税率的，应当适用普通税率
7. 关税和进口环节增值税、消费税的纳税义务人，应当自海关填发税款缴纳书之日起（　　）内缴纳税款，逾期未缴纳的，海关依法按日加收滞纳税款（　　）的滞纳金。
   A. 5日；0.5‰　　B. 5日；0.5%　　C. 15日；0.5‰　　D. 15日；0.5%
8. 以下国家不适用于《中华人民共和国与东南亚国家联盟全面经济合作框架协议》的是（　　）。
   A. 老挝　　B. 越南　　C. 菲律宾　　D. 孟加拉国
9. 大陆某公司从香港进口日本产的机器设备2台，成交价格CIF广州50 000美元/台。设1美元=7元人民币，最惠国税率为7%，普通税率为30%。则应征进口关税为（　　）。

A. 24 500 元人民币　　B. 49 000 元人民币　C. 10 500 元人民币　D. 210 000 元人民币

10. 出口货物应当以海关审定的货物售予境外的（　　），作为完税价格。
    A. FOB　　　　　　B. CIF　　　　　　C. FOB-出口税　　D. CIF-出口税

11. 纳税义务人因某些原因不能按时交纳税款的，经海关总署批准，可以延期交纳税款，但最长不得超过（　　）个月。
    A. 1　　　　　　　B. 2　　　　　　　C. 3　　　　　　　D. 6

12. 海关计征关税时，人民币与外汇的比价应在人民币元后保留（　　）位小数。
    A. 1　　　　　　　B. 2　　　　　　　C. 3　　　　　　　D. 4

二、多项选择题

1. （　　）可以采用复合税的记征方法。
   A. 进口环节增值税　　　　　　　　　B. 进口环节消费税
   C. 船舶吨税　　　　　　　　　　　　D. 进口关税

2. 下列关于滑准税的表述正确的是（　　）。
   A. 当商品价格上涨时采用较低税率　　B. 当商品价格上涨时采用较高税率
   C. 当商品价格下跌时采用较高税率　　D. 当商品价格下跌时采用较低税率

3. 进口关税记征方法包括（　　）。
   A. 从价税　　　　　B. 从量税　　　　　C. 复合税　　　　　D. 滑准税

4. 进口环节消费税以从价定率方法计算的，其计税组成价格应当包括（　　）。
   A. 关税完税价格　　　　　　　　　　B. 进口关税税额
   C. 进口环节增值税税额　　　　　　　D. 进口环节消费税税额

5. 以下进口货物不适用进口货物成交价格法确定完税价格的是（　　）。
   A. 小轿车，只能用于展示
   B. 注塑机，以买方向卖方销售螺丝为条件确定价格
   C. 水龙头零件，组装为成品后只能销售给指定第三方
   D. 印刷机，货价中包括买方向知识产权权利人支付的特许权使用费

6. 关税的纳税义务人包括（　　）。
   A. 进口货物的收货人　　　　　　　　B. 出口货物的发货人
   C. 进出境物品的所有人　　　　　　　D. 运输工具负责人

7. 货物运抵中华人民共和国境内输入地点起卸前的（　　）应计入进口货物完税价格。
   A. 运输费　　　　　B. 装卸费　　　　　C. 搬运费　　　　　D. 保险费

8. 非优惠原产地认定标准中的实质性改变标准包括（　　）。
   A. 税则归类改变标准　　　　　　　　B. 从价百分比标准
   C. 加工工序标准　　　　　　　　　　D. 完全获得标准

9. 从价记征进口货物税款时，应考虑（　　）等因素。
   A. 汇率　　　　　　B. 价格　　　　　　C. 原产地　　　　　D. 税则号列

10. 下列属于关税附加税的是（　　）。
    A. 反倾销税　　　　B. 反补贴税　　　　C. 消费税　　　　　D. 增值税

11. 根据《2010年国际贸易术语解释通则》，下列关于 FOB、CFR、CIF 三种术语的表述正确的是（　　）。
    A. 三种术语的风险划分界限都是装运港船舷
    B. 三种术语都只适用于水上运输
    C. 适用 FOB 术语，买方有义务订立运输合同并承担运费
    D. 适用 CIF 术语，卖方必须支付运输合同项下的运费

12. 根据现行规定，下列船舶中，（　　）应征收船舶吨税。
    A. 专门在我国内陆港往返行驶的外国籍船舶
    B. 外商长期租用的中国籍船舶
    C. 我国租用的外国籍国际航行船舶
    D. 中外合资海运企业自有或租用的中外籍船舶

三、判断题

1. 船舶吨税的纳税义务人逾期缴纳税款的，海关依法加收税款滞纳金。（　　）
2. 原产地证书并不是确定货物是否适用优惠原产地规则的唯一标准，海关通过货物可以确认原产地。（　　）
3. 优惠原产地规则的实施应当遵守最惠国待遇原则。（　　）
4. 关税是对准许进出关境的货物和物品向纳税义务人征收的一种流转税。（　　）
5. 海关办理退税手续时，已征收的滞纳金一并退还。（　　）
6. 关税是海关代表国家向纳税义务人征收的一种流转税，其征收主体是国家，课税对象是纳税义务人。（　　）

项目 9

其他核算

【学习目标】
(1) 掌握税款滞纳金的计算方法。
(2) 了解进出口环节减免税的种类和适用范围。

任务4 滞纳金计算

大陆某公司从香港购进日本丰田皇冠牌轿车一批,已知该批货物应征关税为 352 793.52 元,应征进口环节消费税为 72 860.70 元,进口环节增值税为 247 726.38 元。海关于 2017 年 3 月 4 日填发海关专用缴款书,该公司于 2017 年 3 月 30 日缴纳税款。现计算应征的滞纳金。

注意:首先确定滞纳天数,然后再分别计算应缴纳的关税、进口环节消费税和增值税的滞纳金,对其中滞纳金额超过起征点 50 元人民币的予以征收。

知识9 税款滞纳金

1. 征收范围

征收滞纳金是税收管理中的一种行政强制措施。在海关监督管理中,滞纳金指应纳税的单位或个人因逾期向海关缴纳税款而依法应缴纳的款项。

按照规定,关税、进口环节增值税、进口环节消费税的纳税义务人或其代理人应当自海关填发税款缴款书之日起 15 日内向指定银行缴纳税款,逾期缴纳的,海关依法在原应纳税款的基础上按日加收滞纳税款 0.5‰的滞纳金。

其他应征收滞纳金的情况见表 9-1。

表 9-1 其他应征收滞纳金的情况

应征滞纳金情形	滞纳金征收
进出口货物放行后,海关发现因纳税义务人违反规定造成少征或者漏征税款	自缴纳税款或货物放行之日起 3 年内追征税款,并从缴纳税款或货物放行之日起至海关发现之日止,按日加收少征或者漏征税款 0.5‰的滞纳金
纳税义务人违反规定造成海关监管货物少征或者漏征税款	自应缴纳税款之日至海关发现违规行为之日止按日加收少征或者漏征税款 0.5‰的滞纳金,其中"应缴纳税款之日"是指纳税义务人违反规定的行为发生之日,如无法确定,以海关发现该行为之日作为应缴纳税款之日
租赁进口货物分期支付租金,但逾期办理申报手续的	(1)每次支付租金后的 15 日内,未向海关申报办理纳税手续的,自申报办理纳税手续期限届满之日至纳税义务人申报纳税之日止,按日加收应缴纳税款 0.5‰的滞纳金; (2)租期届满之日起 30 日内,未向海关申请办结海关手续的,自租赁期限届满后 30 日起至纳税义务人申报纳税之日止按日加收应缴纳税款 0.5‰的滞纳金
暂时进出境货物未在规定期限内复运出境或者复运进境,且纳税义务人未在规定期限届满前向海关申报办理进出口及纳税手续	自规定期限届满之日起至纳税义务人申报纳税之日止按日加收应缴纳税款 0.5‰的滞纳金

2. 征收标准

滞纳金按每票货物的关税、进口环节增值税、消费税单独计算,起征点为人民币 50 元,

不足人民币50元的免予征收。其计算公式为

$$关税滞纳金金额 = 滞纳关税税额 \times 0.5‰ \times 滞纳天数$$

$$进口环节税滞纳金金额 = 滞纳进口环节税税额 \times 0.5‰ \times 滞纳天数$$

其中，海关对滞纳天数的计算是自滞纳税款之日起至进出口货物的纳税义务人缴纳税费之日止，其中的法定节假日不予扣除。缴纳期限届满日如遇休息日或者法定节假日的，应当顺延至休息日或法定节假日之后的第一个工作日。国务院临时调整休息日与工作日的，则按照调整后的情况计算缴款期限。

知识 10 进出口税费的减免

进出口税费减免是指海关按照国家政策、《海关法》和其他有关法律、行政法规的规定，对进出口货物的关税和进口环节海关代征税给予减征或免征。税费减免可分为三大类，即法定减免税、特定减免税和临时减免税。

1. 法定减免税

法定减免税是指按照《海关法》《关税条例》和其他法律、行政法规的规定进出口货物可以享受的减免关税优惠。海关对法定减免税货物一般不进行后续管理。

下列进出口货物、进出境物品减征或者免征关税：

（1）关税税额在人民币50元以下的一票货物。

（2）无商业价值的广告品和货样。

（3）外国政府、国际组织无偿赠送的物资。

（4）在海关放行前遭受损坏或者损失的货物。

（5）进出境运输工具装载的途中必需的燃料、物料和饮食用品。

（6）我国缔结或者参加的国际条约规定减征、免征关税的货物、物品。

（7）法律规定减征、免征关税的其他货物、物品。

2. 特定减免税

特定减免税也称政策性减免税，是指海关根据国家规定，对特定地区、特定用途和特定企业给予的减免关税和进口环节海关代征税的优惠。

目前我国实施特定减免税的项目主要有以下几类：

（1）外商投资项目投资额度内进口自用设备。

根据对外商投资的法律法规规定，在中国境内依法设立，并领取外商投资企业批准证书和外商投资企业营业执照等有关法律文件的外商投资企业，所投资的项目符合《外商投资产业指导目录》中鼓励类或《中西部地区外商投资优势产业目录》的产业条目，在投资总额内进口的自用设备及随设备进口的配套技术、配件、备件，除《外商投资项目不予免税的进口商品目录》《进口不予免税的重大技术装备和产品目录》所列商品外，免征关税，进口环节增值税照章征收。

（2）外商投资企业自有资金项目。

属于国家鼓励发展产业的外商投资企业（外国投资者的投资比例不低于25%），外商研究开发中心，先进技术型、产品出口型的外商投资企业，在企业投资额以外的自有资金内，对原有设备更新（不包括成套设备和生产线）和维修进口国内不能生产或性能不能满足需要的

设备，以及与上述设备配套的技术、配件、备件，除《国内投资项目不予免税的进口商品目录》《进口不予免税的重大技术装备和产品目录》所列商品外，可以免征进口关税，进口环节增值税照章征收。

（3）国内投资项目进口自用设备。

属国家重点鼓励发展产业的国内投资项目，在投资总额内进口的自用设备，以及按照合同随设备进口的技术及配套件、备件，除《国内投资项目不予免税的进口商品目录》《进口不予免税的重大技术装备和产品目录》所列商品外，免征进口关税，进口环节增值税照章征收。

（4）贷款项目进口物资。

外国政府贷款和国际金融组织贷款项目，在项目额度或投资总额内进口的自用设备，以及按照合同随设备进口的技术及配套件、备件，除《外商投资项目不予免税的进口商品目录》《进口不予免税的重大技术装备和产品目录》所列商品外，免征进口关税。经确认按有关规定增值税进项税额无法抵扣的，同时免征进口环节增值税。

（5）贷款中标项目进口零部件。

在利用世界银行贷款、亚洲开发银行贷款、日本国际协力银行贷款及其赠款的国际招标中，国内中标单位为生产中标机电设备而进口国内不能生产或性能不能满足需要的零部件免征进口关税，照章征收进口环节增值税和消费税。

（6）重大技术装备。

对经认定符合规定条件的国内企业为生产国家支持发展的重大技术装备和产品进口规定范围的关键零部件、原材料商品，除《进口不予免税的重大技术装备和产品目录》所列商品外，免征关税和进口环节增值税。

（7）特定区域物资。

保税区、出口加工区等特定区域进口的区内生产性基础设施项目所需的机器、设备和基建物资可以免税；区内企业进口企业自用的生产、管理设备和自用合理数量的办公用品及其所需的维修零配件，生产用燃料，建设生产厂房、仓储设施所需的物资、设备可以免税；行政管理机构自用合理数量的管理设备和办公用品及其所需的维修零配件，可以免税。

（8）科教用品。

对国务院部委和直属机构，以及省、自治区、直辖市、计划单列市所属专门从事科学研究工作的科学研究机构和国家承认学历的实施专科及以上高等学历教育学校，或财政部会同国务院有关部门核定的其他科学研究机构和学校，以科学研究和教学为目的，在合理数量范围内进口国内不能生产或者性能不能满足需要的科学研究和教学用品，免征进口关税和进口环节增值税、消费税。

（9）科技开发用品。

对经国家有关部门核准从事科技开发的科学研究、技术开发机构，在合理数量范围内进口国内不能生产或者性能不能满足需要的科技开发用品，免征进口关税和进口环节增值税、消费税。

（10）无偿援助项目进口物资（暂略）。

（11）救灾捐赠物资（暂略）。

（12）扶贫慈善捐赠物资（暂略）。

（13）残疾人专用品（暂略）。

（14）集成电路项目进口物资。

我国对在中国境内设立的投资额超过 80 亿元人民币或集成电路线宽小于 0.25 微米的集

成电路生产企业进口自用生产性原材料、消耗品,净化室专用建筑材料、配套系统,集成电路生产设备零、配件,免征进口关税,进口环节增值税照章征收。

(15)海上石油、陆上石油项目进口物资。

凡在我国海洋和特定区域内进行石油和天然气开采作业的项目,进口直接用于开采作业的设备、仪器、零附件、专用工具,依照规定免征进口关税和进口环节增值税。

(16)进口远洋渔船及船用关键设备和部件。

对在国内订造、改造远洋渔船进口的船用关键设备和部件,进口少量带有入渔配额的二手远洋渔船,以及进口国内尚不能建造的特种渔船,实施进口税收优惠政策。

(17)远洋渔业项目进口自捕水产品。

对经农业部批准获得《农业部远洋渔业企业资格证书》的远洋渔业企业运回的品种及产地符合要求的自捕水产品,执行不征进口关税和进口环节增值税的政策。

3. 临时减免税

临时减免税是指法定减免税和特定减免税以外的其他减免税,国务院根据某个单位、某类商品、某个时期或某批货物的特殊情况和需要,给予特别的临时性减免税优惠。

【知识拓展】

拓展一 收入退还书

海关退还已征收的关税和进口环节代征税时,应填发《收入退还书(海关专用)》,同时通知原纳税义务人或其代理人。海关将"收入退还书"(海关专用)送交指定银行划拨款。

收入退还书(海关专用)									
填发日期: 年 月 日									
合同号:		编号: 字 号			报关单编号:				
收款单位	全称				退款国库	预算级次			
	账号					指定退款国库			
	开户银行					收入机关			
原缴款书(年)							退还金额		退款人盖章
月	日	字	号	预算科目	金额	缴纳人(或单位)			
退还金额(大写)人民币							合计(¥)		
退还理由	收入机关:				退款国库:				
	负责人章		经盖手人章		负责人章			经盖手人章	
审核意见	机关盖章				付图讫日期章				

注:收入退还书(海关专用)一式六联,其中,
第一联:(收款通知)交收款单位;
第二联:(付款凭证)由退款国库作为付出凭证;
第三联:(收款凭证)由收款单位开户银行作为收入凭证;
第四联:(付款通知)由国库随收入统计表送退款海关;
第五联:(报查凭证)国库退款后,关税收入退还书送退库海关,海关代征税收入退还书送当地税务机关;
第六联:(存根)由填发单位存查。

拓展二 减免税管理

1. 减免税申办手续

减免税申请人除特殊情况外应当向其所在地主管海关申请办理减免税备案、减免税审批、减免税税款担保和后续管理业务等相关手续,向进出口岸海关办理减免税货物进出口通关手续。减免税申请人可以自行,也可以委托他人向海关申请办理上述手续。

减免税货物申办的流程是:办理减免税备案手续→办理减免税审批手续→实际进出口减免税货物→税款担保,见表9-2。

表9-2 减免税货物申办流程

程 序	内 容
(1)减免税备案手续: 准备相关单证向主管海关申请办理减免税备案手续	进出口货物减免税备案申请表;企业营业执照或者事业单位法人证书、国家机关设立文件、社团登记证书、民办非企业单位登记证书、基金会登记证书等证明材料;相关政策规定的享受进出口税收优惠政策资格的证明材料
(2)减免税审批手续: 准备相关单证向主管海关申请办理进出口货物减免税审批手续	进出口货物征免税申请表;企业营业执照或者事业单位法人证书、国家机关设立文件、社团登记证书、民办非企业单位登记证书、基金会登记证书等证明材料;进出口合同、发票,以及相关货物的产品情况资料;相关政策规定的享受进出口税收优惠政策资格的证明材料
(3)实际进出口减免税货物	海关审核同意后向减免税申请人签发《海关进出口货物征免税证明》,减免税申请人持海关签发的征免税证明,并在有效期内向口岸海关办理进出口货物通关手续
(4)税款担保: 特定情形下可持有关单证向主管海关申请凭税款担保先予办理货物放行手续	主管海关按照规定已经受理减免税备案或者审批申请,尚未办理完毕的;有关进出口税收优惠政策已经国务院批准,具体实施措施尚未明确,海关总署已确认减免税申请人属于享受该政策范围的;其他经海关总署核准的情况

2. 减免税货物管理

在海关监管年限(船舶、飞机8年;机动车辆6年;其他货物5年)内的减免税按以下规定执行:

(1)未经海关许可,减免税申请人不得擅自将减免税货物转让、移作他用、抵押、质押或者进行其他处置。

(2)在海关监管年限内,减免税申请人应当自进口减免税货物放行之日起,在每年的第一季度向主管海关递交《减免税货物使用状况报告书》,报告在海关监管年限内减免税货物使用状况。

(3)减免税货物转让给进口同一货物享受同等减免税优惠待遇的其他单位的,不予恢复减免税货物转出申请人的减免税额度(即不重复免税),减免税货物转入申请人的减免税额度按照海关审定的货物结转时的价格、数量或者应缴税款予以扣减。

减免税货物因品质或者规格原因原状退运出境,减免税申请人以无代价抵偿方式进口同一类型货物的,不予恢复其减免税额度;未以无代价抵偿方式进口同一类型货物的,减免税申请人在原减免税货物退运出境之日起3个月内向海关提出申请,经海关批准,可以恢复其减免税额度。

对于其他提前解除监管的情形,不予恢复减免税额度。

(4)减免税申请人经主管海关批准将减免税货物移作他用,应当补缴税款的,税款的计算公式为

$$补缴税款 = 海关审定的货物原进口时的价格 \times 税率 \times \frac{需要补缴税款的时间}{监管年限 \times 12 \times 30}$$

上述计算公式中的税率应当适用海关接受申报办理纳税手续之日实施的税率;需补缴税款的时间是指

减免税货物移作他用的实际时间,按日计算,每日实际生产不满 8 小时或者超过 8 小时的均按 1 日计算。

(5)减免税货物因转让或者其他原因需要补征税款的,补税的完税价格以海关审定的货物原进口时的价格为基础,按照减免税货物已进口时间与监管年限的比例进行折旧,其计算公式为

$$补税的完税价格 = 海关审定的货物原进口时的价格 \times \left(1 - \frac{减免税货物已进口时间}{监管年限 \times 12}\right)$$

上述计算公式中"减免税货物已进口的时间"自减免税货物的放行之日起按月计算,不足 1 个月但超过 15 日的,按照 1 个月计算;不超过 15 日的,不予计算。已进口时间的截止日期按以下规定确定。

① 转让减免税货物的,应当以海关接受减免税申请人申请办理补税手续之日作为计算其已进口时间的截止之日。

② 减免税申请人未经海关批准,擅自转让减免税货物的,应当以货物实际转让之日作为计算其已进口时间的截止之日;转让之日不能确定的,应当以海关发现之日作为截止之日。

③ 在海关监管年限内,减免税申请人发生破产、撤销、解散或者其他依法终止经营情形的,已进口时间的截止日期应当为减免税申请人破产清算之日或者被依法认定终止生产经营活动的日期。

拓展三 加工贸易保税货物缓税利息

加工贸易保税货物在规定的有效期限内(包括经批准延长的期限)全部出口的,由海关通知中国银行将保证金及其活期存款利息全部退还;加工贸易保税料件或制成品内销的,海关除依法征收税款外,还应加征缓税利息。缓税利息缴纳方式、缴纳凭证、缴纳规定等与税款缴纳相同。

应根据填发海关税款缴款书时海关总署调整的最新缓税利息率按日征收。缓税利息的计算公式为

$$应征缓税利息 = 应征税款 \times 计息期限(天数) \times 缓税利息率 \div 360$$

其中:

(1)缓税利息的利率为中国人民银行公布的活期存款利率,海关根据中国人民银行最新公布的活期存款利率随时调整并公布执行。

(2)加工贸易保税料件或制成品经批准内销的,缓税利息计息期限的起始日期为内销料件或制成品所对应的加工贸易合同项下首批料件进口之日至海关填发税款缴款书之日;加工贸易 E 类电子账册项下的料件或制成品内销时,起始日期为内销料件或制成品所对应电子账册的最近一次核销之日(若没有核销日期的,则为电子账册的首批料件进口之日)至海关填发税款缴款书之日。

【参考答案】

一、单项选择题

1. 进出口货物放行后,因纳税义务人违反规定造成漏征税款的,海关( )3 年内追征。
   A. 自违规行为发生之日起 B. 自发现违规行为之日起
   C. 自缴纳税款之日起 D. 自货物放行之日起
2. ( )免征进口关税,进口环节增值税照章征收。
   A. 扶贫慈善捐赠进口物资 B. 海上石油项目进口物资
   C. 集成电路项目进口物资 D. 远洋渔业项目进口自捕水产品
3. 下列类别的特定减免税货物,免征进口关税的同时免征进口环节增值税的是( )。
   A. 外商投资企业自有资金项目 B. 国内投资项目进口自用设备
   C. 重大技术装备 D. 贷款中标项目进口零部件

4. 下列进出口货物中属于法定减免税范围的是（　　）。
   A. 关税完税价格在人民币 50 元以下的一票货物
   B. 无商业价值的货样、广告品
   C. 外国政府、国际组织、商业机构无偿赠送的物资
   D. 在海关放行后遭受损坏或损失的货物
5. 纳税义务人应当自海关填发税款缴款书之日起 15 日内向指定银行交纳税款。纳税义务人未按期交纳税款的，从滞纳税款之日起，按日加收滞纳税款（　　）的滞纳金。
   A. 1‰　　　　　B. 1.5‰　　　　　C. 0.1‰　　　　　D. 0.5‰

二、多项选择题

1. 下列特定减免税货物，免征进口关税和进口环节增值税、消费税的是（　　）。
   A. 科教用品　　　B. 科级开发用品　　　C. 救灾捐赠物资　　　D. 残疾人专用品
2. 特定减免税中的特定地区是指（　　）。
   A. 保税区　　　　B. 出口加工区　　　　C. 边民互市　　　　　D. 中西部地区

模块 4　报关英语

Project 10

Necessary Documents for Customs Declaration

实用报关单证

【学习目标】
（1）了解报关单证的分类。
（2）熟练使用英语填写各种报关单证。

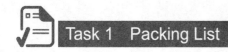
Task 1 Packing List

江苏好跃贸易公司
JiangSu HaoYue Trading Co.（1）
12 HongQi Road, SuZhou, China

装箱单
Packing List（2）

Exporter:
JiangSu HaoYue Trading Co.   INV. No.（3）
12 HongQi Road   _____
SuZhou, China   Date（4）
                                _____

Buyer:
Janmes Brown and Sons   Transport Details:
2116 NW 21 Street   Sea Freight
Miami FL. 33142, USA   From ShangHai to Miami USA

件号（5） Ctn. Nos.	件数（7） Quantity	货名（6） Description of Goods	净重（10） Net Weight	毛重（9） Gross Weight	尺码（11） Measurement
			22kgs	24.5kgs	（58×46×40）
	220 ctns（8）	2,640pairs, Art. No. JB702	4,840kgs	5,390kgs	23.478m³
	300 ctns	3,600pairs, Art. No. JB703	6,600kgs	7,350kgs	32.016m³
			114,440kgs	12,740kgs	55.494m³

江苏好跃贸易公司（章）
（12）
张××（章）

Primary Knowledge 1

1. The Concept of Packing List

装箱单的概念

Packing List is also called packaging or single code, is used to describe the details of the list of packaged goods.

装箱单也称包装单或码单，是用以说明货物包装细节的清单。

2．The Main Function of Packing List

装箱单的主要功能（作用）

The main function of Packing List is supplementing contents of invoice, recording the manner of packing, packaged materials and packaged number, goods specifications, quantity, weight, ect. in detail, convenient for importers or customs and other relevant departments to approve the goods. The data and content included in the Packing List must in accordance with the relevant content included in the bill of lading or other relevant documents.

装箱单的主要功能是补充发票内容，记录包装方式、包装材料及数量、货物规格、数量、重量等细节，以方便进口商、海关或其他相关部门确认货物。装箱单上的数据必须与提货单或者其他有关单证一致。

3．The Contents of a Packing List

装箱单的内容

（1）Exporter's Name and Address（出口企业名称和地址）。出口企业的名称、地址应与发票同项内容一致，缮制方法相同。

（2）Name of Document（单据名称）。单据名称通常用英文粗体标出。常见的英文名称有 Packing List(Note)、Packing Specifications、Specifications。实际使用中，应与信用证要求的名称相符，倘若信用证未做规定，可自行选择。

（3）No.（装箱单编号）。装箱单编号一般填发票号码，也可填合同号。

（4）Date（出单日期）。出单日期填发票签发日，不得早于发票日期，但可晚于发票日期1~2天。

（5）Shipping Mark（唛头）。与发票的唛头相一致。

（6）Name of Commodity and Specifications（品名和规格）。品名和规格必须与信用证的描述相符。规格包括商品规格和包装规格，例如，Packed in polythene bags of 3 kgs each, and then in inner box, 20 boxes to a carton.（每3千克一塑料袋，每袋装一盒，20盒装一箱）。

（7）Quantity（数量）。数量填写实际件数，如品质规格不同应分别列出，并累计其总数。

（8）Unit（单位）。单位是指外包装的数量单位，如箱、包、桶等。

（9）Gross Weight（毛重）。毛重是指包括包装在内的每件货物的重量，如果是长途运输，还可以是带集装箱的重量。规格不同要分别列出，并累计其总量。而 Packaged Weight 指的是当初包装时这个货物的重量，通常会用来标注一些容易失去水分/吸收水分的货品的重量。

（10）Net Weight（净重）。净重要填写每件货物的实际重量并计算其总量。

（11）Measurement（尺码）。尺码填写每件包装的体积。

（12）Signature（签字、盖章）。出单人签章应与商业发票相符，如果信用证规定中性包装，此栏可不填。

Task 2 Bill of Lading

Shipper (1) NanTong HuaYang Chemical Corp. 4/6F RenMin Road NanTong China	COSCO B/L No. 中国远洋运输（集团）总公司 China ocean shipping company Cable: Telex: COSCO ShangHai Original Combined transport Bill of Lading
Consignee (2) To order of Japanese international bank Ltd. Yokohama Branch	
Notify Party (3) Winning Chemical Co., Ltd. 1204-6 Sincere Bldg. 85-86 Connaught Road Yokohama Japan	
Pre-carriage by (4) Place of Receipt (6) YanXin NanTong	
Ocean Vessel (5) Voy. Place of Loading Mayer Hong Kong	
Port of Discharge (7) Place of Delivery (8) Yokohama	

Marks&No. (10) No.&Kind of Pkgs (11) Description of Goods (12) Gross Weight (13) Measurement (14)
T.E.I.   TALC IN POWDER   20,000 KRAFT   510,000KGS   440CBM YOKOHAMA   PAPERBAGES No. 20,000   FREIGHT PREPAID

Total Number of Containers Or Packages (in words)					
Freight (15) & Charges	Revenue Tons	Rate	Per	Prepaid	Collect
Prepaid at	Payable at	Place and Date of Issue (17) Nan Tong 2016/12/10			
Total Prepaid	No. of Original B/L (9)				
Loading on Board the Vessel (18) Date 2016/12/10 By...		Signed for the Carrier (19) ...			

Primary Knowledge 2

1. The Concept of Bill of Lading

提货单的概念

Bill of Lading is a document signed by or on behalf of the master of a carrying vessel, certifying that the goods have been received on in good order for transportation and delivery as specified in the document.

提货单是用以证明货物运输合同和货物已由承运人接受或者装船,以及承运人保证据以交付货物的单据。

2. The Nature of Bill of Lading

提货单的特征

When the goods are sent, contract of affreightment is evidenced by a Bill of Lading, which is one of the most important shipping documents used in overseas trade. A Bill of Lading is:

当货物发送后,提货单是运输合同的证明单证,是国际贸易中重要的航运文件之一。提货单是:

(1) A formal receipt by the ship owner acknowledging that goods alleged to be of the stated species, quantity and condition are shipped to a stated destination in a certain ship, or at least are received in the custody of the ship owner for the purpose of shipment.

为了能正常货运,船主开出的正式收据必须声明并确认货物品种、数量、运往目的地过程中所需某种特定船只的条件,至少要澄清船主的监护权。

(2) Evidence of the contract of carriage, repeating in detail the terms of the contract which was in fact concluded prior to the signing of the bill.

运输合同证据中重复的、详细的合同条款其实是之前签署的账单。

(3) A document of title to the goods enabling the consignee to dispose of the goods by endorsement and delivery of the Bill of Lading.

货物所有权单据帮助收货人了解货物违规处理情况和提货单的送交。

3. The Functions of Bill of Lading

提货单的功能(作用)

(1) As a receipt of the goods from the shipping company to the exporter.

货运公司给出口者的收据。

(2) As evidence of the contract for carriage between the exporter and the carrier.

出口者与承运人之间的合同。

(3) As a quasi negotiable document.

一个议付单据。

(4) As document of title.

文件名称。

4. The Contents of a Bill of Lading

提货单的内容

(1) Shipper(托运人)。托运人也称发货人(Consignor),是指委托运输的当事人。如信用证无特殊规定,应以受益人为委托人。如果受益人是中间商,货物是从产地直接装运的,这时实际卖方也可以是发货人,因为按《UCP600》规定,如信用证无特殊规定,银行将接受以第三者为发货人的提单,不过此时必须考虑各方面是否可行的问题。

(2) Consignee(收货人)。这是海运提单的抬头,是银行审核的重点项目。应与托运单中"收货人"的填写完全一致,并符合信用证的规定。

(3) Notify Party(被通知人)。即买方的代理人,货到目的港时由承运人通知其办理报关提货手续。

① 如果信用证中有规定，应严格按照信用证规定填写，如详细地址、电话、传真等。

② 如果来证中没有具体说明被通知人，那么就应将开证申请人名称、地址填入提单副本的这一栏中，而正本的这一栏保持空白或填写买方也可。副本提单必须填写被通知人是为了方便目的港代理通知联系收货人提货。

③ 如果来证中规定 notify...only，意指仅通知某人，则 only 一词不能漏掉。

④ 如果信用证没有规定被通知人地址，而托货人在提单被通知人后面加注详细地址，银行可以接受，但无须审核。

（4）Pre-carriage by（前段运输）、Port of transshipment（转船港）。如果货物需要转运，则在此两栏分别填写第一程船的船名和中转港口名称。

（5）Ocean Vessel（船名）。如果货物需要转运，则在这栏填写第二程船的船名；如果货物不需要转运，则在这栏填写第一程船的船名。是否填写第二程船名，主要是根据信用证的要求，如果信用证并无要求，即使需转船，也不必填写第二程船名。

例如：In case transshipment is effected, Name and sailing date of 2nd ocean vessel calling Rotterdam must be shown on B/L.（如果转船，至鹿特丹的第二程船名、日期必须在提单上表示。）只有在这种条款或类似的明确表示注明第二程船名的条款下，才应填写第二程船名。

（6）Place of Receipt & Place of Loading（收货地和装运港）。

① 应严格按信用证规定填写，装运港之前或之后有行政区的，如 Xin'gang/Tianjin，应照加。

② 一些国外来的信用证笼统规定装运港名称，仅规定为"中国港口"（Chinese ports, Shipment from China to），这种规定对受益人来说比较灵活，如果需要由附近其他港口装运时，可以由受益人自行选择。制单时应根据实际情况填写具体港口名称。若信用证规定"Your port"，受益人只能在本市港口装运，若本市没有港口，则事先需给开证人改证。

③ 如信用证同时列明几个装运港（地），提单只填写实际装运的那一个港口名称。

④ 托收方式中的提单，本栏可按合同的买方名称填入。

（7）Port of Discharge（卸货港/目的港）。

（8）Place of Delivery（交货地）。如果货物的交货地就是目的港，空白这一栏。填写目的港或交货地应注意下列问题：

① 除 FOB 价格条件外，目的港不能是笼统的名称，必须列出具体的港口名称。如国际上有重名港口，还应加上国名。

② 如果来证目的港后有 in transit to...，在 CIF 或 C&F 价格条件，则不能照加，只能在其他空白处或唛头内加注此段文字以表示转入内陆运输的费用由买方自理。

③ 美国一些信用证规定目的港后有 OCP 字样，应照加。OCP 英文全称为 Overland Common Point，一般叫作"内陆转运地区"，包括 North Dakota、South Dakota、Nebraska、Colorado、New Mexico 起以东各州。例如，San Francisco OCP Coos Bay，意指货到旧金山港后再转运至库斯湾。

④ 有些信用证规定目的港后有 Free port、Free zone，提单也可照加，买方可凭此享受减免关税的优惠。

⑤ 如信用证规定目的港为 Kobe/Nagoya/Yokohama，此种表示为卖方选港，提单只打一个即可。如来证规定 Option Kobe/Nagoya/Yokohama，此种表示为买方选港，提单应按次序全部照打。

⑥ 如信用证规定某港口，同时又规定具体的卸货码头，提单应照打。如到槟城目的港有三种表示：Penang、Penang/Butterworth、Penang/Georgetown。后两种表示的并不是选港，Butterworth 和 Georgetown 都是槟城港中的一个具体的卸货码头。

（9）No. of Original B/L（正本提单的份数）。只有正本提单可流通、交单、议付，副本则不行。信用证中多份数的几种表示方法如下：

① Full set of B/L，是指全套提单，按习惯做两份正本解释。

② Full set（3/3）plus 2 N/N copies of original forwarded through bills of lading，本证要求全部制作的三份正本。这里的（3/3）意为分子的数字指交银行的份数，分母的数字指应制作的份数。N/N（Non-negotiation）意为不可议付，即副本。

③ Full set less one copy on board marine bills of lading，指应向议付行提交已装船海运提单，是全套正本（至少一份正本）。

④ 2/3 original clean on board ocean bills of lading，指制作三份正本提单，其中两份向议付行提交。

（10）Marks & No.（标志和号码）。俗称唛头，提单上的唛头应与发票等其他单据及实际货物保持一致，否则会给提货和结算带来困难。散装货物没有唛头，可以表示 No mark 或 N/M。裸装货物通常以不同的颜色区别，如钢材、钢条等刷上红色标志，提单上可以用 Red stripe 表示。

（11）No. & Kind of Pkgs（件数和包装种类）。本栏填写包装数量和包装单位。如果散装货物无件数时，可表示为 In bulk（散装）。包装种类一定要与信用证一致。

（12）Description of Goods（商品名称）。商品名称应按信用证规定的品名及其他单据如发票品名来填写，应注意避免不必要的描述，更不能画蛇添足地增加内容。如果信用证上商品是 Shoes，绝不能擅自描述成 Men's canvas shoes 或 Ladies' casual shoes 等；如果品名繁多、复杂，则银行接受品名描述用统称表示，但不得与信用证中货物的描述有抵触；如果信用证规定以法语或其他语种表示品名时，也应按其语种表示。

（13）Gross Weight（毛重）。毛重应与发票或包装单相符。如果裸装货物没有毛重只有净重，应先加 Net weight 或 N.W.，再注具体的净重数量。

（14）Measurement（尺码，即货物的体积）。以"m^3"为计算单位，小数点以后保留三位。FOB 价格条件下可免填尺码。

（15）Freight & Charge（运费条款）。运费条款应按信用证规定注明。如信用证未明确，可根据价格条件是否包含运费决定如何批注。主要有以下几种情况：

① 如果是 CIF、CFR 等价格条件，运费在提单签发之前支付者，提单应注 Freight paid（运费已付）或 Freight prepaid（运费预付）。

② FOB、FAS 等价格条件，运费在目的港支付者，提单应注明 Freight collect、Freight to collect、Freight to be collected（运费到付或运费待收）或 Freight payable at destination（运费目的港支付）。

③ 如信用证规定 Charter party B/L acceptable（租船契约提单可以接受），提单内可注明 Freight as per charter party，表示运费按租船契约支付。

④ 如果卖方知道运费金额或船公司不愿意暴露运费费率的情况下，提单可注 Freight paid as arranged（运费已照约定付讫）或者运费按照约定的时间或办法支付，提单可注 Freight as arranged 或者 Freight payable as per arrangement。

⑤ 对于货物的装船费和装卸费等负担问题，经常船方要求在提单上注明以下有关条款：

F.I.（Free In）　　船方不负担装船费

F.O.（Free Out）　　船方不负担卸船费

F.I.O.S.（Free In, Out and Stowed）　　船方不负担装卸费和理舱费

F.I.O.S.T.（Free In, Out, Stowed and Trimmed）　　船方不负担装卸费、堆装和理舱费

（16）Special condition in B/L（特殊条款）。

① Bill of lading must specifically state that the merchandise has been shipped or loaded on board a named vessel and / or bill of lading must evidence that merchandise has been shipped or loaded on board a named vessel in the on board notation.

信用证要求在提单上特别地注明货物装上一指定船名的船。虽然在提单上已有一个栏目填写船名，但对方仍坚持用文字证明。这是对方强调装载船的表示。一般托运人会接受，于是在提单的空白处加上"We certify that the merchandise has been shipped on a ship named ××"。

② Bill of lading should mark freight payable as per charter party, evidencing shipment from ×× China to ×× U.S..

这是要求强调运费根据租船契约支付，并强调装运由中国的××港至美国的××港的特殊条款。在填写提单时，不应因这两项内容已注在栏目中填写而放弃重写一次，应在提单空白处加上"Freight has been payable as per charter party."和"The shipment has been made from ×× China to ××U.S.."

③ Terms as intended in relation to name of vessel, port of loading and port of arrival are not acceptable.

这是不允许在有关船名、装运港、目的港表达中出现"预计"字样的条款。在具体制作提单过程中应遵照办理。

④ Issuing company's certificate confirming that the vessel named in B/L is a vessel of a conference line. This document is only to be presented in case of shipment be sea freight.

这是一个限制托运人必须把货物交给班轮公会承运的条款。托运人在收到来证时就应根据实际情况决定是否能做到。从制作提单的具体方式来看有两种处理方法：其一，由船公司出具一张船籍证，证明装载船是某班轮公会的；其二，有船公司在签发提单时务必在提单上加注证明该船是某班轮公会的。

（17）Place and Date of Issue（提单签发地点和日期）。签单地址通常是承运人收受货物或装船的地址，但也有时不一致，例如，收受或装运货物在新港（Xin'gang）而签单在天津，也有的甚至不在同一国家。提单签发的日期不得晚于信用证规定的装运期，这对出口商能否安全收汇很重要。本提单证明条款中已有装上船条款（Shipped on board the vessel named above…），在这种情况下，签单日期即被视为装船日期。

（18）Loading on Board the Vessel（已装船批注）。有些提单正面没有预先印就的类似已装上船的条款，这种提单便称为备运提单。备运提单转化为已装船提单的方式有两种。

① 在提单的空白处加"已装船"批注或加盖类似内容的图章。例如，"shipped on board"，有的只加"on board"，然后加装船日期并加提单签发的签字或简签。所谓简签，是指签字人以最简单的签字形式，通常只签本人姓名中的一个单词或一个字母来代替正式签字。

② 在备运提单下端印有专供填写装船条款的栏目 Loading on Board the Vessel，即已装船

标注，有人称为"装船备忘录"。装船后，在此栏处加注必要内容，如船名等，填写装船日并有签字人签字或简签。

（19）Signed for the Carrier（提单签发人签字）。按照《UCP600》的规定，有权签发提单的是承运人或作为承运人的具名代理或代表、船长或作为船长的具名代理或代表。如果是代理人签字，代理人的名称和身份与被代理人的名称和身份都应该列明。

Task 3　Commercial Invoice

上海对外贸易进出口公司
ShangHai Foreign Trade Corp.
ShangHai, China（1）
Commercial Invoice（2）

Messrs:　　　　　　　Invoice No.: SHE 02/1545（5）
（3）　　　　　　　　Invoice Date: Nov. 26, 2016（4）
　　　　　　　　　　L/C No.: 0011LC123756（9）
　　　　　　　　　　L/C Date: Nov. 03, 2016

Shipped by JENNY V. 03　From（7）_____　To（8）_____

Marks & numbers（10）	Quantities and description（11）	Unit Price（12）	Amount（13）
N/M	CFR BANGKOK 2,000KGS　　USD9.00/KG　USD18,000 ISONIAZID BP98 PACKED IN 50KGS/DRUM 　N.W.: 2,000KGS 　G.W.: 2,200KGS 　40 DRUMS 　L/C No. 0011LC123756（6）		

　　　　　　　　_____

　　　　　　　　_____

　　　　　　　　　　　　ShangHai Foreign Trade Corp.（14）

上海机械进出口公司
ShangHai Machinery Import & Export Corporation
INVOICE

No. COO72
SHANGHAI: Jun. 20, 2016

Sold to Messrs: <u>OVERSEAS COMPANY 100 JULAN SULAN #01-20 SULTAN PLAZA SINGAPORE O179</u>
Shipped Per: <u>TONG HE</u>   <u>V.144</u>   From: <u>SHANGHAI</u>   To: <u>SINGAPORE</u>

Marks & Nos.	Description	Amount
OVS ———— SINGAPORE No. 1-4 860	"GOLDEN STAR" BRAND COLOUR TELEVISION SET MODEL SC874 PAL/BG SYSTEM, 220V 50HZ, TWO ROUND PIN PLUG, WITH REMOTE CONTROL 4,860 SETS, PACKED IN EXPORT CARTONS OF ONE SET EACH; TRANSPORTED IN 40' CONTAINERS OF 810 CARTONS EACH @ USD150 PER SET CIF SINGAPORE SHANGHAI MACHINERY IMPORT & EXPORT CORP. E.&.O.E.	CIF SINGAPORE USD729,000.00

Primary Knowledge 3

1. The Concept of Commercial Invoice

商业发票的概念

The Commercial Invoice is the key accounting document describing the commercial transaction between the buyer and the seller which states the names and address of the parties, the date and reference number of the buyer's order, a description of the goods sold, details of package, exact marks and numbers appearing on the package, and the price. If possible, the shipping details should be added.

商业发票是用于描述买卖双方的商业交易的重要的会计凭证。发票上会列明买卖双方的姓名和地址、购买日期和参考数字、货物销售和包装情况描述、包装单上准确的喷码和标记、价格。如果有可能，还应该添加航运细节。

2. The Relationship with Declaration Form

商业发票与报关单的关系

Fill the column of Declaration Form according the invoice, such as Executive Company, Receiving/Entrusting Company, Payment Style, Trade Terms, Freight, Insurance Premium, Additional Premium, Name of Commodity, Specification Model, Quantity and Unit, the Country/Region of Origin, Final Destination Country/Region, Unit Price, Total Price, Contract No., Container No., and so on.

根据发票填写报关单内容，如执行公司、接收/委托公司、支付方式、贸易条款、保险费、运费、附加费、商品名称、规格型号、数量和单位、国家/地区的原产地、目的地国家/地区、单价、总金额、合同号、集装箱号等。

3. The Contents of a Commercial Invoice

商业发票的内容

（1）Name and Address of Drawer（出票人的名称和地址）。此栏填制出口公司名称和详细地址，应与信用证中受益人相一致。

（2）Name of Invoice（发票名称）。"COMMERCIAL INVOICE"或"INVOICE"字样应该用粗字体醒目地打印在此。

（3）Messrs（发票抬头人名称和地址）。除非信用证指定发票抬头人，一般情况下，此栏填制进口人即开证申请人（Applicant）的名称和地址。

（4）Invoice Date（发票日期）。此栏填制的发票日期一般应早于提单的签发日期。如信用证另有规定，发票日期甚至可早于信用证开证日期，但不可迟于信用证的议付有效期。

（5）Invoice No.（发票编号）。此栏填制由出口公司自己所定的发票编号。

（6）L/C No.（信用证号）。

（7）From（起运地）。按货物实际运输情况填制货物的起运地，如为海运则应填制港口城市。

（8）To（目的地）。按实际填制，如有转运即可加打转运港。例如：From Ningbo China to New York USA via Hong Kong（or with transshipment at Hong Kong）。

（9）L/C No.（信用证号码）。当以信用证方式支付货款时，此栏填写信用证的号码，否则空白此栏。

（10）Marks & Numbers（唛头及件号）。若信用证或合同中有规定的唛头，则此栏打上与之相同的唛头；如无唛头，则打上 N/M（NO MARKS）。

（11）Quantities and Description（数量和商品描述）。信用证支付方式下的发票对货物描述严格按照信用证规定。托收方式下发票则根据实际所装货物的情况填制。货物描述一般包括合同的四个主要条款：数量条款、品质条款、包装条款、详见合约（这是为避免重复出现合约中已订的内容）。

例如：1000MT FROZEN PEAPODS；GRADEA；PACKED IN SEAWORTHY CARTONS；AS PER CONTRACT No. 178。

（12）Unit Price（单价）。单价中有四个组成部分：价格术语、计价货币、单位数额和计量单位。

例如：GIF LONDON（价格术语）；USD（计价货币）；1 590.80（单位数额，保留到小数点后两位）；PER M/T（计量单位）。

（13）Amount（总价/合计金额）。根据实际所装货物数量和单价正确计算货物的总价。注意：①发票金额和数量不得超过信用证规定的最大金额和数量，如有溢短装，可在允许浮动限额内减金额和数量；②有折扣和明佣应扣除。

例如：20M/T FROZEN PEAPODS CIF LONDON USD1000.00 PER M/T LESS 3% TRADE DICOUNT，发票总金额计算如下。

CIF D 3% USD20000.00

LESS D 3% USD600.00

TOTAL：USD9310.00

又如：10M/T FROZEN SOYA BEANS CFR TOKYO USD9,500.00 PER M/T INCLUDING 2% COMMISSION，发票总金额计算如下。

CFR C 2% USD9500.00

LESS COMMISSION 2% USD190.00

TOTAL: USD9310.00

（14）Signature（签名）。此栏填制出口公司的名称及负责人签字或盖章。

（15）Special Terms（特殊条款）。此栏应根据信用证中是否要求在发票中证明某些事项的条款而制作。

例如："EACH INVOICE MUST INDICATE B/L No."这一条款要求在发票上显示提单号码，制作时只需将提单号码打在此即可。

（16）加注"ORIGINAL"字样。《跟单信用证统一惯例》规定，当信用证要求提交一份以上单据时，必须至少有一张为正本，通常的做法是，在其中一张发票上加注"ORIGINAL"字样，加注位置在本栏目或在发票右上角空白处。

Task 4　Certificate of Origin

【相关法规】

ORIGIN

Exporter（2）:	Certificate No.（1）
Consignee（3）:	CERTIFICATE OF ORIGIN OF THE PEOPLE'S REPUBLIC OF CHINA
Means of Transport and Route（4）:	For Certifying Authority Use Only（6）:
Countr/Region of Destination（5）:	

Marks and Nos（7）:	Number and kind of packages; description of goods（8）:	HS Code（9）:	Quantity（10）:	No. and Date of Invoice（11）:
Declaration by the Exporter（12）: The undersigned hereby declares that above details and statements are correct, that all the goods were produced in China and that they comply with the Rules of Origin of the People's Republic of China.		Certification（13）: It is hereby certified that the exporter is correct.		
Place and date, signature and stamp of authorized signatory.		Place and date, signature and stamp of certifying authority.		

（GSP Form A）（17）

ORIGIN

Goods Consigned from (Exporter's business name, address, country):	Reference No. GENERALIZED SYSTEM OF PREFERENCES CERTIFICATE OF ORIGIN (Combined declaration and certificate) FORM A Issued in THE PEOPLE'S REPUBLIC OF CHINA (country)			
Goods Consigned to (Consignee's name, Address, country):	see Notes overleaf			
Means of Transport and Route (as far as known):	For official use (14):			
Item Nos(15):	Marks and Nos of packages:	Number and kind of packages; Description of goods:	Origin Criterion (see Notes overleaf)(16):	Gross Weight or Other Quantity:	No. and Date of Invoices:
Certification It is hereby certified, on the basis of control carried out, that the declaration by the exporter is correct. Place and date, signature and stamp of certifying authority.	Declaration by the Exporter: The undersigned hereby declares that the above details and statements are correct; that all the goods were produced in _____ and that they comply with the origin requirements specified for those goods in the Generalized System of Preferences for goods exported to _____ (exporting country) _____ Place and date, signature of authorized signatory.			

Primary Knowledge 4

1. The Concept of Certificate of Origin

原产地证明的概念

The Certificate of Origin is a document which states the country or the place of origin of the goods. It is a form to prove that the merchandise in question did come from wherever it is claimed. The certificate is usually prepared by the shipper, signed in the presence of a notary public, and then certified by a non-governmental commercial organ acceptable to the country of destination.

原产地证明是一个说明了货物原产国家或地区的文件。它主要用于进口国海关实行差别关税，实施进口税率和进口配额等不同国别政策的依据。原产地证明书是出口商按进口商的要求提供的，有着多种形式，其中应用最多的是原产地证书和普惠制产地证，通常多用于不需要提供海关发票或领事发票的国家或地区。

2. The Purpose of Taking a Certificate of Origin

领取原产地证明的目的

The main purpose is to obtain preferred import status for the goods and to get financing easily for the export of goods of certain origin. It is usually required by countries that do not use Customers Invoice or Consular Invoice to set appropriate duties for the import. It contains the nature, quantity, values of goods shipped and their place of manufacture.

目的是获得更好的进口环境，并且为原产地产品出口提供更好的金融环境。它通常用于那些不使用客户发票、领事发票的国家来确定进口关税，包括运输商品的特征、数量、价值及制造地。

3. The Contents and Notes of a Certificate of Origin

原产地证明的内容和注意事项

（1）Certificate No.（证书号）。应在证书右上角填上检验检疫机构编订的证书号。根据证书号编订规则，例如：JHCJH001/050001，其中 JH——金华，C——CO，JH001——公司注册号，05——2005年，0001——证书流水号。

（2）Exporter（出口方）。此栏出口商公司名称应与注册时相同，必须打上国名、地址。若经其他国家或地区需填写转口商名称时，可在出口商后面加填英文 VIA 或 ON BEHALF OF，再填写转口商名称、地址、国家。

例如：ZHEJIANG NATIVE PRODUCE & ANIMAL BY-PRODUCTS I/E CORP. NO.368 NORTH ZHONGSHAN ROAD, HANGZHOU, CHINA VIA HONGKONG DAMING CO., LTD. NO.656, GUANGDONG ROAD, HONGKONG.

（3）Consignee（收货人）。应填写最终收货方的名称、详细地址及国家（地区）。特殊情况下（如信用证规定），可在此栏加注"TO WHOM IT MAY CONCERN"或"TO ORDER"，但不得留空。若需要填写转口商名称时，可在收货人后面加填英文 VIA，然后再填写转口商名称、地址、国家。

（4）Means of transport and route（运输方式和路线）。应填写由装货港到目的港的详细运输路线，如经转运，应注明转运地。

例如：FROM SHANGHAI TO HONGKONG ON APR.6,2005, THENCE TRANSHIPPED TO ROTTERDAM BY VESSEL 或 FROM SHANGHAI TO ROTTERDAM BY VESSEL VIA HONGKONG.

（5）Country/Region of destination（目的国/地区）。应填写货物最终运抵港，一般与最终收货人和最终目的港国别一致，不得填写中间商客商国别。

（6）For certifying authority use only（签证机关专用栏）。此栏为签证机构在签发后发证书、重发证书或加注其他声明时使用。证书申领单位应将此栏留空。

（7）Marks and Nos（标记及号码）。应按照出口发票上所列唛头填写完整图案、文字标记及包装号码，不可简单地填写"AS PER INVOICE NO. …"（按照发票）或者"AS PER B/L NO. …"（按照提单）。包转无唛头，应填写"N/M"或者"NO MARK"。此栏不得留空。如果唛头较多本栏填写不下，可填写（SEE THE ATTACHMENT），用附页填打所有唛头（附页的纸张要与原证书一样大小），在右上角打上证书号，并由申请单位和签证当局授权签字人分别在附页末页的左下角和右下角手签、盖印。附页手签的笔迹、地点、日期均与证书"Declaration by the exporter"栏和"Certification"栏相一致。一般产地证应附四张附页。

注意：有附页时，请在申请书备注栏注明"唛头见附页"（SEE ATTACHED SHEETS），否则计算机退回。

（8）Number and kind of packages; description of goods（包装件数及包装种类；货物描述）。

例如："ONE HUNDRED (100) CARTONS OF COLOUR TV SETS"，在英文表述后注明阿拉伯数字。需要注意以下方面：

① 如果包件数量超过千以上，千与百单位之间不能有"AND"，否则计算机退回。应该填写"TWO THOUSAND ONE HUNDRED AND FIFTY (2,150) CARTONS OF WORKING GLOVES."

② 数量、名称要求在一页内打完，如果内容过长，请先在证书"Number and kind of packages; description of goods"栏打上总箱数和总品名并打上"DETAILS SEE ATTACHED SHEETS"，附页做法可参照"唛头附页"。例如：ONE HUNDRED AND FIFTY (150) CARTONS OF SMALL COMMODITY (DETAILS SEE ATTACHED SHEETS)。

③ 包装数量及种类要按具体单位填写。例如：POLYWOVEN BAG、DRUM、PALLET、WOODEN CASE 等，不能只填写"PACKAGE"。如果没有包装，应填写"NUDE CARGO"（裸装货）、"IN BULK"（散装货）、"HANGING GARMENTS"（挂装）。

④ 应填写具体商品名称（具体到能找到相对应的四位 HS 编码），如"TENNIS RACKET"（网球拍）。不能用概括性描述方式，如"SPOOTING GOODS"（运动品）、"FABRIC"（织物）等。

⑤ 商品的商标、品牌（BRAND）及货号（ARTICLE NUMBER）一般可以不填。商品名称等项列完后，应在下一行加上表示结束的符号，以防止加填伪造内容。国外信用证有时要求填写合同、信用证号码等，可加填在此栏的空白处。

（9）HS Code（编码）。此栏要求填写商品 HS 品目号。若同一份证书包含几种商品，则应将相应的 HS 品目号全部填写。此栏不得留空。

（10）Quantity（数量）。填写出口货物的量值并与商品的计量单位联用。如果填重量的，应该以"千克"为单位，同时应注明 N.W.或 G.W.。

（11）No. and date of invoice（发票号和发票日期）。应按照申请出口货物的商业发票填写。此栏日期应早于或同于实际出口日期。此栏不得留空。

（12）Declaration by the exporter（出口方申明）。此栏由申领单位已在签证机构注册的申领员签字并加盖单位的中英文印章，填写申领地点和日期。此栏日期不得早于发票日期。

（13）Certification（证明）。由签证机构签字、盖章，并填写签证地点、日期。签发日期不得早于发票日期和申请日期。

（14）For official use（供官方使用）。若货已出，加盖"ISSUED RETROSPECTIVELY"（后发证书红色印章）；若证书丢失或被盗，加盖"THIS CERTIFICATE IS REPLACEMENT OF CERTIFICATE OF ORIGIN NO. ×× DATED ×× WHICH IS CANCELLED"（本证书替代已取消的××号××日出的产地证），用红色标记。

（15）Item Nos（项号）。如果同一批货物有不同的货物品种，应根据品种不同标注"1""2""3"，如果只有一批，必须标注"1"。

（16）Origin criterion（原产地标准）。

（17）In GSP Form A, original "P" means that all materials are originated in China. 原产地中 P 代表所有材料产于中国。

（18）Classification of C.O.（产地证分类）。

4．The Classification of Certificate of Origin

原产地证明的分类

Certificates	Abbreviation	Countries
Certificate of Origin	CO	Any countries in the world
Generalized System of Preferences Certificate of Origin (Combined Declaration and Certificate) Form A	Form A	Twenty-seven countries from the EU and ten from Asian countries

Certificates	Abbreviation	Countries
ASEAN-China Free Trade Area Preferential Tariff Certificate of Origin (Combined Declaration and Certificate)	Form E	ASEAN-China Free Trade Area
Certificate of Origin Form F for China-Chile FTA	Form F	Chile
Certificate of Origin Asia-Pacific Trade Agreement (Combined Declaration and Certificate)	Form M	Asia-Pacific Area
Certificate of Origin China-Pakistan FTA	FTA	Pakistan

Task 5 Customs Declaration Form

中华人民共和国海关出口货物报关单
EXPORT CUSTOMS DECLARATION FORM OF THE PEOPLE'S REPUBLIC OF CHINA

预录入编码
No. of Pre-record（1）:   海关编号
                                                                    No. of Customs（2）:

出口口岸 Port of Export（3）:	备案号 Record No. for Checking（4）:	出口日期 Date of Export（5）:	申报日期 Date of Application（6）:
经营单位 Executive Company（7）:	运输方式 Mode of Transportation（8）:	运输工具名称 Name of Transportation Tool（9）:	提运单号 Delivery Number（10）:
发货单位 Entrusting Company（11）:	贸易方式 Mode of Trade（12）:	征免性质 Kind of Tax（13）:	结汇方式 Payment Style（14）:
许可证号 License No.（15）:	运抵国（地区） Name of Destination Country（Region）（16）:	指运港 Designated Destination Port（17）:	境内货源地 Original Place of Delivered Goods（18）:
批准文号 No. of Approved Documents（19）:	成交方式 Trade Terms（20）:	运费 Freights（21）:	保费 Insurance Premium（22）:	杂费 Additional Expenses（23）:
合同协议号 Contract No.（24）:	件数 Number of Packages（25）:	包装种类 Type of Package（26）:	毛重 Gross Weight（27）:	净重 Net Weight（28）:
集装箱号 Container No.（29）:		随附单据 Attached Documents（30）:		生产厂家 Manufacturer（31）:

标记、号码及备注
Marks, Nos and Remarks（32）:

项号、商品编号、商品名称、规格型号、数量及单位、最终目的国（地区）、单价、总价、币种、征免
Item No. and No. of Commodity（33）/Name of commodity/Specification/Quantity and Unit（34）/Final Destination Country（Region）（35）/Unit Price（36）/Amount/Currency/Kind of Tax

总计 Total:

税费征收情况
Tax Paid or Not（37）:

兹声明以上申报无讹并承担法律责任。 We hereby claim the above declaration is true and we are liable for all the legal responsibilities.	海关审单批注及放行日期（签章） Date of Examination and Release（seal）:	
报关员（签章） Declarant:（signature）	审单 Document:	审价 Price:
申报单位（签章） Applying Company（seal）（38）: 单位地址: Address:	征税 Tax:	统计 Statistic:
填制日期: Date of Application:	查验 Inspection:	放行 Release:

中华人民共和国海关进口货物报关单
IMPORT CUSTOMS DECLARATION FORM OF THE PEOPLE'S REPUBLIC OF CHINA

预录入编码 No. of Pre-record:		海关编号 No. of Customs:	
进口口岸 Port of Import:	备案号 Record No. for Checking:	进口日期 Date of Import:	申报日期 Date of Application:
经营单位 Executive Company:	运输方式 Mode of Transportation:	运输工具名称 Name of Transportation Tool:	提运单号 Delivery No.:
收货单位 Consignee:	贸易方式 Mode of Trade:	征免性质 Kind of Tax:	征税比例 Tax Ratio:
许可证号 License No. :	起运国（地区） Country（region）of Departure	装货港 Port of Lading:	境内目的地 Destination of Delivered Goods:
批准文号 No. of Approved Documents:	成交方式 Trade Terms:	运费 Freights:	保费 Insurance Premium:	杂费 Additional Expenses:
合同协议号 Contract No.:	件数 Number of Packages:	包装种类 Type of Package:	毛重 Gross Weight:	净重 Net Weight:
集装箱号 Container No.:		随附单据 Attached Documents:	用途 Usages Purpose:

标记、号码及备注
Marks, Nos and Remarks:

项号、商品编号、商品名称、规格型号、数量及单位、原产国（地区）、单价、总价、币制、征免
Item No. and No. of Commodity /Name of Commodity/Specification/Quantity and Unit/ Country（region）of Origin/Unit Price/Amount/Currency/Kind of Tax

总计 Total:

税费征收情况
Tax Paid or Not :

录入员　　录入单位 Input person unit	兹声明以上申报无讹并承担法律责任 We hereby claim the above declaration is true and we are liable for all the legal responsibilities.	海关审单批注及放行日期（签章） Date of Examination and Release（seal）:	
		审单 Document:	审价 Price:
报关员 Declarant:	申报单位（盖章） Applying Company（seal）:	征税 Tax:	统计 Statistic:
邮编　　电话　　填制时间 Post Code:　Telephone:　Date of Application:		查验 Inspection:	放行 Release:

Primary Knowledge 5

1. The Concept of Customs Declaration Form

报关单的概念

Customs Declaration Form is a legal instrument declared goods status, which is made by General Administration of Customs to regulate uniform format and filling standard, filled by consignor or consignee or his agent. It is an important document by which customs supervise import and export goods in accordance with the law, collect tariffs and other fees, compile customs statistics and deal with other customs brokerage. It can be divided in Export Customs Declaration Form and Import Customs Declaration Form. The Customs Declaration Form is in different colours, for example, the white one is made out for general trade and the pink one is used for processing trade.

报关单是一个法律文书用以说明货物的状况，它由海关总署规定统一的格式和填写标准，由进出口货物收发人或其代理人填写。它是海关依法监管进出口货物、对其征税、编制海关统计和办理其他海关事务的重要文件。报关单可以分为出口货物报关单和进口货物报关单两种。报关单有不同的颜色，例如，白色用于一般贸易，而粉色则用于加工贸易。

2. The Main Contents of Customs Declaration Form

报关单的主要内容

The contents of these documents are similar. We take the specification of an export customs declaration form for general trade as an example to show the method of making out the document.

（1）No. of Pre-record（预录入编号）。

It is given by the customs while the exporter is applying to customs. It is given by the computer system automatically.

出口方申请报关时海关给的编号，是由计算机自动编制的。

（2）No. of Customs（海关编号）。

It is given by the computer system automatically or given by the customs officer.

由计算机系统自动编制或由海关人员给出。

（3）Port of Export（出口口岸）。

It refers to the name and code of the customs at final port of export.

指最后口岸的海关名称及代码。

（4）Record No. for Checking（备案号）。

It refers the number of "Register Manual" or the number of "Certificate of Paid or Free Tax".

指"登记手册"编号或"征免税证明"编号。

（5）Date of Export（出口日期）。

It refers to the date of shipment. It is the applied date of departure of the vessel.

指装运日期，也就是船申报出境的日期。

（6）Date of Application（申报日期）。

It is the date that the exporter applies for declaration.

指出口方向海关申报出境的日期。

(7) Executive Company (经营单位).

Fill in the company's name who signs and executes the S/C (Sale Contractin Chinese), generally refers to the exporter, and the customs code of the company.

用中文填写签订和执行合同公司（一般指出口人）的名称及经营单位代码。

(8) Mode of Transportation (运输方式).

It refers to the final departure mode of transportation, such as sea, road, railway and air, etc..

指货物出境的最后运输方式，如海路、公路、铁路及航空等。

(9) Name of Transportation Tool (运输工具名称).

It refers to the name of departure tool of transportation (for example, sea for vessel and number of voyage, railway for the number of train and air for the number of flight).

指货物出境的运输工具名称（如海路填写船名及航次，铁路填车次，航空填航班号）。

(10) Delivery Number (提运单号).

It refers to kinds of transportation documents numbers. Such as sea for B/L No., air for flight bill number and road for receipt number, etc.

指各类货运单据号码，如海运提单、空运航单及陆运承运收据等。

(11) Entrusting Company (发货单位).

It refers to the manufacturer or exporter.

指生产方或出口方。

(12) Mode of Trade (贸易方式).

Fill in the mode of trade stipulated in "Customs Modes of Trade Number" in brief style.

只需按照"海关贸易编码"填写贸易方式。

(13) Kind of Tax (征免性质).

Fill in the kind of tax in brief style stipulated in "the Customs Tax Kinds", such as general tax or free tax.

按《海关征免税性质代码表》中确定的征免性质简称填写，如一般征税或免税。

(14) Payment Style (结汇方式).

It refers to the payment styles of L/C, D/P, D/A, T/T, etc..

指信用证、付款交单、承兑交单、电汇等付款方式。

(15) License No. (许可证号).

If the export license is required, fill in the license number.

如果需要出口许可证，填写许可证号。

(16) Name of Destination Country (region) 运抵国（地区）.

It is the final destination, generally the import country.

最后抵运国家或地区，一般是进口国。

(17) Designated Destination Port (指运港).

It is the destination of port.

指目的港。

(18) Original Place of Delivered Goods (境内货源地).

(19) No. of Approved Documents (批准文号).

Fill in the approved documents and numbers except the export license. If there is no other approved document, it does not need to fill.

填写除出口许可证外的其他批准文件及编号。如无其他批文则不用填写。

（20）Trade Terms（成交方式）。

Fill in according to the code of price terms stipulated in "Customs Trade Terms Codes", for example, FOB, CFR and CIF.

按"海关成交方式代码"确定的价格条件编码填写，如 FOB、CFR 和 CIF。

（21）Freight（运费）。

They are the charges paid to the shipping company for transportation. The type of the foreign currency must be indicated.

指付给承运人的运输费用，必须标明外币种类。

（22）Insurance Premium（保费）。

The premium is paid for the goods' insurance on CIF or CIP terms. The type of the foreign currency must be indicated.

在 CIF 和 CIP 条件下所付的货物保险费，必须标明外币种类。

（23）Additional Expenses（杂费）。

It refers to the other charges except the freight and insurance premium. Fill in with RMB.

指运费和保险费以外的其他费用，以人民币填写。

（24）Contract No.（合同协议号）。

（25）No. of Packages（件数）。

It refers the total number of packages.

指包装的总件数。

（26）Type of Package（包装种类）。

Fill in carton, bale, drum, case, etc..

填写的时候可以填纸板箱、包、桶、箱等。

（27）Gross Weight（毛重）。

It refers to the gross weight with packing weight, and the unit is kilogram.

指带包装的毛重量，用千克表示。

（28）Net Weight（净重）。

It refers to the net weight without packing weight, and the unit is kilogram.

指不带包装的总净重，用千克表示。

（29）Container No.（集装箱号）。

（30）Attached Documents（随附单证）。

They are the other documents except customs declaration form, such as invoice, packing list, etc..

指除了报关单以外的其他单据，如发票、装箱单等。

（31）Manufacturer（生产厂家）。

It is the final firm that produces the goods for export. It may be filled in the exporter if it is unknown.

指生产出口产品的最后生产企业。如无法知晓，可填出口商。

（32）Marks, Nos and Remarks（标记、号码及备注）。

Fill in the shipping marks printed on packing. "N/M" is made out if there is no marks.

填写包装上印制的标记。如无标记，应填写"N/M"。

(33) Item No. and No. of Commodity (项号、商品编号)。

Item No. refers to the order of this type of commodity in this customs declaration form. No. of commodity is made out according to Commodity Classification for Customs Statistics of the People's Republic of China. It consists of 8 figures.

项号指该类货物在本报关单中的序号。商品编号则按"中华人民共和国海关商品统计目录"确定的海关统计商品编号填写,共8位数字。

(34) Quantity and Unit (数量及单位)。

Fill in the quantity of package and measurement of unit, for example, 200 dozens, 10000 kilograms, etc..

填写包装数量及计量单位,如200打、10 000千克等。

(35) Final Destination Country (Region) [最终目的国(地区)]。

It refers to the country (region) that where the delivered goods are consumed, used and processed.

指货物的消费、使用及进一步加工的国家(地区)。

(36) Unit Price (单价)。

Made out according to the terms of price, such as USD600.00/MT CIF Rotterdam.

按价格条款填制。

(37) Tax Paid or Not (税费征收情况)。

The column is made out by the customs officer.

此栏由海关人员填制。

(38) Applying Company (seal) [申报单位(盖章)]。

【参考答案】

I. Multiple choice questions (Of following questions, there is only one correct answer to each question. Please select the correct answer).

1. One of the very important documents in the foreign trade is B/L. B/L is the abbreviation for _____.
   A. Bill of Lading   B. Commercial Invoice
   C. Buying Contract   D. Letter of Credit

2. In the foreign trade business, the payment is always made by L/C. In this sentence, L/C is the abbreviation for _____.
   A. Bill of Lading   B. Commercial Invoice
   C. Buying Contract   D. Letter of Credit

3. The country of origin means the country _____.
   A. that buys the goods   B. that sells the goods
   C. where the goods are produced D. where the goods are shipped

4. The description of currency of Netherlands is _____.
   A. Danish Krone   B. Deutsche Mark   C. Cuban Peso   D. Dutch Florin Guilder

5. The contract between a party who agrees to accept the risk and a party seeking protection from the risk is a contract of _____.

A. payment B. production C. shipment D. insurance

6. Consignee is the person _____.
   A. who receives the goods
   B. who sells the goods
   C. who is in charge of the transportation of the goods
   D. none of the above

II. True or false questions (Please write " √ " for the correct statement and " × " for the incorrect statement).

1. The buyer (as applicant) should specify in the application form the documents to be presented and the terms and conditions to be complied with. ( )

2. The banks channel the documents but also give their payment undertaking under the procedure of a documentary collection. ( )

3. The documentary credit structure provides the seller with an independent bank undertaking of payment. ( )

4. The buyer of the goods and/or services may also be known as the importer, opener, applicant, accountee or principal. ( )

5. The documentary credit provides only the seller with independent assurance in respect of the exchange of goods for payment. ( )

6. If the L/C calls for "Beneficiary's certified copy of shipment advice by fax to the applicant advising shipment details", then banks will accept a documents titled as "shipment advice" without any signature and/or date produced on a fax machine. ( )

7. Red clause L/C is also called "reciprocal L/C". ( )

8. Both transferable L/C and back-to-back L/C involve a middleman as a seller and substitution of documents. ( )

9. For an unconfirmed L/C, a negotiating bank may negotiate with recourse to the beneficiary. ( )

10. Unless otherwise allowed in the L/C, insurance document should be issued in the same currency as the L/C. ( )

Project 11

How to Communicate with Customs Officers

如何与海关官员沟通

【学习目标】
(1) 了解海关申报环境。
(2) 掌握交流中的常用语言。

Task 6 Register of Customs Broker

Direction: *Mr. Wang is accomplished in international trade, now he wants to register his own customs broker. The following communication is between Mr. Wang and a customs officer.*

Officer: Good morning!

Mr. Wang: Good morning!

Officer: Do you need any help?

Mr. Wang: I'd like to register a customs broker.

Officer: Can I ask you a few simple questions?

Mr. Wang: Of course.

Officer: How much registered capital does your company have?

Mr. Wang: 3.0 million RMB.

Officer: How many customs declarant do you have?

Mr. Wang: Seven.

Officer: How long has the head of customs operation been working in foreign trade or declaration?

Mr. Wang: Six years.

Officer: Do you have any fixed place for customs services and facilities?

Mr. Wang: Yes, I have.

Officer: That's fine. Have you filled out the application form and have all your documents with you?

Mr. Wang: Yes, here you are.

Officer: Let me have a check. There is a lack of the regulation of enterprise; the resume of the head of customs operations.

Mr. Wang: I'm sorry! Can I bring them next time?

Officer: I'm afraid not. You must hand in your application form and all your documents together.

Mr. Wang: OK, I will come back next time. By the way, how long it will be taking since I submit all the documents?

Officer: Maximum 40 days.

Mr. Wang: Thank you very much!

Officer: You are welcome!

Words and Phrases

be accomplished in			擅长，精通，专长
register	['redʒistə]	vt.&vi.	记录，登记，注册
customs broker			报关行，报关公司
registered capital			注册资本
declarant	[di'kleərənt]	n.	声明者；在国际贸易中指报关员，也可以用 customs declarant
head of customs operation			报关业务负责人
fill out			填写（表格等）
regulation of enterprise			企业章程
resume	[ri'zju:m]	n.	简历，履历，摘要
be afraid of			恐怕，害怕，担忧
hand in			上交，递交，呈送
by the way			顺便说，顺便提一下，捎带说一声
submit	[səb'mit]	vt.	提交，呈递
maximum	['mæksiməm]	n.	最大量，最大体积
		adj.	最大值的，最大量的

Task 7　Approve and Register of Customs Declarant

Direction: *Miss Ma passed the national qualification exam for customs declarant and got the certificate. Now she comes to the local customs to approve and register. The following communication is between Miss Ma and a customs officer.*

Officer:　Good morning! Can I help you?
Miss Ma:　Yes, I'd like to approve and register a customs declarant.
Officer:　What's your nationality?
Miss Ma:　I am Chinese.
Officer:　Have you passed the national qualification exam for customs declarant and gotten the certificate?
Miss Ma:　Yes, I have.
Officer:　Do you have any contractual labor relationship with the customs broker?
Miss Ma:　Yes, I do.
Officer:　Is it your first application?
Miss Ma:　Yes, it is.
Officer:　How long have you been training in any customs broker?
Miss Ma:　Six months.

Officer:	That's fine. Let me see your application documents please?		
Miss Ma:	Here you are.		
Officer:	I think you forgot to bring the copy of the payment of social insurance and training units supporting materials issued by the customs broker.		
Miss Ma:	Must I submit the training units supporting materials issued by the customs broker?		
Officer:	Yes, because it's your first application.		
Miss Ma:	I see. Thank you very much!		
Officer:	That's all right.		

Words and Phrases

approve	[ə'pru:v]	vt.	批准，通过
nationality	[næʃə'næliti]	n.	国籍
certificate	[sə'tifikit]	n.	证书，执照
contractual	[kən'træktʃu:əl]	adj.	合同性的，契约性的
relationship	[ri'leiʃənʃip]	n.	关系，联系
contractual labor relationship			劳动合同关系
social insurance			社会保险
issue	['isju:]	vt.	出版，发行，发表，发布

Task 8　Customs Clearance for Inward and Outward Passengers

Direction 1: *Stephen, American, has a trade convention in Beijing. The following conversation is between Stephen and a Chinese customs officer when he wants to enter China Customs.*

Officer:	May I see your passport please?
Stephen:	Here you are. And this is my declaration form.
Officer:	What is the purpose of your visit to China?
Stephen:	Business. I have a trade convention in Beijing.
Officer:	OK, I see. Would you mind open the bag for me please? This is just a routine check.
Stephen:	That's fine.
Officer:	You have three cameras. Are you a photographer?
Stephen:	No, I am not. Actually, my company makes cameras, and two of them are for our display.
Officer:	OK, have you list them on the declaration form?
Stephen:	Yes, I had.
Officer:	That's nice. And what is that?

Stephen:	Those are donuts.
Officer:	You are not allowed to bring any food in China.
Stephen:	I am so sorry! I thought you meant vegetables and meat.
Officer:	I am afraid that we have to confiscate and dispose of them.
Stephen:	It's too bad. They are very delicious.
Officer:	I know. Anyway, have a nice day!
Stephen:	You too!

Words and Phrases

declaration form			报关单
purpose	['pɜːpəs]	n.	目的，意图，作用，用途；决心
convention	[kən'venʃən]	n.	（某一职业，政党等召开的）大会；习俗，惯例；协议，协定
routine check			常规检查，例行公事的检查
display	[di'splei]	n.	陈列，展览
		vt.	显出，显露
confiscate	['kɔnfiskeit]	vt.	没收，充公
dispose	[di'spəuz]	vt.	处理，处置；销毁
dispose of			处理，解决；销毁
delicious	[di'liʃəs]	adj.	美味的，可口的；令人开心的，怡人的

Direction 2: *Xiao Li, Chinese, studying in London. The following conversation is between Xiao Li and a Chinese customs officer when Xiao Li wants to leave China.*

Officer:	Good morning! Can I see your passport and declaration card please?
Xiao Li:	Here you are.
Officer:	What's your destination?
Xiao Li:	London.
Officer:	What are you doing there?
Xiao Li:	Study, I am a student of London school of Economics.
Officer:	OK, Do you have anything to declare except the laptop which you have list on the declaration card?
Xiao Li:	No, I have not.
Officer:	Would you mind open your bag for me please?
Xiao Li:	No problem.
Officer:	What are they? Are they cultural relics?
Xiao Li:	No, they are not. They are just some souvenirs with Chinese specialty that I am going to bring to my foreign friends.
Officer:	That's fine. And do you take any cash with you?
Xiao Li:	Yes, I do.

Officer:	How much?	
Xiao Li:	5,000 pounds.	
Officer:	5,000 pounds? It equals around 8,200 dollars, am I right?	
Xiao Li:	Yes, you are.	
Officer:	Can I see your "Foreign Exchange Holding Permit for Going Abroad" please?	
Xiao Li:	Of course, here you are.	
Officer:	That's fine. And have a nice trip.	
Xiao Li:	Thank you very much!	

Words and Phrases

destination	[ˌdestiˈneiʃən]	n.	目的地，终点
cultural relics			文物，文化遗产
souvenir	[ˌsu:vəˈniə]	n.	纪念品
specialty	[ˈspeʃəlti]	n.	特性，特征；特殊性
Foreign Exchange Holding Permit for Going Abroad			外币携带证

Primary Knowledge 6

1. Guide to Customs Clearance

通关指南

1）Customs Clearance Procedures

通关程序

（1）After you have gone through the passport checking points, please take all of your belongings including your registered luggage, and choose the right channel to pass through the customs freely.

当你完成了护照检查后，携带你所有的行李（包括托运行李），自行选择通道通关。

（2）Please make sure the regulations regarding how to pass through the Customs before you choose the channel. The passengers shall take all the legal responsibilities resulted from choosing a wrong channel.

在选择海关通道前，应事先了解清楚海关通关管理的规定。对错选通道而引起的一切法律责任将由旅客自行承担。

（3）If you have anything to declare, please finish the declaration in a written format at the counter marked "GOODS TO DECLARE". Declaration of any other forms or in any other places will be regarded as invalid.

旅客需要向海关办理申报手续的，到海关"货物申报"柜台以书面形式完成。此外，在任何地点及其他任何方式的申报均视为无效。

（4）Please show your valid entry and exit documents when you pass through the Customs inspection place.

通关时请出示你的有效进出境证件。

（5）If you have carried anything that is required to pay duty according to regulations of

China, Customs shall request you to do so. Please keep the bill, and go to the Customs' appointed bank to pay the duties.

对旅客带有国家规定的应税物品，海关将予按章征税。旅客持税单自行前往海关指定的银行缴纳税款。

（6）Goods or articles, which have exceeded the limited quantity or which have not gone through the clearance formalities, shall be kept by the Customs temporarily, and you have to pay the storage fee accordingly.

对携带超量或未办结海关手续的货物、物品，海关将提供暂时保管，并按规定收取保管费。

2）Guidance to Relevant Regulations

相关规定

"The Customs Law of the People's Republic of China" states:

根据中华人民共和国海关相关法律、法规的规定：

（1）The luggage or goods carried by travelers shall be limited to reasonable quantities for personal use and subject to customs control.

个人携带进出境的行李物品应当以自用、合理数量为限。

（2）Owners of all incoming or outgoing articles shall declare to customs honestly and accept inspection by customs.

携带进出境物品的人员应如实向海关申报，并接受海关的检查。

（3）The value for incoming and outgoing dutiable articles is determined by customs according to regulations.

进出境物品的完税价格由海关依法确定。

（4）Customs duties on incoming and outgoing articles must be collected prior to Customs release.

进出境物品的关税必须在海关放行前缴纳。

（5）Articles which have been registered with the customs, or allowed to enter or leave the territory temporarily with a tax exemption, are required to be taken out or brought in by the same passenger, who originally carried them into or outside the territory.

已经在海关登记过的物品，或经海关批准的暂准进出境货物必须由同一申报人随身携带通关。

2. Regulation of the Customs Clearance for Inward and Outward Passengers

进出境旅客通关的管理规定

1）Regulation of the customs clearance for inward passengers

进境旅客通关规定

The following inward passengers shall finish the *Baggage Declaration Form* and choose the channel marked "Having-things-to-declare Channel" and declare all the articles as required:

下列进境旅客应填写《行李申报单》并选择"申报通道"按要求申报所有物品：

（1）Passengers carrying dutiable articles or limited duty-free articles falling into category II、III in *Articles Classification Form for Inward and Outward Passengers*（excluding allowed duty-free tobacco & alcoholic beverages）.

携带需经海关征税或限量免税的《旅客进出境行李物品分类表》第二、三类物品（不含免税限量内的烟酒）者。

（2）Non-resident passengers or resident passengers with re-entry visa issued by the destination country (area) carry trip necessities exceeding the limitation set by customs i.e. one camera, one portable radio-recorder, one mini movie-camera, one portable video-recorder, one portable character-processor.

非居民旅客及持有前往国家（地区）再入境签证的居民旅客携带途中必需的旅行自用物品超出照相机、便携式收录音机、小型摄影机、手提式摄录机、手提式文字处理机每种一件范围者。

（3）Passengers carrying more than RMB20 000 in cash, or gold, silver and ornament thereof over 50g in weight.

携带人民币现钞 20 000 元以上或金、银及其制品 50 克以上者。

（4）Passengers carrying foreign currencies in cash which exceed the value of USD5,000 in equivalence.

携带外币现钞折合美元 5 000 元以上者。

（5）Passengers carrying goods of commercial value, samples or articles other than personal baggage.

携带货物、货样及携带物品超出旅客个人自用行李物品范围者。

（6）Passengers carrying animals, plants, and products thereof, which are under the control of China Quarantine Law, or other articles subject to inspection before passing through customs.

携带中国检疫法规规定管制的动、植物及其产品，以及其他须办理验放手续的物品者。

2）Regulation of the Customs Clearance for Outward Passengers

出境旅客通关规定

The following outward passengers shall finish the *Baggage Declaration Form* and choose the channel marked "Having-things-to-declare Channel" and declare all the articles as required:

下列出境旅客应填写《行李申报单》并选择"申报通道"按要求申报所有物品：

（1）Passengers carrying camera, portable radio-recorder, mini movie-camera, portable video-recorder, portable character-processor, and any other trip necessities which will bring back to China Customs territory after the trip.

携带需复带进境的照相机、便携式收录音机、小型摄影机、手提式摄录机、手提式文字处理机等旅行自用物品者。

（2）Passengers failing to re-export the original of imported articles that should be taken outward or to complete the Customs clearance for temporarily imported duty-free articles.

未将应复带出境的物品原物带出或携带进境的暂时免税物品未办结海关手续者。

（3）Passengers carrying foreign currencies, gold, silver and ornaments thereof exceed the declared quota or without exporting licence or certificates.

携带外币、金银及其制品未取得有关出境许可证明或超出本次进境申报数额者。

（4）Passengers carrying more than RMB20 000 in cash.

携带人民币现钞 20 000 元以上者。

（5）Passengers carrying cultural relics.

携带文物者。

（6）Passengers carrying goods of commercial value and samples.

携带货物、货样者。

（7）Passengers carrying articles exceed the limited value and quantity, or other limitations according to the Customs control.

携带出境物品超出海关规定的限值、限量或其他限制规定范围的。

（8）Passengers carrying animals, plants, and products thereof, which are under the control of China Quarantine Law, or other articles which are required to have inspection before passing through customs.

携带中国检疫法规规定管制的动、植物及其产品，以及其他须办理验放手续的物品者。

Passengers that do not understand the Customs regulations or do not know how to choose the right channel shall choose the "GOODS TO DECLARE" Channel to go through the declaration formalities.

不明海关规定或不知如何选择通道的旅客，应选"申报"通道，向海关办理申报手续。

3）Classification and Limitation of Importing or Exporting Articles

旅客进出境行李物品分类表及限量规定

I	II	III
cloth, clothes, shoes, hats, the arts and handicrafts, and other daily necessities under the value of RMB 1 000(including RMB 1 000)	tobacco goods, alcoholic beverages	daily necessities of the value between RMB1 000 to RMB 5 000 (including RMB5 000)

第一类物品	第二类物品	第三类物品
衣料、衣着、鞋、帽、工艺美术品和价值人民币 1 000 元以下（含 1 000 元）的其他生活用品	烟草制品、酒精饮料	价值人民币 1 000 元以上，5 000 元以下（含 5 000 元）的生活用品

（1）The value of the above inward articles shall be determined by the approved Customs duty-paid value, while the value of the outward articles shall be determined by the shown domestic legal commercial invoice.

本表所称进境物品价值以海关审定的完税价格为准，出境物品价值以国内法定商业发票所列价格为准。

（2）Passengers can carry the articles listed above into and out of China Customs territory, but subject to the following limitation:

旅客可以携带分类表所列物品进出境，但受以下限制：

① Articles belonging to category I shall be limited to reasonable quantities for personal use.

第一类物品以自用合理数量为限。

② Hong Kong or Macao residents and passengers traveling back and forth to the two places for personal reasons, may bring in, free of duty and internal revenue tax, 200 sticks of cigarettes, or 50 sticks of cigars, or 250 grams of cut tobacco and a bottle of alcoholic beverages containing 12 per cent alcohol upwards(less than 0.75 liters); other passengers may bring in, free of duty and internal revenue tax, 400 sticks of cigarettes, or 100 sticks of cigars, or 500 grams of cut tobacco and 2 bottles of alcoholic beverages containing 12 per cent alcohol upwards (less than 1.5 liters).

港澳地区居民及因私往来港澳地区的内地居民旅客每次进境可免税香烟 200 支，或雪茄 50 支，或烟丝 250g；免税 12 度以上酒精饮料 1 瓶（0.75 升以下），其他旅客每次进境可免税香烟 400 支，或雪茄 100 支，或烟丝 500g；免税 12 度以上酒精饮料 2 瓶（1.5 升以下）。

③ Inward passengers may bring one article within category III every year in the Gregorian calendar by paying duty.

入境旅客每公历年度可征税进境第三类物品一件。

④ Regular passengers and passengers who have round trip to Hong Kong or Macao many times within 15 days are only allowed to carry traveling necessities free of duty.

对 15 天内多次来往港澳地区的旅客和经常出入境人员，海关只免税放行其旅途必需物品。

⑤ The total value of the Chinese herbal medicines or Chinese patent medicines, which passengers can carry to Hong Kong or Macao, must be within RMB150 and which to foreign countries or regions within RMB300.

旅客携带中药材、中成药出境，前往港澳地区的，总值限人民币 150 元；前往国外的总值限人民币 300 元。

（3）Articles belonging to the following categories cannot be allowed for clearance and shall be returned to the place of consignment or kept in the appointed warehouse by the Customs. The owner shall transact the relevant procedures within three months.

旅客携运属下列情形的物品，海关不予放行，予以退运或存入海关指定的仓库。物品所有人应当在 3 个月内办理结案手续。

① Articles not for personal use.

不属自用的。

② Articles exceeding the reasonable amount.

超出合理数量范围的。

③ Articles exceeding the limitation of the permitted variety, specification, quantity or value.

超出海关规定的物品品种、规格、限量、限值的。

④ Articles without Customs clearance.

未办理海关手续的。

⑤ Articles without payment of required duties.

未按章缴税的。

⑥ Other articles which are not allowed to be released according to the regulations.

根据规定不能放行的其他物品。

4）Regulation on Inward or Outward Currencies Control

携带货币进出境的管理规定

（1）Chinese citizens and foreigners may carry RMB20 000 in cash per person each time when leaving or entering China Customs territory.

中国公民和外国人出入境，每人每次携带人民币限额为 20 000 元。

（2）Inward passengers carrying foreign currencies in excess of USD5 000 in cash are subject to written customs declarations, except those going back and forth many times in that very day or in the short term.

旅客携带外币现钞入境，超过等值 5 000 美元的应当向海关书面申报，当天多次往返及短期内多次往返者除外。

(3) Outward passengers carrying foreign currencies in cash shall abide by the following regulations:

旅客携带外币现钞出境，按以下规定验放：

Outward passengers carrying foreign currencies less than equivalence of USD5 000 (including USD5 000) are not required to apply for the *Permit for Carrying Foreign Exchanges to Exit the Territory* (hereinafter referred to as the *Permit for Carrying Foreign Exchanges*), except those going back and forth many times in that very day or in the short term.

旅客携出金额在等值 5 000 美元以内（含 5 000 美元）的，无须申领《携带外汇出境许可证》（以下简称《携带证》），海关予以放行，当天多次往返及短期内多次往返者除外。

① Outward passengers carrying foreign currencies more than equivalence of USD 5000 and up to USD10 000 (including USD10 000) shall apply for the *Permit for Carrying Foreign Exchanges* issued by the certified bank. Currencies shall be released by the Customs upon the *Permit for Carrying Foreign Exchanges* issued with the seal of the certified bank. For those under several *Permits for Carrying Foreign Exchanges* issued by the certified bank, if the sum exceeds equivalence of USD10 000 in total, the Customs shall not release them.

旅客携出金额在等值 5 000 美元以上至 10 000 美元（含 10 000 美元）的，应当向银行申领《携带证》，海关凭加盖银行印章的《携带证》验放。对使用多张《携带证》的，若加盖银行印章的《携带证》累计总额超出等值 10 000 美元，海关不予放行。

② Outward passengers carrying foreign currencies more than equivalence of USD10,000 shall apply for the *Permit for Carrying Foreign Exchanges* in the competent sub-branch of the State Administration of Foreign Exchange. Currencies shall be released by the Customs upon the *Permit for Carrying Foreign Exchanges* with the seal of the State Administration of Foreign Exchange.

旅客携出金额在等值 10 000 美元以上出境的，应当向存款或购汇银行所在地国家外汇管理局各分支局申领《携带证》，海关凭加盖外汇局印章的《携带证》验放。

③ Non-resident passengers carrying foreign currencies in cash not more than their declared quantities record of the last entry are not required to apply for the *Permit for Carrying Foreign Exchanges*. Currencies shall be released by Customs basing on the record of the last entry.

非居民旅客携带不超过其最近一次入境时申报外币现钞数额的外币现钞出境的，无需申领《携带证》，海关凭其最近一次入境时的外币现钞申报数额记录验放。

(4) Inward passengers going back and forth many times within 15 days and carrying foreign currencies in cash are subject to Customs written declaration, and the Customs shall release the currencies on the declared quantities record of the last entry upon departure. If the last inward declaration is unavailable, or the currencies carried out exceeding the last inward declaration, the Customs shall release them abiding by the following regulations:

15 天内多次往返旅客，携带外币现钞入境须向海关书面申报，出境时海关凭最近一次入境时的申报外币现钞数额记录验放。没有或超过最近一次入境申报外币现钞数额记录的，按以下规定放行：

① Outward passengers carrying foreign currencies in cash not more than equivalence of USD5 000 (including USD5 000) for the first time within 15 days can be released without applying for the *Permit for Carrying Foreign Exchanges*. Outward currencies more than equivalence of USD5 000 shall not be released by the Customs.

15 天内首次出境时可携带不超过等值 5 000 美元（含 5 000 美元）的外币现钞出境，无须申领《携带证》，海关予以放行。携出金额在等值 5 000 美元以上的，海关不予放行。

② Outward passengers carrying foreign currencies not more than equivalence of USD1 000 (including USD1 000) for the second time or above within 15 days can be released without applying for the *Permit for Carrying Foreign Exchanges*. Outward currencies more than equivalence of USD1 000 shall not be released by the Customs.

15 天内第二次及以上出境时，可携带不超过等值 1 000 美元（含 1 000 美元）的外币现钞出境，无须申领《携带证》，海关予以放行。携出金额超过等值 1 000 美元的，海关不予放行。

（5）Inward passengers going back and forth many times within one day and carrying foreign currencies in cash are subject to Customs written declaration, and the Customs shall release the currencies on the declared quantities record of the last entry upon departure. If the last inward declaration is unavailable, or the currencies carried out exceeding the last inward declaration, the Customs shall release them abiding by the following regulations:

当天多次往返旅客，携带外币现钞入境须向海关书面申报，出境时海关凭最近一次入境时的申报外币现钞数额记录验放。没有或超出最近一次入境申报外币现钞数额记录的，按以下规定放行：

① Outward passengers carrying foreign currencies in cash not more than equivalence of USD5 000 (including USD5 000) for the first time on that very day are not required to apply for the *Permit for Carrying Foreign Exchanges* and can be released by the Customs. Outward currencies more than equivalence of USD5 000 shall not be released by the Customs.

当天内首次出境时可携带不超过等值 5 000 美元（含 5 000 美元）的外币现钞出境，无须申领《携带证》，海关予以放行。携出金额在等值 5 000 美元以上，海关不予放行。

② Outward passengers carrying foreign currencies in cash not more than equivalence of USD500 (including USD500) for the second time or above on that very day can be released without applying for the *Permit for Carrying Foreign Exchanges*. Outward currencies more than equivalence of USD500 shall not be released by the Customs.

当天内第二次及以上出境时，可携带不超过等值 500 美元（含 500 美元）的外币现钞出境，无需申领《携带证》，海关予以放行。携出金额超过等值 500 美元的，海关不予放行。

Words and Phrases

channel	['tʃænəl]	n.	通道，渠道，途径
regarding	[ri'gɑːdiŋ]	prep.	（表示论及）关于；至于；就……而论
legal responsibilities			法律责任
declare	[di'kleə]	vi.	申报
		vt.	宣布，宣告；声明；断言，宣称

declaration	[deklə'reiʃən]	n.	申报（单）宣布，宣告，声明
invalid	[in'vælid]	adj.	无效的，无用的
duty	['dju:ti]	n.	税收、税；职责；义务，本分
storage fee			保管费，储藏费
dutiable articles			应税品
prior	['praiə]	adj.	先前的，提前的；优先的，较早的
tax exemption			免税
originally	[ə'rɪdʒinəli]	adv.	起初；原来
territory	['teritəri]	n.	领土，版图；管区，领域，范围
inward passengers			入境旅客
outward passengers			出境旅客
Baggage Declaration Form			行李申报单
limited duty-free articles			限量免税物品
Articles Classification Form for Inward and Outward Passengers			旅客进出境行李物品分类表
non-resident passenger			非居民旅客
re-entry visa			再入境签证
currency	['kʌrənsi]	n.	通货，货币
Quarantine Law			免疫法
handicraft	['hændikrɑ:ft]	n.	手工艺；手工艺品
domestic	[də'mestik]	adj.	本国的，国内的
commercial invoice			商业发票
back and forth			来回地
Gregorian calendar			公历年
round trip			往返旅行
Chinese herbal medicines			中药材
Chinese patent medicines			中成药
warehouse	['weəhaus]	n.	仓库，货栈
procedure	[prə'si:dʒə]	n.	手续，程序，步骤
citizen	['sitizən]	n.	公民，国民
Permit for Carrying Foreign Exchanges to Exit the Territory			携带外汇出境许可证
sub-branch			分支机构，分行
State Administration of Foreign Exchange			外汇管理局
release	[ri'li:s]	vt.	释放，放行
China Customs			中国海关
General Administration of Customs			海关总署

State Council			国务院
Customs Law			海关法
Customs Organization			海关组织
Customs Duty			关税
Customs Matter			海关事务
Customs Import and Export Tariff			海关进出口关税
external	[ik'stɜ:nəl]	adj.	外面的，外部的，外国的
in accordance with			与……保持一致
take on			承担，雇佣
exercise	['eksəsaiz]	vt.	运用；行使
prevent	[pri'vent]	vt.	预防
		vt. & vi.	阻止
counter	['kauntə]	vt. & vi.	对抗，反驳
smuggling	['smʌglɪŋ]	n.	走私，偷运
consists of			由……组成
leadership	['li:dəʃip]	n.	领导，领导权
strengthen	['streŋθən]	vt. & vi.	加强，巩固
vocational training			职业培训
fixed asset			固定资产

 Exercises

【参考答案】

Make the best choice for each of the following sentences.

1. The customs may "withhold" the goods connected with the smuggling cases. The word "withhold" has the similar meaning of the following words except_____.

    A. keep back   B. detain   C. refuse to give   D. refund

2. The Customs will not _____ the restricted goods unless an import or export license is obtained.

    A. clear   B. release   C. sell   D. buy

3. The operation of the storage, processing and assembling of the bonded goods and consignment sales should be approved by and registered _____ the Customs.

    A. for   B. by   C. from   D. with

4. The goods which are carried into and out of the territory by the same vessel or aircraft are defined as_____.

    A. transit goods   B. transshipment goods

    C. through goods   D. import and export goods

5. The goods which have entered the territory, approved by the Customs as items for which no formalities are performed in the way of duty payment, and will be reshipped out of the territory after being stored, processed or assembled in the territory are defined as _____.

    A. bonded goods   B. through goods

C. transshipment goods   D. transit goods

6. In duty calculation, in case the CIF price of imports is in terms of foreign currency, it shall be converted into_____.

   A. another foreign currency quoted
   B. RMB at buying price quoted
   C. RMB at selling price quoted
   D. RMB at the middle price between the buying and selling prices quoted

7. In case Customs duties are short-levied or not levied on import or export, the Customs may, within _____after the date of payment of Customs duties or the date of release of the goods, recover the amount of Customs duties short-levied or not levied.

   A. six months   B. one year   C. two years   D. four years

8. Any dispute arising from duty payment between the auditee and the Customs should be dealt with in accordance with the provision laid down in the_____.

   A. Regulations on Customs External Auditing of the People's Republic of China
   B. Customs law of the People's Republic of China
   C. Regulations on Import and Export Tariff of the People's Republic of China
   D. both B and C

9. Colombo is one of the port cities of_____.

   A. Sri Lanka   B. India   C. Malaysia   D. Iran

10. The seller should guarantee that the commodities comply _____the quality, specification and performance as stipulated in the contract.

    A. for   B. in   C. to   D. with

11. The main purpose of the Customs supervision and control is to _____China's economic, trade, scientific, technological and cultural exchanges with other countries.

    A. supervise   B. control   C. promote   D. limit

12. We are sorry to inform you that the shipment is not _____the standard stipulated in the contract.

    A. into   B. up to   C. according to   D. instead of

13. We usually accept payment by irrevocable L/C payable _____shipping documents.

    A. among   B. between   C. against   D. about

14. According to the Customs Law, the duty-paying value of an import item should be its normal _____price which should be approved by the Customs.

    A. FOB   B. CIF   C. CFR   D. FCA

15. We_____our price according to the international market.

    A. adjust   B. readjust   C. accept   D. admit

16. The Customs shall reply in writing within _____from the date of receipt of the application for the refund of the duty paid and notify the applicant of its decision.

    A. one month   B. two months   C. three months   D. six months

17. The accurate declaration for the import goods is made by the_____.

    A. consignee   B. consignor   C. Customs   D. any person

Project 12

Classification of Goods under Customs Supervision

海关监管货物

【学习目标】
(1) 掌握海关监管货物的分类。
(2) 掌握交货中的常用语言。

Task 9 Customs Clearance for Exhibits and Other Necessary Items

Beijing held International Automotive Exhibition in 2016, Volkswagen brought their latest car and concept car models as exhibits. Moreover they prepared CD and advertisement for the exhibition publicity, also distributed free souvenirs to the spectators like key chains, etc.. The exhibits and other items entered in China from Tianjin Xin'gang Customs, and then transited to Beijing.

What is the difference between the exhibits & other necessary items and general import & export goods?

Primary Knowledge 7

1. Classification of Goods under Customs Supervision

海关监管货物

In China, according to different purposes, before making customs declaration, goods imported or exported are divided into 5 Categories by the Customs. They are:

在中国，根据用途不同，进出口货物可以分为 5 类，它们是：

（1）General import and export goods.

一般进出口货物。

（2）Bonded goods.

保税货物。

（3）Tax exempt or reduction goods.

特定减免税货物。

（4）Temporary admission goods.

暂准进出境货物。

（5）Other import and export goods.

其他进出境货物。

2. Bonded Goods

保税货物

1）The Concept of Bonded Goods

保税货物的概念

According to article 100 of *Customs Law*, bonded goods refers to the goods which enter the territory without duty payment procedures upon approval of Customs authorities and are re-transported out of the territory again after storage, processing or assemble in the territory.

根据《海关法》第 100 条的规定，保税货物是指经海关批准未办理纳税手续进境，在境内加工、装配、储存后复运出境的货物。

2）The Characteristics of Bonded Goods

保税货物的特征

（1）Bonded goods are applicable for the re-transported goods after storage, processing and assemble in the territory. Therefore, the temporary import aimed to re-export after storage, processing and assemble is the condition on which the bond comes into being.

保税货物是经过在境内加工、装配、储存后复运出境的货物。因此，它们临时进口的目的就是为了经过加工、装配、储存后再复运出口。

（2）Customs duty is one of the cores in Customs clearance management. The most important factor in customs duty collection is if the goods are put into the economic circulation within the territory. In this sense, delayed duty-paying has been the outstanding characteristics that distinguish the goods of temporary import for storage, processing and assembly from the other goods of Customs clearance (excluding temporarily-permitted import & export goods).

征税是海关管理的主要工作。征收关税的一个重要标准就是看货物是否进入中国的商品流通环节。从这个意义上来说，暂缓纳税是保税货物区别于其他货物的最重要的特征（不包括暂准进出境货物）。

（3）Since the bonded goods is conditioned by temporary import for storage, processing and assembly, then during this period, to maintain the original re-export managerial goal and not to put the goods into use or on sale within the territory will be the foundation of the existence of the bonded form. Once the original managerial goal is changed, the foundation of bonded form naturally will not exist.

因为保税货物的前提是为了加工、装配、储存而暂时进口，所以在这期间保证货物复运出口而不是进行内销是其基本目标。当这一基本目标改变时，保税货物的特征也不复存在。

（4）In order to supervise and control the goods for storage, processing and assembly within the territory to reach the managerial goal of re-export, and to ensure the effective implementation of the import and export policies and measures on customs duty, and guaranteed by the strict and secret guarantee and the control mechanism, the Customs shall protect the "temporarily-delayed duty-paying" in a practical way.

为了监督和控制保税货物经加工、装配、存储后复运出境，确保有效的实施进出口政策和税则，并确保实施严格的控制机制，海关应该以有效的方式保证暂缓纳税的实施。

3）The Control of Bonded Goods

保税货物的监管

The control over the bonded storage and bonded processing goods by the Customs is targeted to the re-export of the bonded goods after storage and processing according to the relevant regulations of the Customs on the bonded goods. The import duty-paying procedures need to be done again for those goods that will not be re-exported. The practical procedure of the control over the bonded goods by the Customs consists of five stages according to the priority.

海关对于保税加工货物、保税物流货物监管就在于使其经过加工、装配、存储后复运出境，而对于那些没有按要求复运出境的货物必须要征税。对于保税货物的海关监管可以分为5个步骤。

（1）Put on Records of the Contract of Bonded Goods (Bonded Storage Goods Dismissed).

保税货物备案。

This part is done in the management of early stage. The main task of the Customs is to check and verify the concluded contract of goods and the credit conditions of the operational unit;

confirm to the nature of the commerce, finalize the risk level of the enterprise and the goods; issue Registration Manual after verification.

这一阶段是管理的早期阶段。海关的主要任务就是检查和验证合同货物的信用条件和业务单位；确认贸易性质，完成企业和商品风险等级的评估；核发加工贸易登记手册。

(2) The Control of Import Goods.

监管进口货物。

The main task of the Customs in this part is to accept the import declaration of the bonded storage goods and the material required for bonded processing, and is in charge of the clearance after checkup and sealing. The person in charge is allowed to take the goods away from the control area and carry to bonded warehouses or bonded processing enterprises.

这一阶段海关的主要任务就是接受保税物流货物和保税加工货物料件的进口报关，并且负责查验和封志后的放行。允许负责人把货物运离海关监管区，运到保税仓库或者保税工厂。

(3) Checkup and Verification of the Conditions of Storage and Processing of Goods.

监管保税物流和保税加工货物的状态。

The main task of this part is to verify the report forms submitted by bonded business owner on a regular or irregular basis. Check and verify data and goods at the enterprise depending on the actual conditions to monitor the lawful, common storage and processing of bonded goods within the territory.

这一阶段的主要任务就是定时或者不定时地核实保税货物负责人上交的材料。核实监管区域内保税物流货物和保税加工货物的数据和企业的实际情况。

(4) Handling the Customs Procedures According to the Actual Direction of the Goods.

根据货物实际流向办理海关手续。

The main task in this part is to go through the corresponding Customs formalities respectively according to the directions of the bonded goods, e.g. storage, processing and re-carrying, returning-on-sale export, domestic sales commodities originally produced for exports, or settling for re-bond, etc.

这一阶段的主要任务就是根据保税货物的实际流向办理相应的海关手续，如存储、加工并复运出境、复出口、内销等。

(5) Conclusion and Cancellation after Verification.

核销结关。

The main task of the Customs in this part is to check and verify the relative data of import for storage, taking out from the warehouse and where the bonded goods actually go; to verify and check the proportion of import and export of the bonded processing goods and the consumption data; make control and cancel after verification according to the balance of the import and export of the goods.

这一阶段海关的主要任务是检查并验证保税货物的相关数据，并从保税仓库运出保税货物；核实确认保税加工货物料件与成品的比例；根据进出口是否平衡进行核销。

In terms of the newly-built bonded warehouse, bonded factory, bonded group, bonded material market, bonded area, etc., register procedures must be gone through before operation to gain the qualification for bonded management.

新保税仓库，保税工厂、保税区等的建立必须要先登记注册获得备案后方可实行保税加工、保税物流业务。

3．Tax Exempt or Reduction goods

特定减免税货物

1）The concept of tax exempt or reduction goods

特定减免税货物的概念

Tax exempt or reduction goods: special goods imported with duty reduction or exemption for special areas, special enterprises or special purposes. Special area here means bonded area or export processing area. Special enterprises mainly indicate FIEs（foreign investment enterprises）.

特定减免税货物是指海关准予减免税进口，使用于特定地区、特定企业、特定用途的货物。特殊区域是指保税区或出口加工区。特殊企业主要指外商投资企业。

2）Working procedure

特定减免税货物的工作流程

The company filed out an application to the customs for the approval of tax exempt or reduction, and the document they need submit to the customs are as following:

企业向海关提出减免税申请，并且递交如下资料：

（1）The documents of approval from the competent commerce department.

商务主管部门的审批文件。

（2）Business license.

经营许可证。

（3）Enterprises contract or import and export contract.

进出口贸易合同。

（4）Articles of association.

企业章程。

The customs will then conduct examination to the company's application, and, if there is nothing wrong, issue the "tax exemption/reduction certificate" after completing the work of registration and archival filing. After obtaining the "tax exemption/reduction certificate", the company starts to make declaration for its importation or exportation.

海关核查企业的申请，如果没有问题将核发《减免税证明》，完成注册和备案工作，之后企业凭《减免税证明》进行进出口报关。

3）Some relevant articles and regulations

相关文件和规则

（1）When a duty and/or tax payer imports or exports any goods with duty and/or tax reduction or exemption, it shall, before the import or export of the goods, go through the duty and/or tax reduction or exemption approval formalities with Customs in accordance with the relevant provisions upon the strength of the papers required. No such approval formalities are required for any of the following import or export goods with duty and/or tax reduction or exemption.

当纳税义务人进出口特定减免税货物时，应按照海关规定携带特定减免税证明办理货物进出境手续。以下进出口货物和特定减免税货物不需要上述报批程序。

① Any goods of a consignment on which the amount of duties, import VAT or import consumption tax payable is less than 50RMB.

任何进口货物的增值税或消费税低于 50 元人民币的。

② Any advertising articles and samples of goods, which are of no commercial value.

没有商业价值的广告品或样货。

③ Any goods suffering damage or loss before being released by Customs.

海关放行前受损或灭失的物品。

④ Any necessary fuels, materials, foods and drinks for use en route that are loaded onto any incoming or outgoing means of transport.

进出口运输过程中所必需的燃料、材料、食品和饮料。

⑤ Any other goods granted duty and/or tax reduction or exemption of which relevant formalities for approval are not required.

其他不需要提交证明的特定减免税货物。

（2）Unless otherwise provided for, the duty and/or tax payer shall go to the competent Customs house to apply for approval of duty and/or tax reduction or exemption for its goods. Customs shall examine the application in accordance with the relevant provisions and issue the Duty/Tax Levied/Exempted Certificate upon verification.

除另有规定外，纳税义务人应该向主管海关申请和办理减免税手续。海关核查后应该依照有关规定核发征税或减免税证明。

（3）Special goods imported with duty and/or tax reduction or exemption for special areas, special enterprises or special purposes shall be subject to Customs control.

用于特定区域、特定企业、特定用途的特定减免税货物必须接受海关的监管。

The duration of Customs control over special goods imported with duty and/or tax reduction or exemption is as follows:

进口减免税货物的监管年限如下：

① Vessels and aircrafts   8 years

船舶和飞机 8 年

② Motor vehicles   6 years

机动车辆 6 年

③ Other goods   5 years

其他货物 5 年

Such duration shall be calculated as from the date on which the imported goods are released by Customs.

监管年限自货物进口放行之日起计算。

4．Temporary Admission Goods

暂准进出境货物

1）The Concept of Temporarily-permitted Import and Export

暂准进出境货物的概念

The generalized temporarily-permitted import and export means the activities of the re-import and re-export of all import & export goods after use, storage and processing. Wherein, strict and confidential bonded management has been adopted in our country for import/export processing and storage of goods. The temporarily-permitted import and export in its narrow sense refers to the activities of re-import and re-export in its original state after use.

暂准进出境货物是指为了特定的目的经海关批准暂时进境或出境，并按规定的期限原状复运出境或进境的货物。在这个过程中暂准进出境货物必须在海关的严密监管下，狭义地讲就是要原状复运出口或进口。

2）Category of Temporary Admission Goods

暂准进出境货物的范围

Goods that can be temporarily imported into China for a period not exceeding 6 months with exemption from tariff and VAT are as following:

可以暂时进口到中国为期不超过6个月免征关税和增值税的货物如下：

（1）The exhibits, items to be used in exhibitions, trade fairs, conference or other similar activities.

在展览会、交易会、会议及类似活动中展示或者使用的货物。

（2）Items to be used for performance or competition in cultural activities and sports events.

文化、体育交流活动中使用的表演、比赛用品。

（3）Instrument, equipment and articles for use in news reporting, film shooting and TV programming.

进行新闻报道或者摄制电影、电视节目使用的仪器、设备及用品。

（4）Instrument, equipment and articles for use in activities relating to scientific research, education and medical services.

开展科研、教学、医疗活动使用的仪器、设备及用品。

（5）Special purpose transportation means and vehicles for use in activities as listed in (1) to (4) above.

上述4项所列活动中使用的交通工具及特种车辆。

（6）Samples of goods.

货样。

（7）Instrument, equipment and articles for use in charitable activities.

慈善活动使用的仪器、设备及用品。

（8）Tools and instruments for purpose of installation, testing and setting equipment.

供安装、调试、检测设备时使用的仪器、工具。

（9）Containers used for cargos.

承装货物的容器。

（10）Self-use means of transportation and supplies for traveling purpose.

旅游用自驾交通工具及其用品。

（11）Instrument, equipment and articles for use in engineering and construction projects.

工程施工使用的设备、仪器及用品。

（12）Other goods as permitted by the customs to import into or export out of China temporarily.

海关批准的其他暂准进出境货物。

3) The Control of Temporary Admission Goods

暂准进出境货物的监管

The control over the temporarily-permitted import and export by the Customs is targeted as the re-export (re-import) in its original state according to the specified purpose by the company or unit that is in charge of the temporarily-permitted import and export business based on the specific regulations of the Customs. For those goods that can not be re-exported/re-imported in its original state, import duty-paying procedures must be re-handled. At the same time, in terms of the import and export and its using process, the Customs has set up the corresponding control procedures for the temporarily-permitted import & export goods.

海关对暂准进出境货物监管的目的就是，根据海关或者特定企业特定用途的相关规定使货物原状复运出境或进境。对于那些不能按照要求原状复运出境或进境的货物必须履行纳税手续。同时，在进出口过程中，海关又建立了严格的监管程序对其进行监管。

(1) Accepting the Document for Record Prior to the Import and Pre-declaration.

在进口和预申报之前接受申报文件。

This is a special control measure in terms of the imported and exported exhibition articles. According to the actual conditions, other temporarily-permitted import & export goods can be pre-declared prior to the import stage with the permission of the Customs; the formalities can be simplified to speed up the clearance of goods at the import and export stage.

这是对进出口展览品的一个特殊的监管过程。根据实际情况，经海关批准其他的暂准进出境货物可以在实际进境之前提前申报，以加快通关的速度。

(2) On-site Control.

现场监管。

The task of this stage is to accept the declaration of temporarily-permitted import and export. According to the ATA document provided by the party concerned or the guarantee provided, the Customs make clearance of goods after checkup and re-verification, allowing the goods to be used within or beyond the territory in the temporarily duty-free condition.

这一阶段的任务就是接受暂准进出境货物的申报。根据ATA单证提供的内容，海关查验后对暂准进出境货物放行，使货物可以在关境内以暂时免税的条件使用。

(3) Supervision for the Special Purpose.

特殊目的的监管。

According to the regulations, the temporarily-permitted import & export goods must be used for the purpose specified earlier. In this stage, the task of the Customs is to selectively check the actual using conditions according to the nature and using conditions of the temporarily-permitted import & export goods. The Customs shall do the corresponding procedures depending on the conditions for those goods that need to be handled.

根据相关规定，暂准进出境货物必须用于特定企业、特定区域、特定用途。在这一阶段海关的任务就是检查暂准进出境货物的实际用途。海关根据货物的实际情况采用相应的程序。

（4）The control over Re-export/Re-import.

复运出口/进口的监管。

There are specified time limits for the use of temporarily-permitted import & export goods within or beyond the territory. They must be re-exported or re-imported before the time limits. The Customs shall go through the procedures of re-export/re-import according to the original ATA document. For those goods that shall stay within or beyond the territory, customs formalities must be gone through again formally.

暂准进出境货物在境内的使用时间是有限制的，它们必须在期限内复运出境或复运进境。海关应该根据原始的 ATA 单证办理复运出口/进口的相关手续。对于那些留在境内的货物，必须重新办理海关手续。

（5）Conclusion after Cancellation on Verification.

核销结关。

If the corresponding procedures have been gone through according to the actual direction for the temporarily-permitted import & export goods after use, the party concerned must go through the cancellation procedure with the Customs at the place where the documents are kept for record or the original entry and Customs. For those without ATA carnet, cancellation on verification can be done with the Letter of Guarantee and the original imported goods declaration form. No mistakes found, the customs shall withdraw the guarantee after verification.

如果根据暂准进出境货物的实际流向已完成相应的手续，当事人必须到原进境地海关或者备案海关办理核销手续。对于那些没有 ATA 单证的，可以使用保函或者原进口报关单来核销。经海关核查无误的予以退保。

Words and Phrases

general import and export goods	一般进出口货物
bonded good	保税货物
tax exempt or reduction goods	特定减免税货物
temporary admission goods	暂准进出口货物
other import and export goods	其他进出口货物
Customs Duty	关税
Customs Clearance Management	通关管理
Records of the Contract of Bonded Goods	保税货物合同的登记备案
Bonded Storage Goods Dismissed	保税储存货物免办
Registration Manual	登记手册
The Control of Import Goods	货物进口监管
Handling the Customs Procedure	办理海关手续
Actual Direction of the Good	货物实际去向
Conclusion and Cancellation after Verification	货物的核销结案
Business License	营业执照
Articles of Association	组织章程，公司章程
Duty/Tax Levied/Exempted Certificate	免税证

Document for Record Prior to the Import and Pre-declaration			进口前备案及预申报
temporarily-permitted import & export goods			暂准进出口货物
Letter of Guarantee			保证函
duty payment procedure			纳税手续
re-transport			复运，再次运输
storage	['stɔ:ridʒ]	n.	储存，储藏；储藏处，仓库
processing	[prə'sesiŋ]	n.	加工，处理
assemble	[ə'sembəl]	vt.	装配，组合
applicable for			适用于
aim to			以……为目标
re-export			复出口
economic circulation			经济循环
delayed duty-paying			暂缓纳税
temporary	['tempərəri]	adj.	临时的，暂时的，短时间的
original	[ə'ridʒinəl]	adj.	起初的，原来的；独创的，新颖的
managerial goal			经营目标
control mechanism			监管机制
temporarily-delayed duty-paying			暂缓纳税
credit condition			信用状况
control area			监管现场
bonded warehouse			保税仓库
bonded processing enterprise			保税加工企业
processing and re-carrying			加工复运
returning-on-sale export			返销出口
domestic sale			内销
newly-built			新建的
bonded factory			保税工厂
bonded group			保税集团
bonded material market			保税物资市场
bonded area			保税区
qualification for bonded management			保税经营资格
commercial value			商业价值
bonded management			保税管理
speed up			加速、提速
on-site control			现场管理
re-verification			复核
selectively check			抽查

Exercises

【参考答案】

Make the best choice for each of the following sentences.

1. When the import declaration is conducted, the person in charge of the matter should submit, together with the Import Declaration Form, the following commercial and shipping documents, and they are _____.
    A. invoice and B/L only
    B. invoice, B/L and packing list only
    C. invoice, B/L, packing list and the duty exemption certificate issued by Customs
    D. none of the above

2. Customs duties shall not be reduced or exempted on goods imported from or exported out of _____.
    A. special economic zones   B. coastal cities
    C. Chinese-foreign joint ventures D. foreign-owned enterprises

3. The accurate declaration for the export goods is made by the _____.
    A. consignee or his agent   B. consignor or his agent
    C. Customs   D. any person

4. The loading, unloading, transshipment and transit of inward and outward mail bags are subject to Customs control and a _____ way bill should be submitted to the Customs by the enterprise providing postal service.
    A. cover   B. covering   C. covered   D. having covered

5. The form of the receipt for any Customs duties collected for the delayed payment shall be prescribed by_____.
    A. The Customs General Administration   B. The Customs Houses themselves
    C. The Tariff Commission   D. The Ministry of Finance

6. When the dispute over duty payment arises between the duty payer and the Customs, the duty payer should first pay the duty and then, within _____ of the issuance of the duty memo, apply to the Customs in writing for a reconsideration of the case.
    A. 10 days   B. 20 days   C. 30 days   D. 50 days

7. Under what circumstances shall the Customs lift the seal affixed to the account books, documents and relevant data without delay? _____.
    A. Falsifying relevant account books, documents where any possibility is detected of transferring
    B. Upon clearance of a case
    C. Upon completion of collecting necessary evidence
    D. Both B and C

8. The goods which do not pass through the territory by land but call for a change of the means of transport at a place with a Customs establishment is defined as_____.
    A. transit goods   B. transshipment goods
    C. through goods   D. import and export goods

9. When the consignee fails to declare the import goods within the time limit, a fee _____ delayed declaration shall be imposed by the Customs.
    A. to   B. from   C. for   D. with

10. Amsterdam is one of the port cities of_____.
    A. Germany   B. England   C. France   D. Dutch

11. China Customs attaches great importance _____ the development of information technology.
    A. in   B. for   C. with   D. to
12. The transport of the import or export goods should comply _____ the Customs control requirements.
    A. with   B. from   C. by   D. for
13. The Customs surveillance zone include following places except _____.
    A. any seaport, railway and high way station, airport, border pass or international postal matter exchange where there is a Customs establishment
    B. any place where Customs control is conducted
    C. any place without a Customs establishment but which has been approved by the state council as a point of entry and exit
    D. any place along the border of the country
14. Regulations on the levy of import duties on incoming passenger's luggage and articles shall be formulated by_____.
    A. the Customs General Administration   B. the Tariff Commission
    C. the State Council   D. the Economic Planning Commission
15. Imposition of a discriminating duty belongs to the tariff rates falling into the category of_____.
    A. general rates   B. preferential rates
    C. ad valorem duty rates   D. special duty rates
16. The goods which pass through the territory by land is defined as_____.
    A. transit goods   B. transshipment goods
    C. through goods   D. import and export goods
17. The Customs has the right to withhold the goods and articles connected _____ the smuggling cases.
    A. for   B. from   C. with   D. within
18. If the Customs duties are short-levied on import or export goods, the Customs is entitled to collect the money payable from the person obligated to pay the duty within _____ of the previous duty payment or the release of the item.
    A. 1 year   B. 2 years   C. 3 years   D. 4 years
19. The duty-paying value shall be_____.
    A. the value of imports or exports declared by the consignors or consignees
    B. the true transaction value of imports & exports
    C. the value higher than the transaction value of identical or similar goods
    D. the value lower than the transaction value of identical or similar goods
20. If the decision by the Customs on the dispute over duty payment is not acceptable to the duty payer, the duty payer has the right to sue _____ the People's Court within 15 days of receipt of the decision.
    A. in   B. to   C. on   D. at
21. The external auditing shall be conducted by the Customs over the following enterprises and other organizations: _____.
    A. Enterprises and other organizations engaged in foreign trade only
    B. Enterprises and other organizations engaged in domestic trade only
    C. Enterprises engaged in the business of inward process only
    D. Both A and C
22. Which of the following is not one of the responsibilities of the Tariff Commission? _____.
    A. To formulate the guideline for drawing up the regulations
    B. To set temporary tariff rates
    C. To levy Customs tariffs on imports & exports
    D. To examine the draft of the amendment to tariff

【参考答案】

综合实训题

一、计算题

1. 我国某公司从美国进口一批货物，假设其完税价格为 100,000RMB，运输工具申报进境日期分别为 4 月 16 日、4 月 17 日、4 月 20 日，申报日期均为 5 月 7 日，请计算三种情况下应缴纳的滞报金金额。

备注："五一"放假为 5 月 1—3 日，5 月 4 日正常上班。

	一	二	三	四	五	六	日
4 月	7	8	9	10	11	12	13
	14	15	16	17	18	19	20
	21	22	23	24	25	26	27
	28	29	30				
5 月				1	2	3	4
	5	6	7	8	9	10	11

2. 我国某公司从广州出口合金生铁一批到新加坡，申报出口量 86 吨，每吨价格为 FOB 广州 98 美元。已知 1 美元对人民币汇率为 7.52 元人民币，税率为 20%，请计算出口关税。

3. 我国某公司从法国进口冷冻整鸡 5 000 千克，以 CIF 青岛 1.90 美元/千克的价格成交，买方自行向其购货代理人支付佣金 500 美元。经查，冷冻整鸡税目序号为 02071200，按从量税征收进口关税，最惠国税率为 1.30 元/千克，增值税率为 13%，该商品无进口环节消费税，海关计征汇率为 1 美元 = 7.42 元人民币。经海关审定，以成交价作为完税价格征收进口税和进口环节增值税。请计算该批冷冻整鸡总计应征收多少进口税费？

4. 我国某公司从德国进口一台精密仪器，关税税率为 18%，经海关审定，其成交价格为 CIF 天津新港 25 000 美元/台。已知海关填发税款缴纳书之日外汇牌价为 100 美元 = 667.82/673.18 元人民币。此台精密仪器的消费税率为 8%，请计算海关应征多少消费税？

5. 我上海某公司受委托为某手表厂进口瑞士产数控铣床一台，成交价格为 FOB AntwerpCHF200,000，运费为 RMB40,000，保险费率为 3‰，填发海关代征税款缴款书之日瑞士法郎对人民币外汇买卖中间价为 CHF100 = RMB380，关税税率为 15%，增值税税率为 17%，请计算该数控铣床应纳增值税税额为多少？

6. 我国某进出口公司进口一批货物，经海关审定其成交价格总值为 CIF 境内某口岸 8 000 美元。已知该批货物应征关税税额为 23 240 元，应征增值税税额为 15 238 元。海关于 2016 年 10 月 14 日填发《海关专用缴款书》，该公司于 2016 年 11 月 9 日缴纳税款。请计算应征的滞纳金。

二、应用题

1. 大连海燕毛纺织进出口公司（中外合营企业）为生产需要，在其投资额内，于 2017 年 1 月 21 日自行从境外购进羊毛整理机 8 台，由大连联合报关有限公司行代为申报进口。在海关查验时，由于开箱工人不慎，将其中一台机器的导毛轨损坏。后该公司又于 2017 年 1 月 27 日从同一供货商处购进羊毛条 20 吨，向海关申报。进口后该企业对此批货物将进行以下处理：其中 12 吨用于加工内销毛纱，5 吨用于加工毛纱后直接返销日本，其余 3 吨用于加工毛纱后，结转给上海纺织进出口公司继续加工成混纺面料，全部返销日本（上述两项加工已在海关办理了进料加工合同登记备案手续）。由于企业生产结构调整，该企业在完成上述全部加工后，将羊毛整理机 8 台卖给了浙江某内资企业。

（1）报关企业应当具备的条件（　　）。
  A．具备境内企业法人资格　　　　B．企业注册资本不低于人民币 300 万元
  C．报关员人数不少于 5 人　　　　D．报关业务负责人具有 5 年以上报关工作经验

（2）羊毛整理机进口申报时应（　　）。
  A．提前办理减免税手续，凭《进出口货物征免税证明》及其他有关单证向海关申报。贸易方式填报为"合资合作设备"，免税进口
  B．贸易方式填报为"加工贸易设备"，征税进口
  C．提前办理加工贸易合同备案手续，凭《登记手册》及其他有关单证向海关申报。贸易方式填报为"进料加工"，保税进口
  D．贸易方式填报为"不作价设备"，免税进口

（3）上述羊毛整理机进口时，报关员电子申报时错将货物价格 198 500.00 美元申报为 195 800.00 美元，后被海关现场审单人员发现，此时应（　　）。
  A．经海关批准删除原电子申报数据，重新申报
  B．海关在纸制报关单上直接修改
  C．根据《中华人民共和国海关对报关员记分考核管理办法》的规定，对其记 1 分处理
  D．海关以纸制告知单的形式告知该报关员记分原因和分值

（4）羊毛条进口申报时应（　　）。
  A．贸易方式填报为"进料加工"，同时免税进口
  B．分别申报。其中 12 吨羊毛条，贸易方式填报为"一般贸易"；另外 8 吨羊毛条，贸易方式填报为"进料加工"
  C．分别申报。其中 12 吨羊毛条，贸易方式填报为"一般贸易"；5 吨羊毛条，贸易方式填报为"进料加工"；另外 3 吨羊毛条，贸易方式填报为"进料非对口"
  D．分别申报。其中 5 吨羊毛条，贸易方式填报为"一般贸易"；另外 5 吨羊毛条，贸易方式填报为"进料加工"

（5）将 3 吨羊毛条加工成毛纱后，结转给上海纺织进出口公司继续加工成混纺面料，全部返销日本的作法，在海关监管中被称为（　　）。
  A．跨关区异地加工　　　　　　　B．跨关区深加工结转
  C．跨关区委托加工　　　　　　　D．跨关区进料加工结转

（6）该企业在完成上述全部加工后，将梳毛机 8 台卖给辽宁某内资企业时，应当（　　）。
  A．事先向原审批进口的外经贸主管部门申请　　B．向海关折旧补税
  C．补交许可证件　　　　　　　　　　　　　　D．向海关申请获得解除监管证明书

（7）损坏导毛轨的混毛机，应按（　　）处理。
  A．由海关赔偿直接经济损失
  B．海关与收货人平均分担责任
  C．海关监管仓库经理人与收货人协商解决赔偿办法
  D．属于不可抗力原因所致，不予赔偿

2．上海公安局邀请境外一无线电设备生产厂到上海展览馆展出价值 100 万美元的无线电设备，并委托上海某展览报关公司 A 办理相应手续。上海展出后又决定把其中的 40 万美元价值的设备运到杭州展出。设备从杭州返回后，上海公安局决定购买其中的 20 万美元设备。境外厂商为了感谢上海公安局向其赠送了 5 万美元的设备，其余设备退出境外。

  作为 A 公司的报关员应办理哪些手续？

3．根据以下资料，指出报关单中出现的错误。
  广州风神集团进出口有限公司（440194××××）于 2017 年 3 月 25 日出口加工贸易合同项下的鲨鱼

翅一批，手册号 C51497402883（该货列手册第 5 项）。由广州海运有限公司于 2017 年 3 月 23 日向广州大铲海关（关区代码 5149）申报。生产、发货单位与经营单位相同，保费 5%，外汇核销单号 29/1837117，《濒危物种进出口允许证》证件编号 F：××××××××，各集装箱自重 4 200 千克。

该项业务的出口货物报关单如下，请指出哪些地方有错误？

中华人民共和国海关出口货物报关单

预录入编号：		海关编号：	
出口口岸 广州大铲海关 5149	备案号 C51497402884	出口日期 2017.03.25	申报日期 2017.03.23
经营单位 广州风神集团进出口有限公司	运输方式 江海运输	运输工具名称 DANU BHUM/5009	提运单号 OOLU92412316
发货单位 4410940094	贸易方式 进料加工	征免性质 进料加工	结汇方式 付款交单
许可证号	运抵国（地区） 中国香港	指运港 中国香港	境内货源地 广东广州其他
批准文号 29/1837117	成交方式 CNF	运费	保费 5	杂费
合同协议号 GZ97028	件数 75	包装种类 箱	毛重（千克） 735	净重（千克） 730
集装箱号 00LU5216324/40/4200	随附单据 F		生产厂家 广州风神集团公司
标记唛码及备注 OOLU5083793/40/4200 OOLU5069060/40/4200			

项号	商品编码	商品名称、规格型号	数量及单位	最终目的国（地区）	单价	总价	币制	征免
01 05	03055920	鲨鱼翅 SHARKS'FINS	730 千克	东京	80	58 400	USD	全免

税费征税情况

录入员	录入单位	兹声明以上申报无讹并承担法律责任	海关审单批注及放行日期（签章）	
			审单	审价
报关员 单位地址	申报单位（签章）	广州粤海货运有限公司报关专用章	征税	统计
			查验	放行
邮编：	电话：	填制日期：		

4. 根据下列发票和装箱单资料选择正确选项。

DNB COMPANY
No. 158 GLODEN STREET
LONDON BRITAIN
INVOICE
TO: BEIJING GUANGFA IM/EX TRADE CORP（北京广发进出口公司）
INVOICE No. ZY18083284

FROM MARSETLIE TO BEIJING CHINA SHIPPED PER:WE VOVSES VOYAGE:B34X		PAYMENT: L/C	
MARKS: UTQ-507GV No.1-1533 MADE IN BRITAIN	QUAN.&DESC. MEN'S 100PCT COTTON WOVEN TROUSES 100DOZS USD21.07/DOZ CONTRACT No.UTQ-507GV HS CODE:62034290 该货物进境后，2016年6月19日由北京大方报关有限公司向北京朝阳海关申报 海关法定计量单位：kg 经营单位编码：1116921390 北京宏发集团委托北京广发进出口公司进口一批男式全棉针织名优裤子		AMOUNT: USD210,700.00 FOB LONDON

PACKING LIST

INVOICE No.:ZY18083284
DATE:19TH TUNE 2016

| MARKS:
UTQ-507GV
NO. 1-1533
MADE IN BRITAIN
CONSIGNEE:
BEIJING HONGFA GROUP 102
CHAOYANG DISTRICT
BEIJING CHINA
NOTIFY PARTY:SAME AS
CONSIGNEE
I:0.3% | SIZE ASSORTMENT
MEN'S 100PCT COTTON
WOMEN TROUSESE
TOTAL CTNS:1,500CTNS
B/L No.:DNB3695IBN | G.W
1 349KGS

DNB COMPANY
No. 158 GLODEN STREET
LONDON BRITAIN
TELEX 512778
TELEFEX 02.40.41.06 | N.W
1 020KGS |

（1）"申报"日期栏应填（　　）。
　　A. 2016.06.12　　B. 2016.06.19　　C. 2016.06.22　　D. 2016.06.28
（2）"进口口岸"栏应填（　　）。
　　A. 深圳海关　　B. 黄埔海关　　C. 上海海关2200　　D. 北京朝阳海关0118
（3）"运输方式"栏应填（　　）。
　　A. 江海运输　　B. 汽车运输　　C. 铁路运输　　D. 其他运输
（4）"经营单位"栏应填（　　）。
　　A. 北京服装厂（1246710423）　　B. 北京广发国际贸易公司（1116921390）
　　C. 北京大方报关有限公司　　D. 中远集团运输公司
（5）"提运单号"栏应填（　　）。
　　A. DNB3695IBN　　B. 3022011891　　C. 91982130　　D. 2Y18083284
（6）"贸易方式"栏应填（　　）。
　　A. 进料加工　　B. 一般贸易　　C. FOB　　D. CIF
（7）"运输工具名称"栏应填（　　）。
　　A. WE WOVSES/B34X　　B. WE WOVSES/03/06/19
　　C. WE WOVSES V. B34X/03/06/12　　D. WE WOVSES V. B34X/03/06/18
（8）"征免性质"栏应填（　　）。
　　A. 一般贸易　　B. 来料加工　　C. 一般征税　　D. FOB
（9）"收货单位"栏应填（　　）。
　　A. 北京宏发集团　　B. 北京广发进出口公司
　　C. 北京大方报关有限公司　　D. 中远集装箱运输有限公司
（10）"装运港"栏应填（　　）。
　　A. 法国　　B. 伦敦　　C. 中国香港　　D. 天津
（11）"件数"栏应填（　　）。
　　A. 10 000　　B. 1 500　　C. 10　　D. 13 797
（12）"境内目的地"栏应填（　　）。
　　A. 深圳　　B. 中国香港　　C. 上海吴淞　　D. 北京朝阳区
（13）如果运费为每吨25美元，"运费"栏应填（　　）。
　　A. 25　　B. 502/25/2　　C. 502/25/3　　D. 0.25
（14）"保费"栏应填（　　）。
　　A. 0.03%　　B. 502/30/2　　C. 502/0.30/2　　D. 0.3
（15）"净重"栏应填（　　）。
　　A. 1 349　　B. 1 500　　C. 1 020　　D. 1 300

5. 浙江某中外合资企业从其合资外方在境外的母公司进口属自动许可管理的纺织机械设备10台，成交总价为CIF Less 3% Quantity Discount 上海 1 200美元/每台。合同规定，折扣款在买方付款时自行扣除，若买方将该进口设备转售给其他企业，则应从获取的利润中返回10%给卖方。装载该货物的船舶于2016年12月2日申报入境，进口货物收货人于12月8日向海关申报。海关在审核完税价格时认定买卖双方存在特殊关系，不能用成交价格作为完税价格，决定采用上个月进口的与该货物型号完全相同的机械设备的成交价格每台1 320美元作为完税价格。该批进口货物按从价税征收进口关税，税率为10%，进口环节增值税税率为17%，海关计征汇率为1美元=7.48元人民币。

请根据上述资料回答下列问题：
（1）若进口货物收货人在（　　）之后向海关申报，则海关会加收滞纳金。
　　A. 12月14日　　B. 12月15日　　C. 12月16日　　D. 12月17日

（2）根据我国《关税条例》的规定，这批货物应按（　　）征收进口关税。
    A. 一般进口货物　　　　　　B. 特殊进口货物
    C. 法定免税进口货物　　　　　D. 外资设备物品
（3）海关对纳税义务人申报的价格表示怀疑，应当首先采用（　　）要求纳税义务人提供资料以证明其申报价格的真实性。
    A. 司法程序　　　B. 仲裁程序　　　C. 价格质疑程序　　　D. 价格磋商程序
（4）假如该进口货物确实以"CIF Less 3% Quantity Discount 上海 1 200 美元/每台"的价格成交，除买方向其代理人支付了 360 美元的购货佣金外无其他任何瓜葛。海关决定以该成交价格估定完税价格，估价时不应计入的是（　　）。
    A. 保险费　　　B. 购货佣金　　　C. 海运运费　　　D. 折扣款
（5）若海关以相同货物成交价格法审定完税价格，纳税义务人对该批进口货物总计应缴纳的进口税额是（　　）。
    A. 98 736.00 元　　B. 9 873.60 元　　C. 18 463.63 元　　D. 28 337.23 元

三、编码题

试通过商品归类工具书，查找下列商品的编码：
1. 五层胶合板（其中一层为热带木）
2. 砂轮（天然石料制作）
3. 石刻
4. 矿渣棉
5. 铁道用枕木（水泥制）
6. 亚硫酸盐包装纸
7. 自印复写纸
8. 窗用透明纸
9. 纸扇
10. 滑雪板靴
11. 再生皮革（用皮革纤维制作）
12. 男上衣（用再生皮革纤维制作）
13. 毛皮衣服
14. 人造毛皮
15. 一次性筷子（木制）
16. 男上衣（石棉制）
17. 陶瓷制塑像
18. 夹丝玻璃片
19. 轿车后视镜
20. 层压安全玻璃（汽车用）
21. 近视眼镜玻璃片
22. 玻璃纤维制无纺布
23. 合成宝石粉

四、翻译题

1. general lists（of cargo）
2. general rules
3. general system of preferences

4. general tariff rate
5. hand baggage
6. half-duty
7. high duty
8. identify
9. in terms of (in respect to)
10. infringe
11. custom house
12. customs broker
13. customs documents
14. customs duty
15. customs invoice
16. declaration for export (E/D)
17. declaration for import
18. delivery order
19. differential duties
20. drawback
21. dutiable goods
22. entrance fee
23. 违规的，非法的，不合法的
24. 外来的移民，移居入境
25. 船边交货
26. 一式二份
27. 对……是有利的，为了……的利益
28. 进口税务局或关税
29. 检查，检验
30. 政府间的援助
31. 联合监管
32. 合营企业，联合企业
33. 标签
34. 降落，上岸，着陆
35. 逃税
36. 国内消费税
37. 免税
38. 罚款
39. 免税品
40. 仓库
41. 进口税则
42. 最优惠国家条款
43. 国定税率
44. 私人用品
45. 特惠，优先

参 考 文 献

[1] 白世贞. 报关英语[M]. 2 版. 北京：中国物资出版社，2008.
[2] 张洁楠，莫天宇. 报关英语[M]. 广州：华南理工大学出版社，2010.
[3] 张援越，等. 报关原理与实务[M]. 3 版. 天津：天津大学出版社，2010.
[4] 谷儒堂，白凤川. 报关基础[M]. 北京：中国海关出版社，2010.
[5] 俞学伟. 报关实务与操作[M]. 北京：化学工业出版社，2010.
[6] 《报关职业全国统一教材》编写组. 报关职业全国统一教材（2016 年版）[M]. 北京：中国海关出版社，2016.